阅读成就思想……

Read to Achieve

科学发现系列

如何让好事发生

Analytics Stories

Using Data to
Make Good Things
Happen

妙趣横生的分析学思维

［美］韦恩·L.温斯顿 ◎ 著　王明霞　魏晓聪　赵安然 ◎ 译
（Wayne L. Winston）

中国人民大学出版社
·北京·

图书在版编目（CIP）数据

如何让好事发生：妙趣横生的分析学思维 /（美）韦恩•L. 温斯顿（Wayne L. Winston）著；王明霞，魏晓聪，赵安然译. -- 北京：中国人民大学出版社，2025. 6. -- ISBN 978-7-300-33873-6

Ⅰ．B84

中国国家版本馆CIP数据核字第20255SR519号

如何让好事发生：妙趣横生的分析学思维
［美］韦恩•L. 温斯顿（Wayne L. Winston） 著
王明霞 魏晓聪 赵安然 译
RUHE RANG HAOSHI FASHENG：MIAOQUHENGSHENG DE FENXIXUE SIWEI

出版发行	中国人民大学出版社		
社　　址	北京中关村大街31号	邮政编码	100080
电　　话	010-62511242（总编室）		010-62511770（质管部）
	010-82501766（邮购部）		010-62514148（门市部）
	010-62511173（发行公司）		010-62515275（盗版举报）
网　　址	http://www.crup.com.cn		
经　　销	新华书店		
印　　刷	天津中印联印务有限公司		
开　　本	720 mm×1000 mm　1/16	版　次	2025年6月第1版
印　　张	20.25　插页1	印　次	2025年6月第1次印刷
字　　数	315 000	定　价	89.90元

版权所有　　　侵权必究　　　印装差错　　　负责调换

前　言

2007年3月，汤姆·达文波特（Tom Davenport）和珍妮·哈里斯（Jeanne Harris）合著了一本开创性的著作——《数据分析竞争法：企业赢之道》（Competing on Analytics）。谷歌趋势（Google Trends）表明，截至2011年5月，互联网对"分析"一词的搜索量增长了两倍！如果你选中了这本书，那么你肯定在工作中或从媒体报道中已经听说过"分析"这个词了。

SAS软件研究所网站提供了关于"分析"一词完美的描述。简言之，分析学就是使用数学和统计学的方法，用数据和数学模型来帮助我们更清晰透彻地理解这个世界。分析学的大多数应用不外乎要回答以下几个问题。

- 发生了什么？
- 将会发生什么？
- 为什么会发生？
- 如何让好事发生？

在我40多年的MBA（工商管理学硕士）教学生涯中，我获得过40多项教学类奖项，我个人十分倾向通过实例来讲解概念。这本书也不例外。本书通过讨论50多个分析学的用例（大多数都是成功案例，也有一部分是失败案例），力求增强你对分析学的理解。在每个故事中，我们重点关注以下几个问题。

- 阐明我们关注的问题。
- 为了解决这个问题，我们都需要哪些数据？
- 如何分析数据或建立相关数学模型？
- 我们的模型是如何解决（或为什么解决不了）我们关心的问题的？

下面我们先预览一下本书会讲到的分析学故事。

如何让好事发生：妙趣横生的分析学思维

发生了什么

在许多情况下，事件都是不明确的。在第一部分"发生了什么"中，我们会介绍用来描述很多我们熟悉的情况的分析技术。例如，由于并非所有选票都有效，因此在 2000 年戈尔对阵布什的总统选举已过去 20 多年后的今天，我们仍然不清楚究竟是谁赢得了选举。在第 3 章中，我们会分别列出支持布什和戈尔最终获胜的论点，然后由你来定夺。

将会发生什么

我们都想知道，明年的股市是会涨还是会跌，我们最喜欢的球队是否会赢得冠军（当然，如果是纽约尼克斯队，它们肯定赢不了），明年我们公司的头部产品销量如何，等等。使用分析学来预测未来将会发生的情况即所谓的预测分析（predictive analytics）。在第二部分"将会发生什么"中，我们会给出预测分析的许多应用，例如投资某只基金获利过是否意味着未来也会获利。

为什么会发生

大部分情况下，我们都知道发生了什么，但我们还想知道为什么会发生。在第三部分"为什么会发生"中，我们尝试找出许多我们熟知的情况背后的原因。例如，在相距仅一英里①的两个社区中长大的孩子最终往往会有截然不同的生活。

如何让好事发生

规范性分析（prescriptive analytics）可以帮助我们给出解决方案，引导情况朝着我们期待的方向发展。在第四部分"如何让好事发生"中，我们讨论了规范性分析

---

① 1 英里 ≈1.61 千米。——译者注

的许多重要应用。

如何阅读本书

如果你已经学过基础的统计学课程，那么你不管以什么顺序阅读这本书大部分的章节都可以；如果你没有学过，那么这本书将带你入门。你也可以把这本书当作统计学、基础分析或管理科学课的辅导书。

我希望你阅读本书后能有如下收获：

- 了解分析学为世界带来了哪些改变（以及未来将带来哪些改变）；
- 养成应用适当数据进行正确分析的直觉；
- 对最常用的分析技术有一个直观的理解。

最后，如果你能在这本书上花费我写作时间的一半，我就很感激了！如有任何意见，请随时通过 Winston@indiana.edu 给我发送电子邮件。我很期待你的来信！

本书读者支持服务

辅助文件下载

本书大多数章节中的数据都可以通过 Excel 计算得出并用于分析。你可以从 www.wiley.com/go/analyticsstories.com 下载本书中的 Excel 文件。

目　录

第一部分
发生了什么

第 1 章　预备知识　// 2

第 2 章　1969 年的抽签征兵公平吗　// 13

第 3 章　到底是谁赢得了 2000 年的美国总统选举　// 17

第 4 章　利物浦队对巴塞罗那队的那场比赛是足球历史上爆的最大冷门吗　// 23

第 5 章　伯尼·麦道夫是如何维持资金的运作的　// 27

第 6 章　美国工人的处境是否有所改善　// 34

第 7 章　使用基尼指数、帕尔马指数和阿特金森指数测算收入差异　// 42

第 8 章　使用模型描述两个变量之间的关系　// 49

第 9 章　代际流动性　// 58

第 10 章　安德森小学是一所差学校吗　// 68

第 11 章　教师绩效的增值性评估　// 71

第 12 章　关于伯克利学院、公共汽车、汽车与飞机的悖论　// 78

第 13 章　卡梅隆·安东尼能成为名人堂成员吗　// 83

第 14 章　开球都是秀，推杆才是牛　// 89

第 15 章　某些运动全靠运气　// 91

第 16 章　"格里蝾螈"现象　// 95

第 17 章　循证医学　// 105

第 18 章　如何比较医院的优劣　// 110

第 19 章　美国最严重的医疗健康问题是什么　// 116

第二部分
将会发生什么

第 20 章　通过共同基金过去的表现可以预测其未来的表现吗　// 124

第 21 章　我的新员工会是个好员工吗　// 134

第 22 章　我应该去宾州州立大学还是普林斯顿大学　// 141

第 23 章　我最喜欢的运动队明年会有很棒的表现吗　// 144

第 24 章　中央银行家们为何未能预测 2008 年的金融危机　// 148

第 25 章　塔吉特百货如何知道你怀孕了　// 155

第 26 章　奈飞如何向我们推荐电影和电视节目　// 160

第 27 章　我们能实时预测心脏病发作吗　// 167

第 28 章　主动警务是否有效　// 174

第 29 章　猜猜晚餐会有多少顾客　// 180

第 30 章　预测市场能预测未来吗　// 186

第 31 章　民意调查的基本知识　// 191

第 32 章　Buzzfeed 是如何让这条裙子走红的　// 198

第 33 章　预测《权力的游戏》的收视率　// 202

第三部分
为什么会发生

第 34 章　吸烟会导致肺癌吗　// 208

第 35 章　为什么说休斯敦火箭队是一支优秀的篮球队　// 212

第 36 章　1854 年伦敦霍乱暴发的原因是什么　// 218

第 37 章　是什么影响了零售产品的销售　// 223

第 38 章　为什么帕累托法则能解释这么多现象　// 226

第 39 章　你的成长环境重要吗　// 232

第 40 章　等待时间是最难熬的　// 238

第 41 章　环岛真的好用吗 // 243

第 42 章　红灯、绿灯，还是不要灯 // 249

第四部分
如何让好事发生

第 43 章　A/B 测试能改善我的网站效果吗 // 254

第 44 章　我该如何配置我的退休金投资组合 // 257

第 45 章　对冲基金是如何运作的 // 263

第 46 章　该下多大的订单，什么时候下 // 272

第 47 章　联合包裹的司机是如何确定包裹的配送顺序的 // 277

第 48 章　仅靠数据能赢得一场总统大选吗 // 282

第 49 章　为什么我们老是在 eBay 上花太多钱 // 290

第 50 章　靠分析学能识别、预测或写出一首热门歌曲吗 // 294

第 51 章　2011 年 NBA 总冠军有分析学的功劳吗 // 302

第 52 章　谁得到了汉普顿的房子 // 309

第一部分
发生了什么

ANALYTICS STORIES

第 1 章　预备知识

统计分析学的大多数应用都涉及查找与当前问题相关的数据，并分析特定情境下的内在不确定性。尽管本书的要点不在于高级分析，但是你仍需掌握基本的概率学和统计学基础知识。本章将介绍统计和概率的基本思想。

数据分析的基本概念

想要了解统计分析学与特定情境的关系，就必须先明确解决当前问题需要哪些数据。下面是我们将讨论的一些数据示例。

- 要想明白为什么早在事情败露之前，就应该识破伯尼·麦道夫（Bernie Madoff）的诈骗行径，我们需要去了解麦道夫披露的月度投资收益率。
- 想了解一名优秀的 NBA 球员，我们就不能仅仅关注他的个人技术统计数据，还需要了解他上场与否对球队得分情况有何影响。
- 想了解"格里蝾螈问题"（gerrymandering），我们需要观察每个州的国会选区内共和党和民主党各方的选票数量。
- 想了解不同国家的收入差异情况，就需要了解不同国家的收入分配情况。例如，最富有的 1% 的人获得了多少收入？最贫穷的 20% 的人又赚了多少？

在本章中，我们将重点讨论四个问题，这四个问题适用于分析任何数据集。

- 数据的典型值是什么？
- 数据的离散度如何？
- 如果将数据绘制在柱状图中（分析专业人士称之为直方图），我们能否轻松地描述出柱状图的性质？

- 如何识别异常数据点？

为了解决这些问题，我们将使用文件 StatesAndHeights.xlsx 中列出的两个数据集。图 1-1 展示了 2018 年美国部分州人口情况，图 1-2 展示了 200 个美国成年女性的身高情况（部分罗列）。

	A	B
2	州/联邦特区/准州/区/地区	2018年人口
3	加利福尼亚	39557045
4	得克萨斯	28701845
5	佛罗里达	21299325
6	纽约	19542209
7	宾夕法尼亚	12807060
8	伊利诺伊	12741080
9	俄亥俄	11689442
10	佐治亚	10519475
11	北卡罗来纳	10383620
12	密歇根	9995915
13	新泽西	8908520
14	弗吉尼亚	8517685
15	华盛顿	7535591
16	亚利桑那	7171646
17	马萨诸塞	6902149
18	田纳西	6770010
19	印第安纳	6691878

图 1-1　美国部分州人口

	B	C
4	女性	身高
5	1	61.05
6	2	59.54
7	3	64.93
8	4	65.63
9	5	60.20
10	6	59.96
11	7	66.41
12	8	61.49
13	9	65.89
14	10	61.35
15	11	67.80
16	12	62.64
17	13	67.61
18	14	64.75
19	15	71.44
20	16	67.49
21	17	66.87
22	18	69.58
23	19	68.11

图 1-2　200 个美国成年女性的身高（单位：英寸[①]）

观察直方图并描述数据分布形态

直方图是一个柱状图，其中，每列的高度代表在每个范围或者边界内有多少个数据点。通常，我们会创建 5~15 个等距的边界，边界多为整数。图 1-3 展示了美国各州人口的直方图，图 1-4 展示了女性身高的直方图。图 1-3 清楚地表明，大多数州的人口数量在 100 万~900 万，其中有四个州的人口数量超过了 1900 万。当直方

---

① 1 英寸 ≈2.54 厘米。——译者注

图多数条块向右延伸远超出最高柱所在位置时，我们称之为直方图或数据集正偏斜或右偏斜。

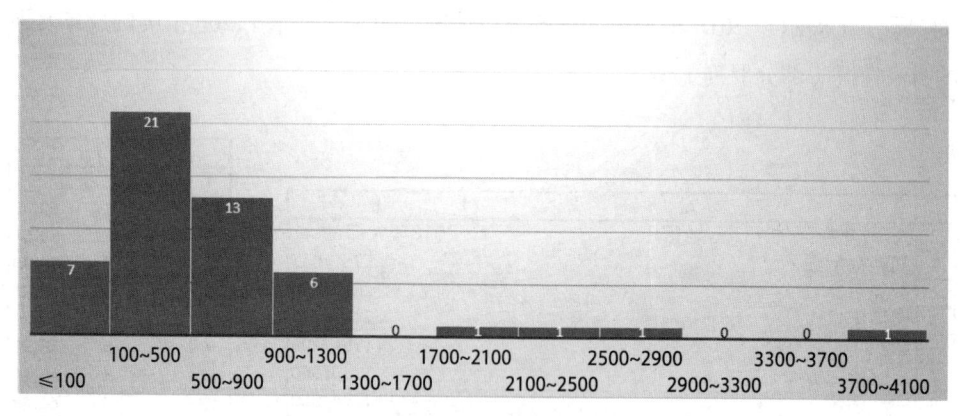

图1-3　美国各州人口直方图（单位：万）

图1-4显示了成年女性身高的直方图是呈对称形态的，因为最高柱左侧的条块与右侧的条块大致相同。直方图也会有其他的分布形态，但在我们的大多数实例中，相关数据的直方图都是正偏斜或对称的。

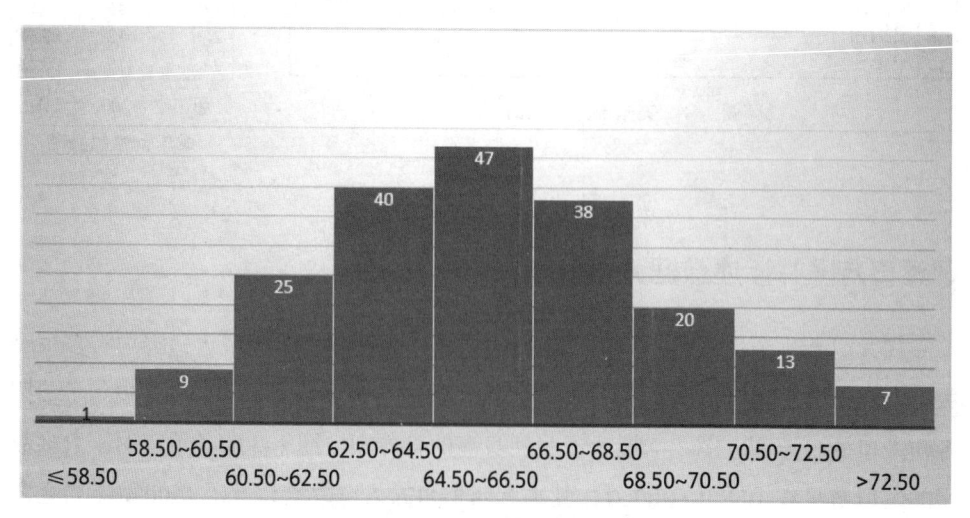

图1-4　美国成年女性身高直方图（单位：英寸）

数据集的偏度也可以通过数学公式计算得到。据此公式计算得到人口的偏度为

2.7，而女性身高偏度为 0.4。偏度大于 +1，即为正偏斜分布；偏度介于 –1 和 +1 之间，即为对称分布；偏度小于 –1（极少数情况），即为负偏斜分布（意思是直方图多数条块向左延伸超出最高柱的程度大于向右延伸的程度）。

数据集的典型值是什么

喜欢用单个数字来总结数据是人类的本性。通常，我们用数据集的算术平均数（即均值）或者中位数（数据集的第 50 个百分位数，即一半的数据大于中位数，一半的数据小于中位数）来作为数据集的典型值。数据集呈对称分布时，我们将平均值作为数据集的典型值；当数据集呈正或负偏斜分布时，我们将中位数作为典型值。例如，美国家庭收入数据是有偏度的，因此，政府报告中的该数据是收入水平的中位数。美国人口普查局（The Census Bureau）对收入水平的分析中甚至都未提及"平均"一词，仅仅报告了 2017 年的家庭收入中位数为 61 372 美元。试试在互联网上搜索美国家庭平均收入水平，你可能会一无所获！在搜索了 30 分钟之后，我找到了 2017 年美国家庭收入均值是 100 400 美元！这是因为高收入家庭对平均收入产生了过度的影响，但对收入水平的中位数却没有影响。顺便说一下，圣路易斯联邦储备银行（Federal Reserve of St. Louis，FRED）网站是一个经济数据的宝库，该网站上的数据都可以轻松下载。

再看另一个例子，该例子可以体现出中位数比平均值更具代表性。假设某大学有 10 名地理专业的毕业生，其中 9 名毕业生的收入为 20 000 美元，另一名毕业生收入为 820 000 美元。那么，他们的平均收入为 100 000 美元，收入的中位数为 20 000 美元。显然，对于地理专业的毕业生来说，中位数是比平均值更具有代表性的度量指标。顺便说一下，1984 年，北卡罗来纳大学地理专业学生的平均工资水平是最高的，但工资的中位数水平却不是最高的。迈克尔·乔丹（Michael Jordan）也是地理专业的学生，但他的高薪无疑拉高了平均工资的水平。

对于美国各州人口或成年女性身高的示例，我们应该使用哪种指标作为典型值呢？由于州人口数据表现出了极高的正偏斜，我们将中位数（4 468 402）作为典型值，而平均值（6 415 047）比中位数高出 40%！原因在于加利福尼亚州、得克萨斯州和佛罗里达州的大量人口使平均值出现了偏斜。而由于美国女性身高样本呈现对称性特征，我们可以将平均值，即 65.76 英寸，作为女性身高的典型值，中位数 65.68 英寸与平均值几乎相同。

数据的离散度如何

假设你生活的地方每天的平均温度为 60℉[①]，你母亲生活的地方，一半天数的平均温度为 0℉，一半天数的平均温度为 120℉。两个地方的平均温度均为 60℉，但是第二个地方温度的离散度（或波动性）更大，而第一个地方的温度没有离散度。常见的衡量均值离散度的指标是标准差。标准差分为两类，总体标准差和样本标准差。为了避免冗余的技术复杂性，我们将始终使用样本标准差。以下是计算样本标准差的步骤，我们假设有 n 个数据点：

- 计算 n 个数据点的平均值；
- 计算每个数据点与平均值的差的平方，然后将这些差的平方相加；
- 用差的平方和除以（$n–1$），即可得到样本方差（我们将其简称为方差）。

样本标准差（我们称之为标准差或 σ）简单来讲就是方差的平方根。

举一个方差计算的示例，请考虑数据集 1、3、5。我们按以下步骤，计算这组数据的标准差：

- 平均值是 9/3=3；
- 各个数字与平均值偏差的平方和为 $(1–3)^2+(3–3)^2+(5–3)^2=8$；
- 用 8 除以 2（即 3–1）得到的方差为 4。

4 的平方根等于 2，因此该数据集的标准差等于 2。

如果我们简单地将数据集与平均值的偏差相加，则正偏差和负偏差总是相互抵消，得数为 0。通过将偏差取平方和，正偏差和负偏差则不会抵消。

[①] 华氏度（℉）=32+ 摄氏度（℃）×1.8。——译者注

为了说明数据偏离平均值的距离的重要性，我们来看文件 Investments.xlsx 中提供的股票、国库券和 1928—2018 年的 10 年期债券的年化收益率（见图 1-5）。

	D	E	F	G
2	平均数	11.36%	3.43%	5.10%
3	标准差	19.58%	3.04%	7.70%

图 1-5　年化收益率

我们发现，股票的年化收益率是美国国库券的三倍以上。然而，许多投资经理都会同时持有国库券和股票，原因是股票收益的年化标准差是国库券标准差的六倍以上。因此，持有一些国库券将会降低投资组合的风险。

如何识别异常数据点

对于大多数数据集（偏度过大的数据集除外）来说，通常：

- 68% 的数据落在平均值的一个标准差之内；
- 95% 的数据落在平均值的两个标准差之内。

我们称"异常数据点"为异常值。异常值还有很多复杂的定义，但我们仅将异常值定义为偏离均值两个标准差以上的数据值。

对于州人口来说，我们按标准将人口数量低于 827 万人和超过 2100 万人定义为异常值，因此，加利福尼亚州、得克萨斯州和佛罗里达州（占总州数的 6%）的人口是异常值；对于女性身高来说，我们按标准将低于 58.9 英寸或高于 72.6 英寸的女性身高定义为异常值，我们发现 200 名女性中有 7 名（占总数的 3.5%）是异常值；对于股票年化收益率，有 4 年（1931 年、1937 年、1954 年和 2008 年）的数据是异常值，因此，4/91=4.4%，所有年份中 4.4% 的值为异常值。在后面的章节中我们会介绍，确认异常值通常可以帮助我们更好地理解数据集。

Z 值：数据点有多异常

通常，我们希望能找到一个简单的度量数据点"异常"的方法。统计学家通常使用 Z 值（Z-score）的概念来衡量数据的异常点。数据点的 Z 值就是该点高于或低于平均值的幅度，幅度以标准差的数量来衡量。例如，加利福尼亚州人口的 Z 值为 4.5［（39.6–6.4）/7.3］，2008 年的股票收益率 Z 值为 –2.45［（–36.55–11.36）/19.58］。通常，我们将 Z 值大于等于 2 或者小于等于 –2 的点视为异常值。

什么是随机变量

任何结果不确定的情况都是一次实验，某次实验产生的结果就是随机变量的一个值。在大多数故事中，随机变量的值或实验的结果都起着关键作用。以下是一些示例。

- 每年 NBA 总决赛都是一次实验。东西部联盟在七局四胜制系列赛中的胜场数是 0、1、2、3、4 中的一个随机变量。
- 前列腺特异性抗原（prostate-specific antigen，PSA）测试，旨在检测前列腺癌，也是一次实验，而 PSA 测试的分数就是一个随机变量。
- 到达美国运输安全管理局（Transportation Security Administration，TSA）检查站是一次实验。你感兴趣的随机变量是到达检查站和通过检查站通道的时间差。
- 2025 年美国经济无论发生什么都是一次实验。你感兴趣的随机变量是 2025 年道琼斯指数的收益率。

离散型随机变量

就我们的目的而言，如果随机变量可以取有限数量的值，则该随机变量是离散的。以下是一些离散随机变量的示例：

- 东西部联盟球队在 NBA 总决赛中的胜场数（0、1、2、3 或 4）；
- 如果给两名患有维生素 C 缺乏病的男人服用柑橘汁，那么康复的男人数量（0、1 或 2）；
- 现任政党在美国总统选举中获得的选票数。

离散型随机变量由概率质量函数（probability mass function）决定，该函数给出每个可能值出现的概率（P），这些概率的和必须为 1。例如，如果让 $X=$ 东部联盟球队在 NBA 总决赛中的胜场数，并且假设每个可能的值均等可能，则质量函数（mass function）为：

$$P(X=0)=P(X=1)=P(X=2)=P(X=3)=P(X=4)=0.2$$

连续型随机变量

连续型随机变量是一个随机变量，它可以取一个非常大的数字，或者实际上，可以取无限数量的值，包括某个区间里的所有值。以下是一些连续型随机变量的例子：

- 看一集《权力的游戏》（Game of Thrones）的人数；
- PSA 分数为 10 的男性患有前列腺癌的比例；
- 2025 年道琼斯指数的收益率；
- 美国成年女性的身高。

当一个离散型随机变量可以取很多值时，我们通常把它近似看作连续型随机变量。例如，美国橄榄球联合会（AFC）球队在超级碗中的胜率可假设为介于 –40 和 +40 之间的任何整数，并且将胜率假设为连续型随机变量比假设为离散型随机变量更方便。还需要明确指出的是，将连续型随机变量假定为精确值的概率是 0。例如，一个女性身高正好是 66 英寸的概率是 0，因为 66 英寸实际上相当于 66.000 000 000 000 000 00 英寸。

由于连续型随机变量可以取无限多个值，所以我们无法列出每个可能值出现的概率，但是我们可以通过概率密度函数（probability density function，PDF）来描述连续型随机变量。如图 1-6 所示，该概率密度函数展示了随机选择的美国女性身高分布。这是正态随机变量的一个示例，它通常可以准确描述连续型随机变量。注意，该函数图像是关于平均值 65.5 英寸对称的。

概率密度函数具有以下属性。

- 值始终非负。
- 函数覆盖下的面积和等于 1。
- 随机变量值 x 处的概率密度函数图像高度与落在 x 处附近函数值的可能性成正比。例如，61.4 英寸附近的函数图像高度是在 65.5 英寸处的一半位置。此外，由于概率密度函数图像高度在 x 为 65.5 英寸处达到峰值，因此美国女性最有可能的身高为 65.5 英寸。
- 连续型随机变量的值等于概率密度函数覆盖的面积之和。如图 1–6 所示，95.4% 的女性身高在 58.5~72.5 英寸。请注意，对于这个正态随机变量（任何正态随机变量都是如此）来说，有大约 95% 的可能性，随机变量取值会落在其平均值的两个标准差内。这符合我们定义异常值的基本原理。

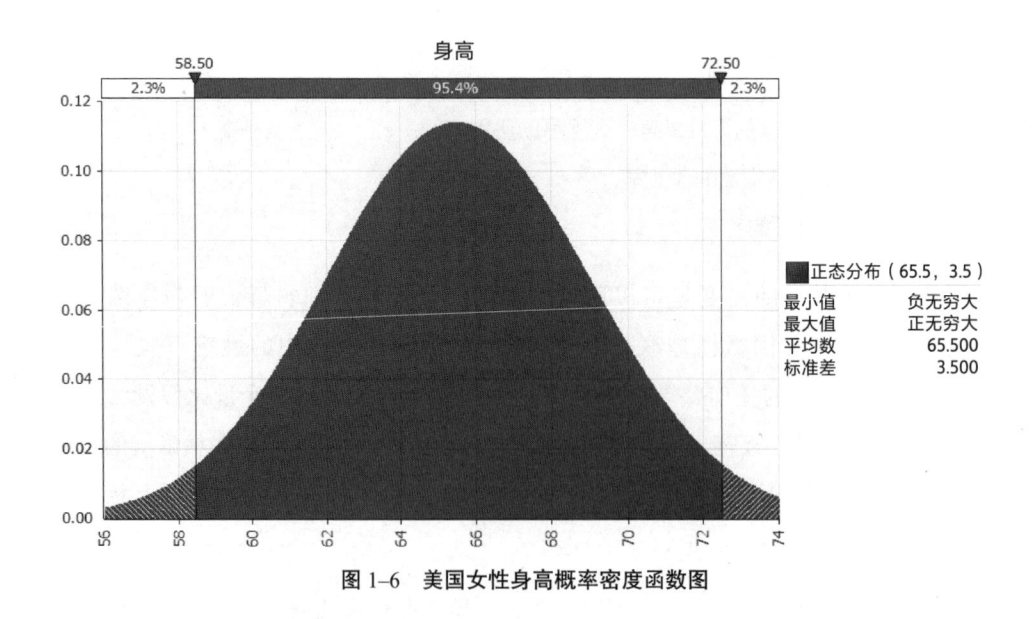

图 1–6　美国女性身高概率密度函数图

如图 1–6 所示，正态密度函数是关于其平均值对称的，因此随机变量有 50% 的机会小于其平均值。这意味着对于正态随机变量，平均值等于中位数。

计算正态分布概率

在整本书中，我们将计算正态随机变量的概率。例如，计算特定球队赢得超级碗的概率。假设该项运动的平均分差大约是拉斯维加斯赔率预测的分差，平均分差的标准差几乎正好是 14 分。图 1-7 是工作簿 StatesAndHeights.xlsx 中的 NORMAL Probabicities 工作表，显示了球队输球的概率是如何取决于点的分布的。

	D	E	F
8	点分布	输球的概率	
9	-10	0.762475	=NORMDIST(0,D9,14,TRUE)
10	-9	0.739842	=NORMDIST(0,D10,14,TRUE
11	-8	0.716145	=NORMDIST(0,D11,14,TRUE
12	-7	0.691462	=NORMDIST(0,D12,14,TRUE
13	-6	0.665882	=NORMDIST(0,D13,14,TRUE
14	-5	0.639508	=NORMDIST(0,D14,14,TRUE
15	-4	0.612452	=NORMDIST(0,D15,14,TRUE
16	-3	0.584838	=NORMDIST(0,D16,14,TRUE
17	-2	0.556798	=NORMDIST(0,D17,14,TRUE
18	-1	0.528472	=NORMDIST(0,D18,14,TRUE
19	0	0.5	=NORMDIST(0,D19,14,TRUE
20	1	0.471528	=NORMDIST(0,D20,14,TRUE
21	2	0.443202	=NORMDIST(0,D21,14,TRUE
22	3	0.415162	=NORMDIST(0,D22,14,TRUE
23	4	0.387548	=NORMDIST(0,D23,14,TRUE
24	5	0.360492	=NORMDIST(0,D24,14,TRUE
25	6	0.334118	=NORMDIST(0,D25,14,TRUE
26	7	0.308538	=NORMDIST(0,D26,14,TRUE
27	8	0.283855	=NORMDIST(0,D27,14,TRUE
28	9	0.260158	=NORMDIST(0,D28,14,TRUE
29	10	0.237525	=NORMDIST(0,D29,14,TRUE

图 1-7　赢得超级碗的概率

例如，一个普遍看好能赢 10 分的热门球队有 24% 的可能性输掉比赛，而预计会输 5 分的弱势球队则会有 64% 的可能性会输。

独立随机变量

如果一组随机变量的任何子集的值与其他随机变量的值毫无关系，那么这一组随机变量就是独立的。例如，皇家马德里队在一年内比赛胜场数与同年道琼斯指数的收益率是无关的，这是因为了解皇家马德里队的表现不会改变你对同年道琼斯表现的看法。另一方面，纳斯达克的年化收益率和道琼斯指数不是独立的，因为如果你知道道琼斯指数表现不错，那么，纳斯达克指数很可能也会表现良好。

我们现在可以理解为什么现实生活中的许多随机变量都遵循正态分布了。中心极限定理（central limit theorem，CLT）指出，如果将许多（通常 30 个就足够了）独立随机变量加在一起，那么即使每个独立随机变量都是非正态分布的，它们的总和也会近似呈正态分布。例如，本地一家超市某天的半加仑[①]牛奶的销量可能会是一个正态随机变量，因为它是当天每个顾客购买的半加仑牛奶数量的总和。每个顾客的购买量可能并非正态分布，因为每个顾客可能购买 0、1 或 2 个单位的半加仑牛奶，但是总和仍会服从正态分布。

---

① 1 加仑（美）=3.79 升。——译者注

第 2 章　1969 年的抽签征兵公平吗

1969 年，不得人心的越南战争愈演愈烈，而美国正是需要用兵打仗的时候。为了保证年轻男性（出生于 1944—1950 年）被选中的机会均等，美国政府根据男性的生日举行了抽签征兵。366 张纸（每个日期一张，包括 2 月 29 日）被打乱顺序放在一个鞋盒中，每一张纸再分别放入一个胶囊中，再将胶囊放入一个大玻璃罐中。然后抽取胶囊，抽取的顺序决定了一个人被选中的优先级。首先抽到 9 月 14 日，因此该日期被指定为 #1；接下来抽到 4 月 24 日，该日期被指定为 #2；以此类推，一直选取编号到 #195。每个日期的号码都列在文件 DraftData.xlsx 的数据工作表 G 列了。

统计人员很快注意到，生日在一年中最后几个月的签少得不可思议，这意味着生日晚的男性更有可能被选中。统计人员的看法正确吗？

数据

我们需要的数据只有每个日期的抽签号码。正如你将看到的，1969 年的抽签方法可能确实存在问题。1970 年 7 月 1 日的抽签（针对 1951 个不同生日的男性）使用了不同的方法，该数据在文件 DraftData.xlsx 数据工作表的 H 列中。

分析

为了检验后面几个月的签是否更少，我们简单绘制了 1969 年每个月平均抽签数（见图 2–1）。我们还标出了 1969 年的抽签号码平均数 183.5（1 到 366 的平均值）以及 1970 年抽签号码平均数。

1969年和1970年抽签结果

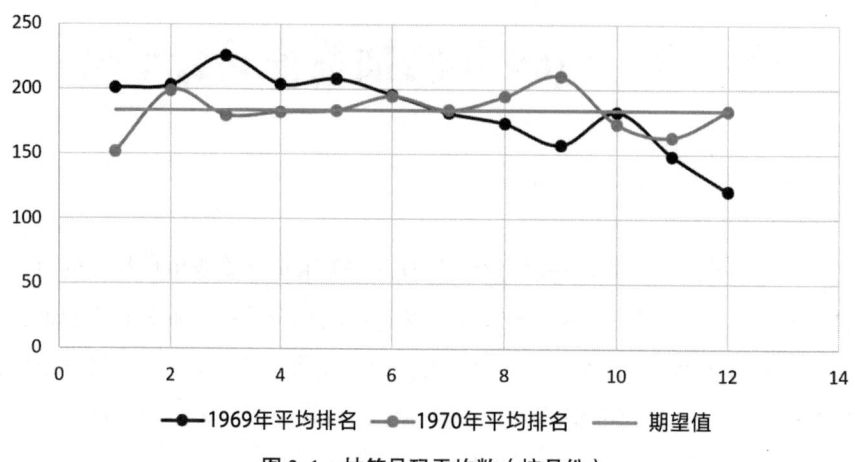

图 2-1　抽签号码平均数（按月份）

图 2-1 中的粗略统计表明，1969 年后几个月的抽签数量出现了大幅下降，而 1970 年的情况并非如此。问题是 1969 年后几个月中抽签数下降是否具有偶然性。毕竟，1969 年的签中每个日期都有 1/366 的机会成为 #1、#2……#365、#366，那么理论上讲，12 月的抽签号码可能会是 #1、#2……#31。此处就要用到一个关键的分析理论——假设检验。通常，我们有两个竞争性假设：一个是我们希望用压倒性证据推翻的零假设，另一个是备择假设。针对这两个假设，分析学家进行相关的假设检验，并计算适当的概率值（p 值）。对于我们的问题，最简单的假设检验方法可以是将选票号码分为两组：1 月 1 日至 6 月 30 日为一组，7 月 1 日至 12 月 31 日为一组。那么我们的零假设和备择假设如下：

- 零假设——1969 年 1 月 1 日至 6 月 30 日的平均中签数量等于 1969 年 7 月 1 日至 12 月 31 日的平均中签数量。
- 备择假设——1969 年 1 月 1 日至 6 月 30 日的平均中签数量不等于 1969 年 7 月 1 日至 12 月 31 日的平均中签数量。

假设检验会产生一个随机的检验统计量。这里的检验统计量等于

（1 月 1 日至 6 月 30 日平均编号）−（7 月 1 日至 12 月 31 日平均编号）

每次抽签时，都可能会抽到一组不同的号码。

我们将运用适当的假设检验（在本例中为 t 检验：假设两个样本方差相等）计算出一个 p 值，p 值介于 0 和 1 之间。p 值反映的是假设零假设为真，则真值大于 t 统计量的概率。如图 2-2 所示，1969 年前 6 个月的平均中签数量为 206.3，后 6 个月的平均中签数量为 160.9。请注意，Excel 结果同时给出了单尾和双尾 p 值。我们在这里使用双尾 p 值，因为 t 统计量的过大的正值和过小的负值都与零假设不符。Excel 给出的 p 值为 3.4E-05，这是 3/100 000 的概率。这意味着，如果零假设为真，那么 p 值与平均中签编号的差超出 206.3-160.9=45.4 的可能性大约是 3/100 000。由于这个概率过小，我们有理由拒绝零假设并得出结论，即该年上下半年的中签数量存在显著差异。

图 2-2 中显示的 4.2 的 t 统计量实际上与 4.2 的 Z 值相等，这表明观察到的平均中签数差异不太可能是偶然的。因此，把年末中签数量的减少归因于偶然并不合理。也有可能是胶囊放在鞋盒里时，没有被充分打乱，使年末的胶囊停留在了顶部。

	J	K	L	M	N	O	P
1	t 检验：假设方差相等的双样本				t 检验：假设方差相等的双样本		
2							
3		1969 年 1 月 -6 月	1969 年 7 月 -12 月			1970 年 1 月 -6 月	1970 年 7 月 -12 月
4	平均值	206.3241758	160.923913		平均值	181.4364641	184.5380435
5	方差	11266.48549	10151.9177		方差	10444.24733	11865.50674
6	观测值	182	184		观测值	181	184
7	合并方差	10706.13958			合并方差	11160.75001	
8	假设的均值差	0			假设的均值差	0	
9	自由度	364			自由度	363	
10	t 统计量	4.19706774			t 统计量	-0.280438722	
11	P（T≤t）单尾	1.70098E-05			P（T≤t）单尾	0.389650344	
12	单尾 t 临界值	1.649050545			单尾 t 临界值	1.649062137	
13	P（T≤t）双尾	3.40196E-05			P（T≤t）双尾	0.779300687	
14	双尾 t 临界值	1.966502569			双尾 t 临界值	1.966520641	

图 2-2　双样本 Z 检验结果

1970年7月1日的征兵抽签方法发生了变化。365个生日日期（考虑没有2月29日，则共有1951个生日），每个日期写在一张纸上，然后将每张纸放在一个胶囊中。胶囊随机放置，之后放入一个滚筒，旋转一小时。接着，对编号为1到365的数字重复相同的过程（由于技术问题，这个滚筒只旋转了30分钟）。然后，同时抽取日期和数字。例如，如果同时抽到1月1日和号码133，那么，1月1日就被分配给了号码133。如图2-2所示，上半年中签数平均值为181.4，下半年中签数平均值为184.5，t检验的p值为0.78。这意味着，如果一年中上下半年的中签数平均值相等，那么在78%的时间里，平均编号的绝对差至少为3.1。因此，毋庸置疑，无论男性出生在该年的上半年还是下半年，对1970年的征兵抽签程序的影响微乎其微。

第 3 章　到底是谁赢得了 2000 年的美国总统选举

时至今日，2000 年 11 月 7 日的总统选举仍然是一个争议性话题。虽然 2000 年 12 月 12 日，美国最高法院宣布了布什获胜，但结果仍然存在很大争议。到 11 月 8 日凌晨，戈尔的最终票数锁定为 255 张，布什的票数锁定在 246 张，而佛罗里达州的 25 张选票未定。谁赢得了佛罗里达州的这 25 票，谁的总票数就达到了 270 票，可以直接担任总统。最终投票结束时，在近 600 万张总选票中，布什领先 1784 票（只有 0.03% 的差额——这是美国历史上州选票数差距最小的一次选举）。当然，后来进行了重新计票。在有投票机的县，11 月 10 日完成机器重新计票，布什领先的票数缩小到仅 327 票。然后，一场既让人啼笑皆非又合理合法的阴谋开始了。大多数争议都集中在 61 000 张弃票（即在法律上无法确定选民是否选择了某个总统候选人的选票）和 113 000 张废票上（即选民选择了不止一位总统候选人的选票）。为了确定最终的获胜者，事情一直拖到了 2000 年 12 月 12 日，当时最高法院以极具争议的 5∶4（法官按照党派划分）投票通过决议，决定停止重新计票并宣布布什赢得了佛罗里达州的 25 票，以 537 票的优势获胜（仅领先 0.01%）。这一决定受到了法律层面的批判。

鉴于佛罗里达州选民的投票在获得认证之前无法完成手动重新计票，我们将重点关注如何使用分析方法来预测。如果重新计票完成，那么臭名昭著的"蝴蝶选票"废票和弃票将迎来何种结局？

预测废票情况

迈克尔·O. 芬克尔斯坦（Michael O. Finkelstein）和布鲁斯·莱文（Bruce Levin）给出了一套合理的方法，可以预测如果每张弃票都经过重新计票，投票结果会如何。

以下是他们遵循的程序。

- 根据已统计过的县的数据，他们假设拥有投票机的县将恢复 26% 的弃票，而拥有光学扫描仪（类似用于标准化分级测试的答题卡扫描仪）的县将有 5% 的弃票会得以恢复。他们还假设，弃票会被均匀地混入已经生效的票中。
- 他们按照如下方法，根据某县的弃票数估算戈尔的净得票：

    恢复率 × 弃票数 × 已记录的戈尔的部分净得票比例

- 然后，他们将所有县的净得票估计数相加，并将它们添加到先前戈尔落后的票数（−195 票）中。例如，在迈阿密戴德县（一个戈尔广受爱戴的地方）使用投票机，在记录的投票中，戈尔在总票数 625 985 中获得 39 461 票而领先。有 8845 张弃票，因此他们估计戈尔会获得（39 461/625 985）× 8845 × 0.26=145 张弃票。

将戈尔在所有县的得票估计数汇总后，芬克尔斯坦和莱文估计，戈尔在对弃票进行完全计票后将被少算 617 票。由于戈尔开始落后了 195 票，他们估计，将弃票重新计票后，戈尔原本被少算的是 812 票。当然，812 票只是对戈尔落后票数的估计。通过复杂的计算，他们计算出戈尔实际被少算的票数标准差为 99。根据中心极限定理，戈尔在弃票重新计票后真正落后的投票数遵循正态随机分布，平均值 =812，标准差 =99。然后，可以使用以下 Excel 公式计算布什在重新计票完成后落后的概率：

=NORM.DIST（0,812,99,True）

结果是布什落后的概率是 0.000 000 000 000 000 12（非常小）。

弃票是怎么回事

《今日美国》（*USA Today*）和其他几家媒体对 60 647 张废票和 111 261 张弃票进行了选举后分析（共耗时 5 个月）。它们得出结论（正如芬克尔斯坦和莱文所做的那样），一旦手动重新计票，那么布什将获胜，并且根据最常用的界定合法投票的标准，即使对所有的废票和弃票都重新计票，布什仍将获胜。他们还得出结论，更多的选民原本是打算投票给戈尔的（我们在下一节将详细介绍这一点）。

第 3 章 到底是谁赢得了 2000 年的美国总统选举

哥伦比亚广播公司新闻选举与调查科主任安东尼·萨尔万托（Anthony Salvanto）断定，只有 3% 的弃票可以转换为合法选票。萨尔万托总结道，如果戈尔的支持者没有无意中犯下产生废票的错误，戈尔至少能获得 15 000 票。为了说明弃票的问题，我们来讨论一下臭名昭著的棕榈滩县（Palm Beach Country）"蝴蝶选票"事件。

"蝴蝶"做到了

图 3–1 展示了在棕榈滩县选举日使用的臭名昭著的"蝴蝶选票"。选票被分成了两页，以便年长的选民更容易看清选项。这种选票被称为"蝴蝶选票"，因为分成两页的选票看上去很像蝴蝶的翅膀。3 号孔代表支持布什，4 号孔代表支持第三党派候选人帕特·布坎南（Pat Buchanan），5 号孔代表支持戈尔。看到选票，很容易看出支持戈尔的人很可能会打到 4 号孔而非 5 号孔。正如接下来我们要讲到的，有压倒性的证据表明，有非常多的戈尔拥护者错误地将票投给了布坎南，最终将布什推上总统之位。

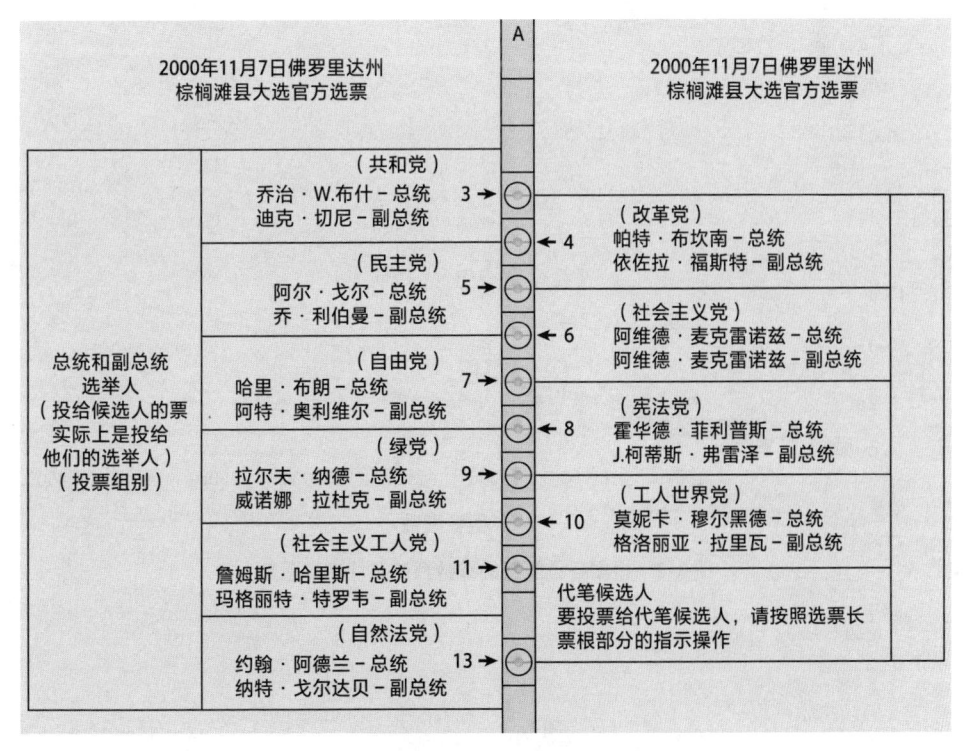

图 3–1 "蝴蝶选票"

今井耕介（Kosuke Imai）试图从 1996 年给罗斯·佩罗（Ross Perot）的第三党派投票结果中预测出 2000 年每个县给布坎南的投票数。这部分数据位于文件 PalmBeachRegression.xlsx 中。将投给布坎南的票绘制在 y 轴上，将投给佩罗的票绘制在 x 轴上，则会产生如图 3–2 所示的图表。直线是数据拟合线。该图显示（R^2 值为 0.51）佩罗的票数解释了布坎南票数中 51% 的变化。但是，请注意线上方的一个点。这一个点是棕榈滩县，显然是一个异常值，这表明在棕榈滩县，布坎南获得了异常高的票数。图 3–3 显示的是省略了棕榈滩县的情况。省略棕榈滩县时，该直线拟合度极高。

现在可以看到，在省略棕榈滩县的情况下，佩罗票数解释了布坎南票数中 85% 的变化。这两张图表清楚地表明，布坎南在棕榈滩县获得的选票比预期的要多得多，而"蝴蝶选票"的样式为这种异常情况提供了合理的解释。

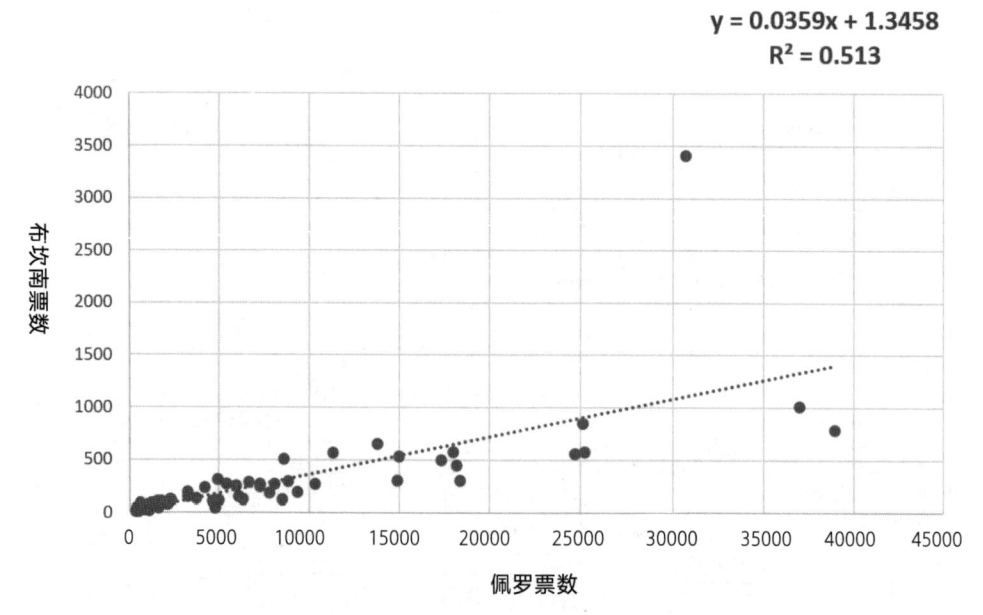

$y = 0.0359x + 1.3458$
$R^2 = 0.513$

图 3–2　根据各县佩罗的票数预测布坎南的票数

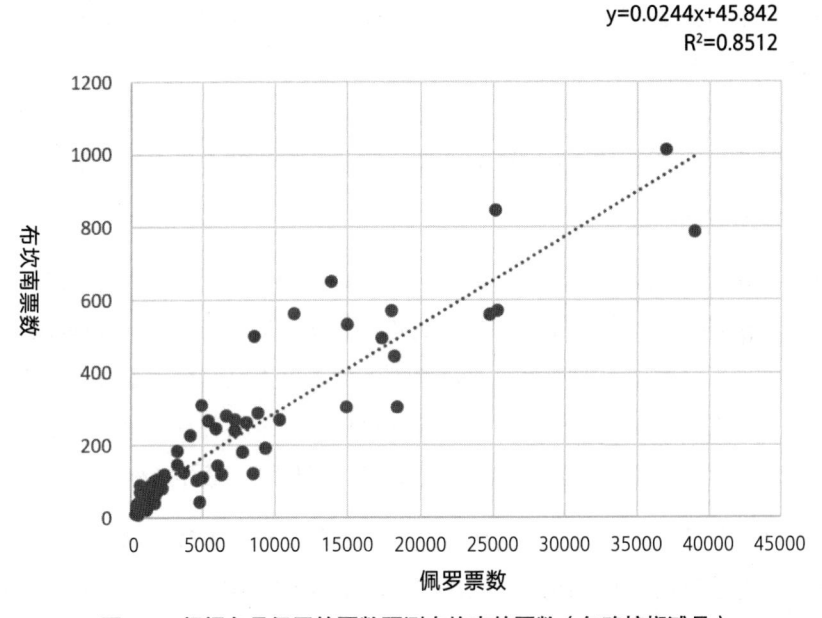

$$y=0.0244x+45.842$$
$$R^2=0.8512$$

图 3-3　根据各县佩罗的票数预测布坎南的票数（忽略棕榈滩县）

乔纳森·N.万德（Jonathan N. Wand）等人进行了更复杂的分析。万德等人关注了棕榈滩县的缺席选票[1]，这些不是"蝴蝶选票"，因此选民不可能会因为选票布局混乱而错误地将票投给布坎南。作者发现在选举日，1000 张选票中布坎南获得了 8.5 张，但在 1000 张缺席选票中只有 2.2 张投给了布坎南。在选举日，棕榈滩县共有选票 387 356 张，因此可以合理猜测，在选举日有（0.0085–0.0022）× 387 356=2440 票意外地投给了布坎南。

作者还研究了选民选举的参议员。给参议员的投票不会出现混淆的情况。投票给民主党参议员候选人比尔·纳尔逊（Bill Nelson）的缺席选民中有 90% 都投了戈尔。在选举日，1000 名投给纳尔逊的选民中有 10.2 人投票支持布坎南，而在缺席选票中，1000 名投给纳尔逊的选民中有 1.7 人投票支持布坎南。这表明每 1000 名投给纳尔逊的选民中约有 8.5 人错误地将票投给了布坎南。纳尔逊在选举日收到了 269 835 张选票，因此可以合理地估计，有（0.0102–0.0017）× 269 835 × 0.9=2064 名

---

[1]　缺席选票指由选民在其登记地以外预先标记并邮寄的选票。——译者注

原本打算投票给戈尔但最终投错了选票的选民。这些选票如果加到戈尔的票中，足以赢得佛罗里达州的选票并逆转整个总统选举结果！选举日投票给共和党参议员候选人乔尔·德卡德（Joel Deckard）的选民占比与缺席选票没有显著差异，因此，"蝴蝶选票"似乎没有导致布什失去任何选票。因此，万德等人提出的"蝴蝶"做到了的结论似乎是成立的。

萨尔万托还发现，杜瓦尔县（Duval County）奇怪的选票也让戈尔损失了大约2600票。精明的读者可能会争辩说，棕榈滩县的缺席选民与选举日棕榈滩县选民有很大不同。虽然缺席选票的选民中通常有更多的军事人员，但万德等人发现，棕榈滩县选举日的选票和缺席选票之间的差异远比任何其他县都更显著。这消除了（他们对布坎南的看法）棕榈滩县缺席选民与选举日选民明显不同的反对意见。

需要注意的是，正如我们之前所讨论的，想要推翻大多数棕榈滩县和杜瓦尔县的选票是没有法律依据的，因此，《今日美国》得出的"布什应该是法律上宣布的获胜者，但其实更多人打算投票给戈尔"这一结论似乎是正确的。

第 4 章 利物浦队对巴塞罗那队的那场比赛是足球历史上爆的最大冷门吗

2019 年 5 月 7 日，利物浦足球队对阵巴塞罗那足球队，利物浦队获胜进入欧冠决赛的机会微乎其微（大多数人认为是零）。因为利物浦队此前被巴塞罗那队以 3∶0 击败过，本场比赛至少要领先 4 个进球才能晋级。令人惊讶的是，利物浦队最终以 4∶0 拿下了比赛，然后在欧冠决赛中以 2∶0 击败了托特纳姆热刺队。在本章中，相对于其他冷门体育事件，我们将用更合理的方式来看看这次大冷门。

如何给冷门事件的冷门程度排名

我们一般根据冷门事件发生的概率给冷门事件排名。对于每项体育赛事，我们都可以尝试建立复杂的数学模型来预测爆冷门的可能性，但博彩公司已经为我们完成了这项工作。博彩市场会估计事件发生的概率。正如我们将在第 23 章中看到的那样，博彩市场通常会做出公允的预测。例如，如果赔率制定者宣布一支球队有 90% 的机会赢得比赛，那么平均而言，90% 的这些热门球队有 90% 的机会获胜。

利物浦队击败巴塞罗那队的赔率是 18∶1。为了理解如何利用这个赔率得出利物浦队晋级的可能性，我们暂时假设（我们稍后将放宽这一假设）赔率制定者设置的"公平赔率"使得在这场赌局中下注利物浦队产生的平均利润为 0。18∶1 的赔率意味着如果你给利物浦队下注 1 美元，那么如果它晋级，你将赢得 18 美元；如果利物浦队没有晋级，你将输掉 1 美元。令 $p=$ 利物浦队晋级的概率，如果 $(1-p) \times (-1) + p \times 18 = 0$，那么下注 1 美元赌利物浦队就会产生平均收支平衡的局面。求解这个公式得出 $p = 1/(1+18) = 5.3\%$。一般而言，如果事件发生时赢 x 美元，而事件未发生时支付 1 美元，即 -1 美元，那么，当 $p = 1/(1+x)$ 时投注就是公平的。在此背景下，我们将分析其他著名冷门事件发生的可能性。我们会发现，就像那部被低估了的音乐剧《失恋排行榜》（High Fidelity）中的劳拉一样，利物浦队甚至进不了冷门排名的前五名！

2015—2016 赛季英超联赛莱斯特城队夺冠

在 2014—2015 赛季英超联赛中，莱斯特城队连输 13 场。然后，在 2015—2016 赛季，莱斯特城队赢得了英超联赛冠军，震惊了整个足球界。在 2015—2016 赛季之前，每个赢得英超联赛球队的"赔率线"[①]都列在文件 Leicester.xlsx 中，如图 4-1 所示。

球队	赔率	赔率线概率	真实概率
切尔西	1850	0.0512821	0.04787938
曼城	-125	0.5555556	0.518693279
曼联	610	0.1408451	0.131499705
阿森纳	240	0.2941176	0.274602324
利物浦	6500	0.0151515	0.01414618
托特纳姆热刺	15000	0.0066225	0.006183099
埃弗顿	75000	0.0013316	0.001243206
南安普顿	75000	0.0013316	0.001243206
斯旺西城	150000	0.0006662	0.000622017
斯托克城	250000	0.0003998	0.00037331
水晶宫	100000	0.000999	0.000932715
西汉姆联	100000	0.000999	0.000932715
纽卡斯尔联	750000	0.0001333	0.00012447
西布罗姆维奇	500000	0.0002	0.000186692
阿斯顿维拉	750000	0.0001333	0.00012447
莱斯特城	150000	0.0006662	0.000622017

赔率概率总和 1.07106758

图 4-1 2015—2016 赛季英超赔率

[①] 赔率线是科学、客观反映竞技或比赛结果的数据形式。——译者注

对于除曼城队以外的所有球队而言，如果你给 C 列中的球队下注 100 美元并且它们赢得了英超联赛，D 列中的数字就是你将赢得的美元数。例如，如果你给阿森纳队下注 100 美元，然后它赢了，你将赢得 240 美元；反之，你将损失 100 美元。如果我们令 $p=$ 阿森纳队在英超联赛夺冠的概率，那么，如果 $p \times 240+(1-p) \times (-100)=0$ 或 $p=100/(100+240)=29.4\%$，则这是一个公平的赌局。

对于曼城队（或任何概率值为负数的球队），当下注的金额是这个负数的绝对值时，才能赢取 100 美元。因此，你可以给曼城队下注 125 美元，以赢取 100 美元。如果 $p=$ 曼城队夺冠的概率，那么当 $(-125) \times (1-p)+(100 \times p)=0$ 或 $p=125/(100+125)=55.6\%$ 时，赌注是公平的。E 列用赔率线表示计算出的该队的获胜概率。问题是这些概率加起来是 1.07，而不是 1，这说明博彩公司一定会获利。在 F 列中，我们通过将 E 列的概率除以 1.07 来求得赔率线隐含的公平概率。从单元格 F22 中，我们看到赔率制定者设定的莱斯特城队获胜的概率为万分之六——远小于利物浦队进入欧冠决赛的概率。

16 号种子球队击败 1 号种子球队

在 1985—2017 年的美国大学生篮球联赛（NCAA）男子篮球锦标赛中，所有的 16 号种子队在对战所有的 1 号种子队时（共 132 场比赛），全都输给了 1 号种子队。但在之后的 2018 年，16 号种子队巴尔的摩马里兰大学猎犬队击败了 1 号种子队——弗吉尼亚骑士队，震惊了篮球界（弗吉尼亚队因这次令人震惊的冷门事件而振作，最终赢得了 2019 年的冠军）。16 号种子队平均落后 1 号种子队 25 分。赔率制定者预测的大学篮球得分标准差为 11 分。篮球比赛的胜率与一个正态随机变量非常接近。因此，我们可以使用以下公式来估算 16 号种子输给 1 号种子的概率：

=NORM.DIST（0,25,11,TRUE）

得到的结果是 1.1%，比利物浦队晋级概率小得多。

喷气机队赢得第三届超级碗

1969年，乔·纳玛什（Joe Namath）断言新贵纽约喷气机队将在第三届超级碗中击败强大的巴尔的摩小马队。小马队是18分满分的热门队。NFL比赛中胜率的标准差为14分，近似于一个正态随机变量。因此，喷气机队获胜的概率可以用以下公式计算：

=NORM.DIST（0,18,14,TRUE）

结果为10%。

其他大冷门事件

《大西洋月刊》（Atlantic Monthly）上的一篇很棒的文章对一些大冷门事件给出了以下赔率。

- 1990年，不被看好的巴斯特·道格拉斯（Buster Douglas）的赔率是42：1，最终击败迈克·泰森（Mike Tyson）。
- 2017年，"猫王"（Elvis）还活着的赔率为2000：1。
- 1969年，纽约大都会棒球队赢得世界棒球大赛的赔率为100：1。
- 1980年，美国曲棍球队赢得奥运会金牌的赔率为1000：1。（你相信奇迹吗？）
- 2000年，鲁伦·加德纳（Rulon Gardner）在奥林匹克古典式摔跤比赛中击败俄罗斯的亚历山大·卡列林（Alexander Karelin）的赔率为2000：1。

再次重申，我们并没有低估利物浦队获胜的冷门程度，但这个冷门确实并不像很多其他冷门事件那么不可思议。

第5章　伯尼·麦道夫是如何维持资金的运作的

庞氏骗局（Ponzi Scheme）是一种诈骗形式，骗子向投资者承诺承担低风险就可以获得高于平均水平的收益。投资者被这种低风险、快速致富的承诺和资金存款的便捷性所吸引，越来越多的人投入资金。当早期投资者想要（从真实存款或虚假利润中）提取他们的部分资金时，骗子会把后来投资者的存款还给早期投资者。正如我们接下来要讲的那样，一切本来是顺利的，直到提款需求突然增加。伯尼·麦道夫的投资基金被证明是一个庞氏骗局。最初的庞氏骗局是由查尔斯·庞兹（Charles Ponzi）于1920年创建的。庞兹承诺在45天内为投资者带来50%的收益或在90天内获得100%的收益。据他叙述，利润通过在美国兑换国外购入的"回邮券"获得。问题是，为了兑现承诺给投资者的利润，庞兹需要买入1.6亿张回邮券，而当时一共只有27 000张！到1920年底，庞兹的骗局宣告失败，他承认犯了邮件诈骗罪。

伯尼·麦道夫的投资基金也被证明是一个巨大的庞氏骗局。投资者投入了180亿美元，当麦道夫于2008年12月被捕时，该基金的账面价值为650亿美元。令人惊讶的是，直到我写下这篇文章时，最初存入麦道夫的180亿美元似乎都是能够偿还的。在本章中，我们将探讨以下问题。

- 庞氏骗局的数学分析。
- 哈里·马科波洛斯（Harry Markopolos）在1999年是如何发现麦道夫是个骗子，并向美国证券交易委员会（SEC）报告的。马科波洛斯万分震惊地发现SEC无视了他的警告。
- 本福德（Benford）定律的数学逻辑是如何证明麦道夫的收益率是"编造的"。
- 为什么麦道夫所谓的投资策略不可能是真实的。
- 广泛使用的夏普比率（Sharpe ratio）中的风险调整的收益率概念是如何表明麦道夫的基金是诈骗行为的。

庞氏骗局的数学分析

文件 Ponzi.xlsx（见图 5-1）包含一个简单的庞氏骗局模型。我们做出以下假设。

- 在第 1~15 年的每一年年初时，我们的基金有 1000 名新投资者，每人存入 10 000 美元。没有客户撤资。
- 我们始终以 10% 的年收益率来吸引投资者，但我们只是将钱投资在收益率为 3% 的国债上。
- 在第 1~5 年，客户提取了他们认为的账户价值的 12%。
- 在第 16 年，经济衰退、社会恐慌接踵而至，投资者要求提取他们认为的账户价值的 55%。

	B	C	D	E	F	G	H	I
2	庞氏骗局							
3	初始资金	$1000000.00						
4	新客户	1000						
5	存款	$10000.00						
6	承诺回报	10.00%						
7	实际回报	3.00%						
8	提取比例	0.12						
9	恐慌比例	0.55						
10	初始资金	$100000.00						
11	年份	初始客户	新客户	最终客户	初始资金	支付	负债	最终资金
12	1	0	1000	1000	$100000.00	$0.00	$10000000.00	$10100000.00
13	2	1000	1000	2000	$10403000.00	$1200000.00	$19680000.00	$19203000.00
14	3	2000	1000	3000	$19779090.00	$2361600.00	$29050240.00	$27417490.00
15	4	3000	1000	4000	$28240014.70	$3486028.80	$38120632.32	$34753985.90
16	5	4000	1000	5000	$35796605.48	$4574475.88	$46900772.09	$41222129.60
17	6	5000	1000	6000	$42458793.49	$5628092.65	$55399947.38	$46830700.84
18	7	6000	1000	7000	$48235621.86	$6647993.69	$63627149.06	$51587628.18
19	8	7000	1000	8000	$53135257.02	$7635257.89	$71591080.29	$55499999.13
20	9	8000	1000	9000	$57164999.11	$8590929.64	$79300165.72	$58574069.47
21	10	9000	1000	10000	$60331291.56	$9516019.89	$86762560.42	$60815271.67
22	11	10000	1000	11000	$62639729.82	$10411507.25	$93986158.49	$62228222.57
23	12	11000	1000	12000	$64095069.25	$11278339.02	$100978601.42	$62816730.23
24	13	12000	1000	13000	$64701232.13	$12117432.17	$107747286.17	$62583799.97
25	14	13000	1000	14000	$64461313.96	$12929674.34	$114299373.01	$61531639.62
26	15	14000	1000	15000	$63377588.81	$13715924.76	$120641793.08	$59661664.05
27	16	15000	0	15000	$61451513.97	$66352986.19	$59717687.57	−$4901472.22

图 5-1 庞氏骗局模型

28

正如你从单元格 I27 中看到的，在第 16 年底，该基金现金流为负值且已停业。这是因为该基金没有足够的资金来支付第 16 年出乎意料的大笔提款。

麦道夫自称的策略

麦道夫声称的年均10%的按月偿付的收益率，在最糟糕的月份也只会出现0.64%的小幅亏损。哈里·马科波洛斯意识到没有显著的亏损是不现实的。下面我们先了解看涨期权和看跌期权的工作原理，之后我们将解释麦道夫所说的他用来创造低风险巨额财富的策略。

看涨期权和看跌期权

假设今天的股票价格为 30 美元。考虑该股票的 6 个月欧式看涨期权，行权价格为 33 美元。该看涨期权的收益仅基于期权到期日（6 个月内）的股票价值。如果 6 个月后的指数低于或等于 33 美元，则该期权毫无价值；若到期日价格超过 33 美元，每增长 1 美元都会带来 1 美元的看涨期权收益。因此，如果股票价格为 34 美元，则看涨期权行权会有 1 美元收益；如果股票价格为 35 美元，则收益 2 美元，以此类推。对于一只与市场平均风险水平相当的股票，著名的布莱克—斯科尔斯（Black–Scholes）期权定价公式给出了 0.87 美元的公平价格。如果股价上涨超过 10%，那么这个 0.87 美元的价格可以让你赚到很多钱，否则你将一无所获。

布莱克—斯科尔斯期权定价模型由费雪·布莱克（Fischer Black）和迈伦·斯科尔斯（Myron Scholes）于 1968 年提出。他们建立了一个公式，输入以下指标，计算期权的公平价格：

- 当前股票价格；
- 行权价格；
- 期权到期时间；
- 当前国库券利率；
- 与股票相关的波动率或风险。

如果你想了解更多有关期权定价的信息，请阅读约翰·赫尔（John Hull）的经典著作《期权、期货及其他衍生产品》(Options, Futures, and Other Derivatives)。

假设今天的股票价格为 30 美元。考虑该股票的 6 个月欧式看跌期权，行权价格为 27 美元。该看跌期权的收益仅基于该期权到期日（6 个月内）的指数价值。如果 6 个月后的股票价格为 27 美元或以上，则该期权毫无价值；如果到期价格低于 27 美元，每低 1 美元都会给看跌期权带来 1 美元的收益。因此，如果股票售价为 26 美元，则看跌期权收益 1 美元；如果股票的售价为 25 美元，则看跌期权收益 2 美元，以此类推。对于一只与市场平均风险水平相当的股票，布莱克—斯科尔斯期权定价公式给出 0.39 美元作为公平价格。如果股价下跌超过 10%，这个 0.39 美元的价格可以让你赚到很多钱，否则你将一无所获。

麦道夫的价差套利策略

麦道夫能够持续吸引新投资者加入的一个重要原因是，他的策略看上去是一种以远低于市场风险的方式获得相当高的回报的合理方法。如你所见，麦道夫的价差套利策略需要买入看跌期权和看涨期权。正如马科波洛斯等人发现的那样，执行麦道夫的策略需要的期权数量远大于现存的期权。

以下是对麦道夫的价差套利策略的简要说明。

- 购买一揽子股票，包括约 30 只与市场高度相关的"高绩效股票"。为简单起见，假设购买的所有股票售价均为 30 美元。
- 卖出大量价外看涨期权（例如，行权价格 =33 美元）。除非市场大幅上涨，否则你将继续持有这些看涨期权。如果市场大幅上涨，你会赚到很多钱，你会为此感到高兴。这种策略会在市场波动不大时产生回报。
- 大量买入价外看跌期权（例如，行权价格 =27 美元）。这些看跌期权的成本并不高，如果股票崩盘，看跌期权将大大缓解市场下行的风险。

如果可以购买足够的看跌期权和看涨期权来执行这一策略，且麦道夫本身是一个很好的选股者，那么他就可以大大降低市场风险，用低风险高回报的投资，兑现他给投资者的承诺。令人费解的是，SEC 无视了马科波洛斯对麦道夫策略的有力批评。

使用夏普比率证明麦道夫的骗局

假设你经营着一家投资公司，想确定每位交易员的年终奖金数额。你会付给月均收益最高的交易员最多的奖金吗？如果你这样做，你就忽略了该交易员通过承担过高风险来产生高平均收益率的可能性。如果是这样，这个交易员很可能最终拖垮公司。阅读纳西姆·塔勒布（Nassim Taleb）的伟大著作《随机漫步的傻瓜》（*Fooled by Randomness*），这本书将告诉你承担高风险并不总是一个好主意。

许多投资公司都是根据夏普比率来评估交易员的绩效表现的。夏普比率是：

（年平均收益 − 无风险收益）/ 年收益的标准差

本质上，夏普比率衡量的是每单位风险的年平均超额收益，而夏普比率长期高于 2 是非常特殊的。2017 年 6 月至 2018 年 6 月，PSGAX[①] 的基金有着最好的夏普比率（1.76）。

正如你很快会看到的，在 1990—2008 年，按照麦道夫报告的收益率，算出的夏普比率为 2.51，出奇地高。风险调整后的绩效表现如此不寻常是引起马科波洛斯怀疑的另一个因素。为了计算麦道夫的年化夏普比率，我们需要计算：

- 年平均收益率 =12 × 月平均收益率 =10.1%；
- 年标准差 = $\sqrt{12}$ × 月标准差 =2.45%；
- 1990—2008 年的国库券年化收益率 =3.95%。

然后，计算麦道夫的夏普比率为（0.101–0.0395）/（0.0245）=2.51。

[①] PSGAX 指 Virtus KAR Small-Cap Growth Fund Class A（PSGAX）。PSGAX 是众多不同的小盘成长型基金之一。——译者注

本福德定律和麦道夫骗局

你认为世界各国的人口有多少是以数字 1 到 4 开头的？数字可以以 1 到 9 中的任何一个开头。如果你假设一个数字以 1 到 9 开头的可能性相同，那么 4/9=44%，也就是说 44% 的国家/地区人口应该是以 1 到 4 开头。实际上（见图 5-2），69% 的国家人口是以 1 到 4 开头的。这就是本福德定律的一个例子，该定律指出，对于许多真实世界的数字集，首位数字小于或等于 x 的概率近似为 $\lg(x+1)$。那么第一位数字是 1 的概率大约是 $\lg 2=30.1\%$。值得注意的是，本福德定律预测的结果与各国实际人口达成惊人的一致。

	G	H	I	J	K
2	首位数字	比例	理论值	累计理论值	
3	1	30.04%	30.10%	30.10%	=LOG10(G3+1)
4	2	15.88%	17.61%	47.71%	=LOG10(G4+1)
5	3	11.16%	12.49%	60.21%	=LOG10(G5+1)
6	4	11.59%	9.69%	69.90%	=LOG10(G6+1)
7	5	9.87%	7.92%	77.82%	=LOG10(G7+1)
8	6	6.87%	6.69%	84.51%	=LOG10(G8+1)
9	7	3.43%	5.80%	90.31%	=LOG10(G9+1)
10	8	6.01%	5.12%	95.42%	=LOG10(G10+1)
11	9	5.15%	4.58%	100.00%	=LOG10(G11+1)

图 5-2 针对国家人口数量的本福德定律

文件 BenfordSim.xlsx 将帮助你理解为什么本福德定律适用于许多真实世界的数据集。许多数量（例如人口和公司的销售收入）每年以类似的比例（例如 10%）增长。如果是这种情况，并且首位数字是 1，则首位数字可能需要几年时间才能涨到 2。但是，如果你的第一位数字是 8 或 9，那么以 10% 的速度增长，第一位将很快回到 1。这就解释了为什么首位数字较小的数字往往要更多。

在文件 BenfordSim.xlsx 中，按 F9 键将在单元格 K2 中产生一个 1~9 000 000 之间的随机整数作为起始值（例如销售收入），并将在单元格 K3 中产生一个 1%~50% 之间的随机年增长率百分比。然后，根据这两个数字，C 列产生 500 年的收入。最后，I 列和 J 列将每个数字第一位的理论值与模拟值进行比较。你将看到，无论何时按 F9，模拟值和理论值几乎都相同！

在文件 NewMadoff.xlsx 中，我们将麦道夫的月收益率乘以 10 000，以确保每个月的收益率都有第一位数字。如图 5–3 所示，我们使用数据透视表（PivotTable）来确定月收益率第一位数字为各个数字的比例。

行标签	首位数字计数	百分比
0	1	0.47%
1	84	39.07%
2	29	13.49%
3	20	9.30%
4	13	6.05%
5	11	5.12%
6	17	7.91%
7	14	6.51%
8	15	6.98%
9	11	5.12%
总计	215	100.00%

图 5–3　本福德定律和麦道夫收益率

请注意，215 个月收益率中有 84 个（39%）的首位数字是 1。这是否明显高于本福德定律理论值 30%？在这里，我们需要知道本福德定律预测成功次数的平均值和标准差，给定：

- $N=$ 观察次数；
- $P=$ 成功率（首位为 1 即一次成功）。

在这种情况下，平均成功次数 $=N\times P$，成功的标准差 $=\sqrt{N\times P\times(1-P)}$。

因此，本福德定律预测首位数字为 1 的平均值为 $0.30\times 215=64.5$，标准差为 $\sqrt{215\times 0.3\times(1-0.3)}=6.7$。

我们观察到 84 次成功，对应的 Z 值为：$(84-64.5)/6.7=2.91$。

这表明麦道夫收益率的首位数为 1 的情况比本福德定律预测的要多得多。这是麦道夫报告了"编造的"或"欺诈的"收益率的另一种迹象。

第 6 章　美国工人的处境是否有所改善

许多政治观察家认为，唐纳德·特朗普（Donald Trump）能赢得 2016 年的美国总统大选在很大程度上是因为美国"普通"工人的处境没有得到改善。美国人历来都秉持着"你的孩子会比你过得更好"的理念，所以判定多数美国人的处境是否真的有所改善是很重要的。如第 1 章所述，对于偏度高的数据集来说，典型值是中位数而不是算术平均数。在本章中，我们将使用 FRED 的数据来研究美国工人的福利变化趋势。

美国家庭收入数据有偏度吗

因为很难获得所有美国家庭的收入数据，所以无法准确确定家庭收入的偏度。但是，我找到了 2019 年美国职业棒球大联盟（MLB）球员的薪水表，他们的工资水平呈现很高的正偏斜（偏度 =2.21）。因此，我们应该使用中位数 140 万美元代表工资水平。平均数 450 万美元比中位数的三倍还多！前 4% 的球员赚了 23% 的钱，这导致高薪球员极大地拉高了平均工资。由于美国政府强调收入的中位数，我们将使用家庭收入的中位数（根据生活支出进行调整）作为衡量经济福利的重要指标。

中等收入与政治

无论你是否认可罗纳德·里根（Ronald Reagan）的政治主张，他在总统辩论中击败吉米·卡特（Jimmy Carter）赢得了选举。他问选民："你比四年前过得更好了吗？"卡特领导下的经济情况表现不佳，因此里根获得了胜利。如表 6–1 所示，根据生活支出调整的家庭收入的中位数正说明了这一点。

表 6–1　　　　　1977—1980 年真实的家庭收入中位数

年份	收入中位数（折合成 2017 年的美元）
1977	59 153
1978	60 997
1979	61 863
1980	59 711

从表 6–1 可以看出，1978—1980 年间，普通家庭（第 50 个百分点）的购买力下降了 2%。

2012 年 1 月，在共和党总统竞选辩论中，米特·罗姆尼（Mitt Romney）声称过去四年中，收入中位数下降了 10%，以此抨击美国经济状况。表 6–2 中的相关信息可以证实罗姆尼的主张。

表 6–2　　　　　2007—2012 年家庭收入中位数

年份	收入中位数（折合成 2017 年的美元）
2007	72 716
2008	70 215
2012	66 515

可以看到，从 2007 年到 2012 年，收入中位数下降了 9%，而从 2008 年到 2012 年，收入中位数下降了 6%。

富人越来越富了吗

从托马斯·皮凯蒂（Thomas Piketty）的畅销书《21 世纪资本论》（*Capital in the Twenty First Century*）开始，美国（和其他国家或地区）日益严重的收入不平等情况受到了越来越多的关注。借助美国人口普查数据，我们可以通过一个简单的图 6–1 来查看美国收入不平等情况近期的发展趋势。该图显示了上层 5%、前 20%、中间 40% 和底层 20% 的美国不同收入群体收入水平的发展趋势。

```
         （％）            1966—2017年美国收入占比
          60
          50
          40
          30
          20
          10
           0
          1960    1970    1980    1990    2000    2010    2020
             ——底层20%  ——中间40%  ----前20%  ----上层5%
```

图 6–1　美国收入不平等情况发展趋势

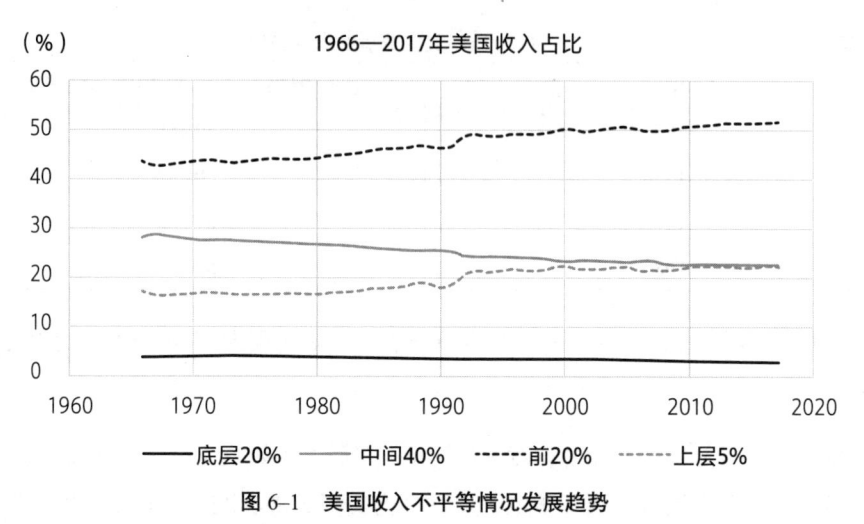

图 6–1 向我们展示的远不只文件 IncomeShare.xlsx 中满篇的数字：

- 底层 20% 的人群收入占比一直稳定在 3%；
- 中间 40% 的人群收入占比从 28% 下降到 22%，这与目前上层 5% 人群的收入占比基本相同；
- 前 20% 的人群收入目前占总收入的一半以上（这主要是以牺牲"消失的"中产阶级为代价的）。

在第 7 章中，我们将讨论衡量收入不平等的其他三种标准：基尼指数（Gini index）、帕尔马指数（Palma index）和阿特金森指数（Atkinson index）。

在 2020 年的民主党辩论中，每场辩论都提及不平等现象加剧问题，大多数候选人主张征收财富税或更高的累进所得税，以此缓解美国日益加剧的收入不平等情况。

美国收入不平等加剧的原因

梳理美国收入不平等加剧的原因困难重重。我们推荐将蒂莫西·诺亚（Timothy Noah）的优秀著作《大分流》（*The Great Divergence*）作为这个问题的入门读物。本节简要讨论导致美国收入不平等加剧的常见的几个原因。

赢家通吃的社会

罗伯特·弗兰克（Robert Frank）和菲利普·库克（Philip Cook）是第一波普及"赢家通吃"市场理念的人。这个理念就是，一个产品（或一个像CEO这样的人）可能只比他们的竞争对手好一点，但他们赚的钱可以比竞争对手多得多。有关美国社会赢家通吃性质的示例，可以看看CEO薪酬与中产阶层工人薪酬之比的变化趋势。1965年，这个比例是20∶1，1989年的比例为58∶1，2000年的比例为344∶1，2017年的比例为312∶1。

教育溢价

众所周知，拥有学士学位的大学毕业生挣的钱普遍比高中毕业生的高，拥有更高级别学位的人平均比只有学士学位的毕业生挣得多。这些差异被称为教育溢价。根据1979年的汉密尔顿项目（Hamilton Project），获得学士学位的毕业生薪酬比高中毕业生高35%，拥有更高级别学位的人薪酬比高中毕业生高53%。到2016年，学士学位的溢价几乎翻了一番，达到了68%，更高级别学位溢价翻了一倍多，达到了113%。诺亚认为，教育溢价的增长是由于社会对大学和更高级别学位毕业生的需求增速快于供应增速。很明显，教育溢价将使居于前10%人群的收入增加。事实上，在1979—2016年期间，在收入居于前20%的人群中，拥有大学学历的人占比翻了一倍。克劳迪娅·戈尔登（Claudia Golden）和劳伦斯·卡茨（Lawrence Katz）得出的结论是，1973—2005年间的收入不平等增加了60%，这可归因于教育溢价。

贸易增加

美国和其他发达国家强烈认为全球化以及与不发达国家越发频繁的贸易往来加剧了收入不平等。对于这种观点，支持者和反对者都有。我们将重点关注安多尼（Andoni）和优素福·巴鲁斯曼（Yusuf Barusman）的论文《自20世纪70年代以来国际贸易对美国收入差距的影响》（*The Impact of International Trade on Income Inequality in the United States since 1970s*）。作者们参考了著名的斯托珀–萨缪尔森定理（Stolper-Samuelson theorem, SS定理）。考虑一下有两种生产要素（例如资本和劳动力）的国家。SS 定理表明，相对稀缺的生产要素会在贸易中亏损，而相对丰富的生产要素会在贸易中获利。例如，与中国相比，美国资本较为丰富，劳动力较为稀缺，因此 SS 定理表明，相对于劳动力（与中低收入人群关系更为密切），资本（与高收入人群关系更为密切）更能给美国带来收益。作者的复杂的分析表明，即使对政府支出和通货膨胀进行了调整，进口相对于 GNP（国民生产总值）比值的增加，也会显著加剧收入差距。研究表明，进口相对于 GNP 比值的增加不会加剧收入不平等的可能性不到万分之二。

在我看来，这个结论非常合理。对大部分人来讲，对进口更依赖可能会降低产品成本，但许多中产阶级工人将因被海外廉价劳动力取代而被迫失业。由于了解有限，我只能以我所在的印第安纳州布卢明顿的小镇为例来说明。20 世纪 70 年代，我们拥有大型工厂，比如通用电气（GE）、奥的斯电梯（Otis Elevator）、西屋电气（Westinghouse）、福特零部件（Ford Component）和美国无线电公司（RCA）工厂，这些工厂的工人肯定属于中产阶级（或更高阶级）。而如今，以上这些公司的工厂都已经搬到了墨西哥或亚洲。

税收政策

美国采用累进税率结构。在 2018 年新税法通过之前，最高边际税率为 39.6%，一些工人因劳动所得税抵免收到了政府的退税。你可能会猜想，这种累进税收结构是不是有可能会缓解收入不平等问题。根据网站数据，2018 年，税前，收入居于前 20% 的人群的收入占总收入的 52%；税后，他们的收入仍占总收入的 49%。因此，目前的税收结构似乎对缓解不平等没有多大作用。

股票回购

2018 年，多家公司花费 1.1 万亿美元回购它们的股票（其中一部分是受到了新税法激励）。这减少了流通股的数量，从而增加了每股收益，推高了股价。由于最富有的 10% 的美国人拥有 84% 的股票，所以看起来股票回购似乎会加剧收入不平等。

金钱不是万能的：人类发展指数

我们都听说过"金钱不是万能的"或"金钱买不到幸福"之类的话。人类发展指数（Human Development Index, HDI）主要基于三个要素来衡量一个国家的生活质量：

- 预期寿命；
- 教育；
- 经济实力。

在衡量一个受多个要素影响的量（例如一个国家的福利水平）时，一个关键问题是如何权衡不同的属性。

在工作簿 HumanDevelopmentIndex.xlsx 中名为 Selected 的工作表中，我们总结了 1980—2017 年 8 个国家的 HDI 变化趋势（见图 6–2）。

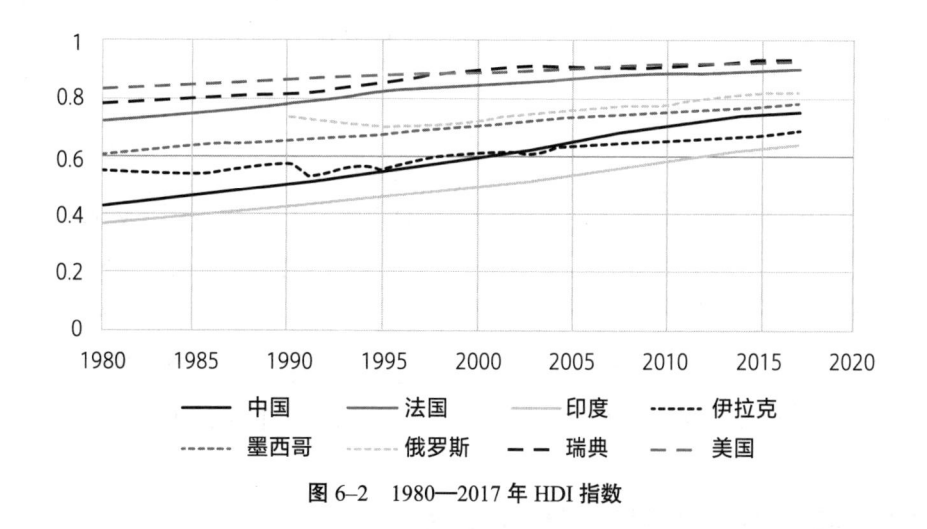

图 6–2　1980—2017 年 HDI 指数

HDI 总是在 0 和 1 之间。中国和印度的 HDI（远超 20 亿人！）的巨大进步非常令人欣慰。另外，让我颇为震惊的是，尽管发生了两次战争，但伊拉克的人类发展指数却大幅增加了。

创建自定义的福利水平排名

对于不同要素对国家福利水平的影响，每个人都有不同的想法。那么，为什么不创建一个网站，允许用户自定义每个要素的相对重要性，然后根据用户定义的权重对国家进行排名？

- 住房；
- 收入；
- 工作；
- 社区；
- 教育；
- 环境；
- 公民参与；
- 健康；
- 生活满意度；
- 安全；
- 工作与生活的平衡程度。

幸运的是，经济合作与发展组织（OECD）创建了这样一个网站。

根据我定义的相对权重（见图 6-3），排名前五的国家是挪威、冰岛、瑞士、澳大利亚和加拿大，美国排名第八。

图 6-3 国家排名中的要素权重

其他国家福利水平是否已赶上美国

名人堂投手勒罗伊·佩吉（Leroy Paige）曾经说过："不必回头，可能会有好事将要发生。"如果我们回顾过去不同国家的平均收入（我找不到过去收入的中位数数据），如图 6-4 所示，我们得到了 2010 年各国人均收入除以美国 1995—2017 年平均收入的比率。最值得注意的是，从数字中，我们看到，自 1995 年以来，中国的人均收入翻了两番，从占美国平均收入的 3% 增加到 12%，而印度和俄罗斯的人均收入相对于美国翻了一番。

	A 国名	B 1995	C 2000	D 2005	E 2010	F 2015	G 2017
15	国名	1995	2000	2005	2010	2015	2017
16	巴西	22.86%	18.55%	18.61%	22.82%	21.28%	20.15%
17	中国	2.69%	3.31%	5.01%	8.46%	10.67%	11.78%
18	德国	91.06%	81.80%	79.45%	85.72%	84.91%	86.16%
19	印度	1.73%	1.76%	2.10%	2.87%	3.31%	3.59%
20	日本	104.02%	89.98%	87.75%	85.76%	83.80%	84.52%
21	卡塔尔			76.70%	102.33%	94.51%	92.00%
22	俄罗斯	8.11%	11.84%	16.28%	20.60%	19.53%	18.85%
23	瑞典	104.10%	100.55%	103.25%	109.28%	103.14%	103.04%

图 6-4　各国与美国的收入均值的比率

第 7 章 使用基尼指数、帕尔马指数和阿特金森指数测算收入差异

众所周知，收入不平等的加剧与犯罪行为增加和贫困加剧息息相关。人性的一部分是希望将诸如不平等之类的复杂概念归结为一个数字。在本章中，我们将讨论收入不平等的三种广泛的衡量标准——基尼指数、帕尔马指数和阿特金森指数，它们有助于轻松比较国家之间的不平等程度。

基尼指数

1912 年，意大利统计学家科拉多·基尼（Corrado Gini）开发了基尼指数，用于衡量一个国家收入分配的不平等程度。为了解释基尼指数的计算步骤，我们假设每个国家都由 20 个人组成。作为基准，我们考虑一个收入绝对平等的国家（命名为平等组），其中每个居民的年收入为 5 个单位。如图 7–1（Typical 工作表）所示，考虑另一个国家（命名为不平等组），其中第 n 个人的收入与 n 成正比，我们将收入总和标准化为 100。例如，第 1 个人的收入为 0.48，第 2 个人的收入为 0.95，第 20 个人的收入为 9.52。如我们的示例所示，计算基尼指数需要按升序列出个人收入。

在 G 列和 H 列中，我们计算每个国家 1、2……n 每个人的累积收入。例如，平等组的前 10 个人累积收入为 50%，而不平等组的前 10 个人累积收入仅为 26.19%。为了计算基尼指数，我们创建了一个图表（见图 7–2），其中 x 轴代表总体的累积分数（对于 $n=1$，5%；$n=2$，10%；等等），以及 y 轴代表每个国家第 1 到第 n 个人赚取收入的累积比例。

第7章 使用基尼指数、帕尔马指数和阿特金森指数测算收入差异

	C	D	E	F	G	H	I
1						基尼指数	浅灰色区域面积
2						0.26666667	0.3666667
3							
4		个人	平等组	不平等组	累积平等	累积不平等	浅灰色区域面积
5	1	0.05	5	0.48	5.00%	0.48%	0.000
6	2	0.1	5	0.95	10.00%	1.43%	0.001
7	3	0.15	5	1.43	15.00%	2.86%	0.001
8	4	0.2	5	1.90	20.00%	4.76%	0.002
9	5	0.25	5	2.38	25.00%	7.14%	0.004
10	6	0.3	5	2.86	30.00%	10.00%	0.005
11	7	0.35	5	3.33	35.00%	13.33%	0.007
12	8	0.4	5	3.81	40.00%	17.14%	0.009
13	9	0.45	5	4.29	45.00%	21.43%	0.011
14	10	0.5	5	4.76	50.00%	26.19%	0.013
15	11	0.55	5	5.24	55.00%	31.43%	0.016
16	12	0.6	5	5.71	60.00%	37.14%	0.019
17	13	0.65	5	6.19	65.00%	43.33%	0.022
18	14	0.7	5	6.67	70.00%	50.00%	0.025
19	15	0.75	5	7.14	75.00%	57.14%	0.029
20	16	0.8	5	7.62	80.00%	64.76%	0.032
21	17	0.85	5	8.10	85.00%	72.86%	0.036
22	18	0.9	5	8.57	90.00%	81.43%	0.041
23	19	0.95	5	9.05	95.00%	90.48%	0.045
24	20	1	5	9.52	100.00%	100.00%	0.050

图7-1 计算基尼指数的数据

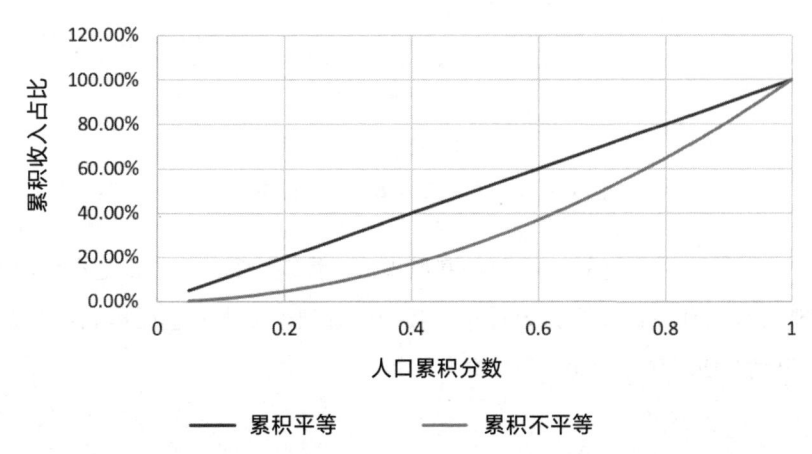

图7-2 收入与 n 成正比时的基尼指数图

在图 7–3 中，我们还创建了一种类似的图表，描述了一个完全不平等的财阀国家：19 个人的收入为 0，1 个人的收入为 100。代表财阀国家收入分配不平等的曲线称为洛伦兹曲线（Lorenz curve）。查看图 7–2 和图 7–3，我们看到，对于财阀国家，在代表完全收入平等的 45 度线和洛伦兹曲线之间的区域比在不平等组大得多。受此观察结果的启发，基尼将基尼指数定义为 45 度线和洛伦兹曲线之间的面积占 45 度线下面的面积（0.5）的比例。如果根据图 7–3 中的数据正确绘制出图形，那么浅灰色曲线在 x 小于 1 时应该是 0，然后突然上升到 1。那么，洛伦兹曲线和 45 度线之间的面积将是 0.5，而财阀国家的基尼指数将等于 1。对于平等组，45 度线和洛伦兹曲线之间的面积为 0，因为它们是相同的。因此，我们看到基尼指数将始终介于 0 和 1 之间，基尼指数越大表示不平等程度越高。Typical 工作表中的计算表明，不平等组国家的洛伦兹曲线下面积约为 0.367。因此，洛伦兹曲线与 45 度线之间的面积为 0.5–0.367=0.133，不平等组国家的基尼指数为 0.133/0.5=0.266。

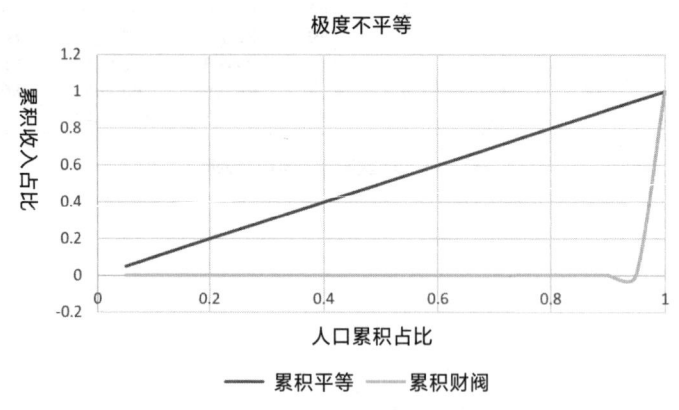

图 7–3 收入完全不平等时的基尼指数图

图 7–4 显示了一些国家 2020 年的基尼指数。我们看到南非的基尼指数最大，斯洛文尼亚和斯洛伐克的基尼指数最小。我们注意到，美国的基尼指数从 2004 年的 0.405 上升到 2020 年的 0.480。

第 7 章 使用基尼指数、帕尔马指数和阿特金森指数测算收入差异

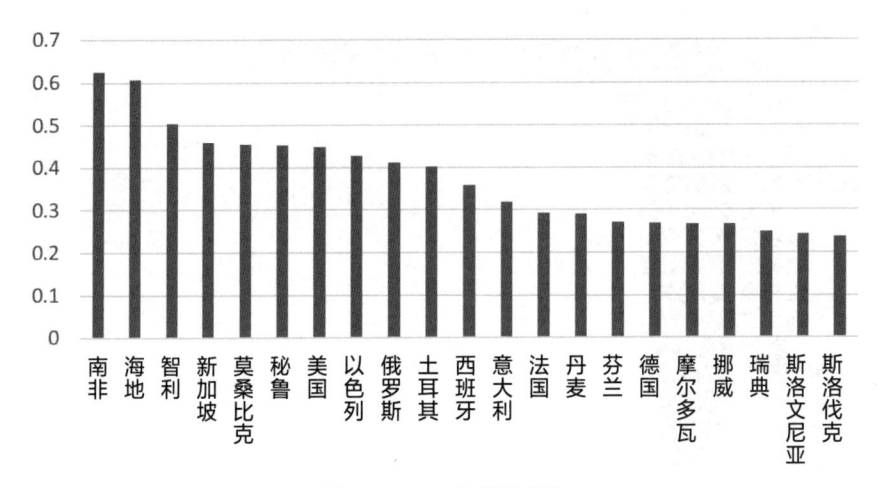

图 7–4　2020 年基尼指数

帕尔马指数

基尼指数是衡量收入不平等使用最广泛的指标，但它有两个缺点：

- 相较于高收入和低收入人群，基尼指数对中等收入的变化过于敏感；
- 如果绝对收入增加但贫困人口减少，则基尼指数可能会增加。

还有其他许多指数。其中，最简单的替代方案或许是由智利经济学家何塞·加布里埃尔·帕尔马（José Gabriel Palma）提出的帕尔马指数。帕尔马指数的计算方法是简单地将前 10% 的人的收入除以后 40% 的人的收入。图 7–5 显示了 2014—2015 年不同国家和地区的帕尔马指数。例如，我们看到，卡塔尔的 10% 收入最高的人的收入是 40% 收入最低的人的 9.2 倍。在美国，10% 的收入最高的人的收入是 40% 收入最低的人的 1.9 倍。

通过关注收入分配的顶层和底层，帕尔马指数降低了基尼指数对中产阶级收入的过度敏感。另一方面，由于没有考虑到每个人的收入，帕尔马指数也舍弃了很多信息。

45

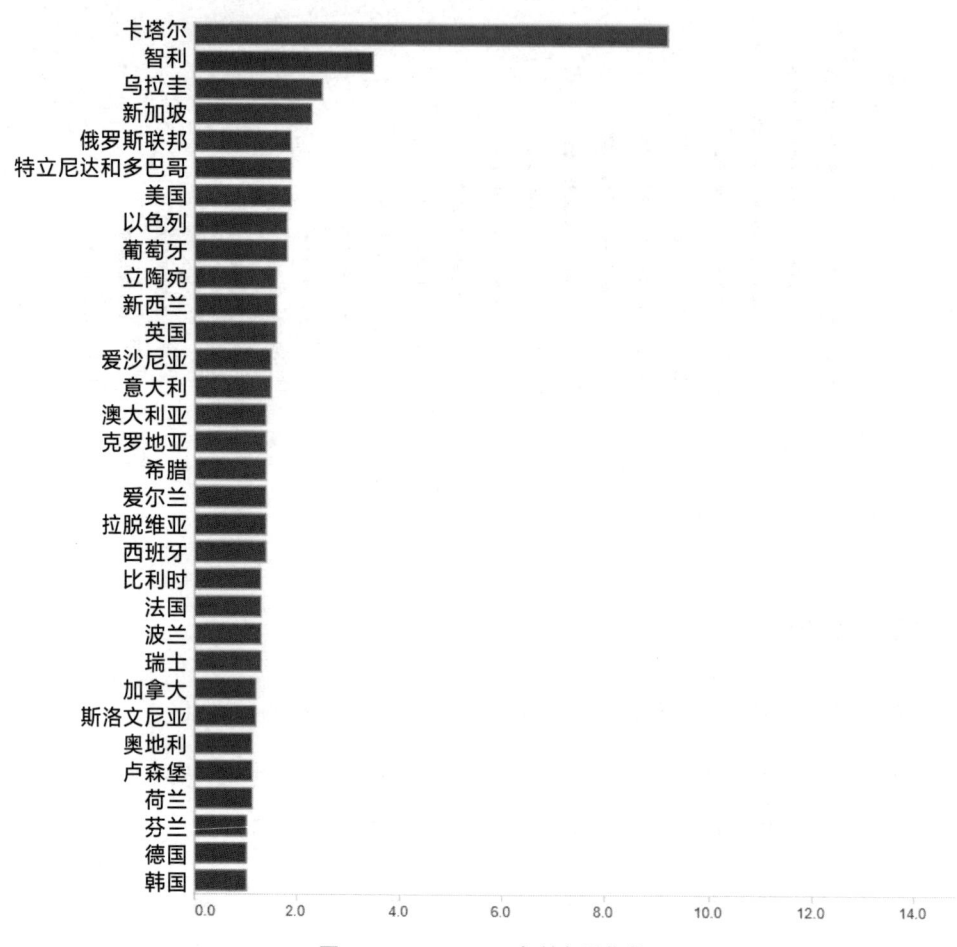

图 7-5 2014—2015 年帕尔马指数

阿特金森指数

帕尔马指数和基尼指数会根据每个家庭或个人的收入，得出一个数字来衡量一个国家的不平等程度。而阿特金森指数也可以衡量不平等程度，并提出了一个规范的衡量方法来评估一个国家收入不平等的变化对该国的福利水平有何影响。已故的安东尼·阿特金森（Anthony Atkinson，1944—2017）是一位伟大的英国经济学家，他致力于研究贫困和不平等领域近 40 年。如果你想成为一个有学问的公民，你可以

第 7 章 使用基尼指数、帕尔马指数和阿特金森指数测算收入差异

读一读阿特金森的书《不平等，我们能做什么》(*Inequality: What Can Be Done?*)。阿特金森首先假设了一个社会效用函数 $U(y)$，它衡量的是当一个人收入为 y 时对社会的回报。$U(y)$ 取决于非负参数 ε。如果 $\varepsilon=0$，那么不平等在这个社会并不重要；而 ε 值越大，不平等对社会影响越大。$U(y)$ 被定义为：

$$U(y) = \frac{y^{1-\varepsilon}}{1-\varepsilon} \quad (\varepsilon\text{ 非负且不等于 } 1)$$

当 $\varepsilon=1$ 时，$U(y)=\lg y$。

$U(y)$ 随着 y 的增加而增加（收入越多，效用越高）。$U(y)$ 还确保了多给某个人 1 美元带来的额外收益会减少（边际）效用。在给定 ε 的情况下，一个国家有 N 个人，第 i 个人收入为 y_i，阿特金森指数由以下公式计算：

$$1 - \frac{1}{\mu}\left(\frac{1}{N}\sum y_i^{1-\varepsilon}\right)^{1/(1-\varepsilon)}$$

假设一个国家希望确保每个人收入相同，那么该国可以放弃多少总收入并保持其总效用不变呢？答案是阿特金森指数。

对于一个由收入分别为 1000、2000、3000、4000 和 5000 且 $\varepsilon=3$ 的五个人组成的国家，文件 AtkinsonIndex.xlsx（见图 7–6）中的不平等组工作表计算出的阿特金森指数等于 0.384。单元格 H11 计算出国家的总效用为 –7.3E-07（E-07 表示除以 $10^7=1000$ 万，因此总效用为 –0.00000073）。用于计算阿特金森指数的公式如图 7–6 所示。^ 符号表示数字的幂。例如，输入公式 =4^3 可得到 64。

	D	E	F	G	H	I	J
2	平均数	3000		阿特金森			
3				0.38390044	=1-(1/E2)*G12		放弃38%的收入以
4							实现人人平等
5		个人	收入	收入^（1-epsilon）	效用		
6		1	1000	0.000001	-0.0000005	=(F6)^(1-epsilon)	=(1/(1-epsilon))*F6^(1-epsilon)
7		2	2000	0.00000025	-0.000000125	=(F7)^(1-epsilon)	=(1/(1-epsilon))*F7^(1-epsilon)
8		3	3000	1.11111E-07	-5.55556E-08	=(F8)^(1-epsilon)	=(1/(1-epsilon))*F8^(1-epsilon)
9		4	4000	6.25E-08	-3.125E-08	=(F9)^(1-epsilon)	=(1/(1-epsilon))*F9^(1-epsilon)
10		5	5000	0.00000004	-0.00000002	=(F10)^(1-epsilon)	=(1/(1-epsilon))*F10^(1-epsilon)
11				2.92722E-07	-7.31806E-07	=SUM(G6:G10)/5	=SUM(H6:H10)
12				1848.29868		=G11^(1/(1-epsilon))	

图 7–6 阿特金森指数计算

47

在平等组工作表中，我们将国民总收入减少了38.4%。那么，每个人的收入将等于（1–0.384）×15 000/5=1848美元。平等组工作表显示，即使该国的收入大幅减少，收入均等化后该国的总体福利仍然保持不变！使用阿特金森的方法，经济学家可以估计政府计划是否会改变国民福利水平。

第 8 章　使用模型描述两个变量之间的关系

在许多分析软件中，我们需要尝试确定两个变量之间的关系。本章是分析师如何确定两个变量之间关系的入门级内容。

两个变量之间的关系示例

通常，我们希望根据自变量（x）来预测因变量（y）。表 8-1 列出了一些你可能想要评估的业务关系示例。

表 8-1　两个变量之间的关系示例

x（自变量）	y（因变量）
工厂每月生产的单位数	工厂的每月运营成本
每月的广告支出	每月销售额
员工数量	每月差旅费
公司年收入	员工数量
股市的每月收益率	共同基金或股票的每月收益率
房屋大小	房屋价格
产品价格	产品销售量

寻找最佳拟合（最小二乘）线

确定两个变量如何相关的第一步是创建一个散点图，其中横轴是 x，纵轴是 y，每个数据点有对应的 x、y 值。

例如，我们给出每周麦片的单价以及销量，如图 8-1（文件 Demand.xlsx）所示。在散点图中，我们看到拟合的这条直线是合理的。Excel 显示这组数据拟合的直线是需求 =20.54–2.12 × 价格。例如，如果价格 =3.00 美元，那么我们预测需求等于 20.54–2.12 × 3=14.18。

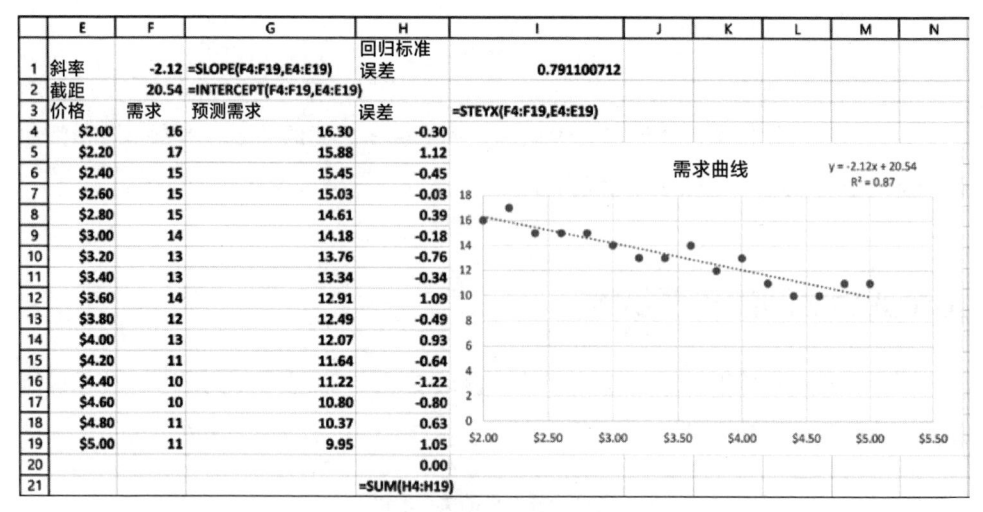

	E	F	G	H	I
1	斜率	-2.12	=SLOPE(F4:F19,E4:E19)	回归标准误差	0.791100712
2	截距	20.54	=INTERCEPT(F4:F19,E4:E19)		
3	价格	需求	预测需求	误差	=STEYX(F4:F19,E4:E19)
4	$2.00	16	16.30	-0.30	
5	$2.20	17	15.88	1.12	
6	$2.40	15	15.45	-0.45	
7	$2.60	15	15.03	-0.03	
8	$2.80	15	14.61	0.39	
9	$3.00	14	14.18	-0.18	
10	$3.20	13	13.76	-0.76	
11	$3.40	13	13.34	-0.34	
12	$3.60	14	12.91	1.09	
13	$3.80	12	12.49	-0.49	
14	$4.00	13	12.07	0.93	
15	$4.20	11	11.64	-0.64	
16	$4.40	10	11.22	-1.22	
17	$4.60	10	10.80	-0.80	
18	$4.80	11	10.37	0.63	
19	$5.00	11	9.95	1.05	
20				0.00	
21				=SUM(H4:H19)	

需求曲线 y = -2.12x + 20.54 R^2 = 0.87

图 8–1　需求的最佳拟合线

Excel 如何找到拟合度最高的线？对于每条可能得到的直线，我们都可以找到该直线上各点到直线距离的平方。最佳拟合线是指使点与线的距离平方之和最小的线。我们对距离进行平方，以便正距离和负距离不会相互抵消。

以下是关于最佳拟合线的一些重要事实。

- R^2 值为 0.87 意味着价格变化解释了需求变化的 87%，其他因素解释了 13% 的需求变化。
- 在单元格 I1 中，我们看到回归的标准误差为 0.79。这意味着大约 95% 的需求值将在回归线的 2 × 0.79=1.58 个单位以内。任何离线距离超过 1.58 个单位的点都是异常值。H 列显示了每个点的误差（实际需求 – 预测需求），我们看到没有异常值。
- 最佳拟合线"将点一分为二"，即偏差总和等于 0。这意味着线上方的点与线的距离之和等于线下方的点与线的距离之和。

- 即使一条线很好地拟合了观察到的数据，也要注意，根据这条线进行预测时，也要考虑偏离较大数据的 x 值。例如，使用我们做出的这条线来预测价格为 10 美元时的需求是不合理的（因为你会得出负的需求预测值，这显然是不合理的）。

计算股票的贝塔系数

金融中的一个重要概念是股票或投资基金的贝塔（Beta）系数。贝塔系数是最佳拟合线的斜率，其中 $x=$ 市场指数的月化或年化收益率，$y=$ 股票或投资基金的月化或年化收益率。2019 年 7 月 4 日，在文件 Betas.xlsx 中，我们使用 Office365 软件新增的"数据类型"功能（见图 8–2）得到以下贝塔系数。

	B	C
7		贝塔系数
8	International Business Machines Corp (XNYS:IBM)	1.28
9	Microsoft Corp (XNAS:MSFT)	1.22
10	Pfizer Inc (XNYS:PFE)	0.63
11	Walmart Inc (XNYS:WMT)	0.42
12	Kroger Co (XNYS:KR)	0.62
13	Target Corp (XNYS:TGT)	0.61
14	Alphabet Inc (XNAS:GOOG)	0.97

图 8–2　2019 年 7 月的贝塔系数

贝塔系数越大意味着股票对市场变化越敏感。在上市股票中，沃尔玛公司对市场变化最不敏感。市场上涨 1%，沃尔玛的价格预计将会上涨 0.42%。IBM 公司对市场最为敏感，市场上涨 1%，IBM 价格预计将会上涨 1.28%。

在文件 MadoffBeta.xlsx 中，我们使用趋势线功能（见图 8–3）来估计麦道夫虚构数据的年化收益率的贝塔系数。我们发现了贝塔系数非常低，仅为 0.08。因此，麦道夫报告给出的数据表明他们似乎确实对冲了大部分市场风险。

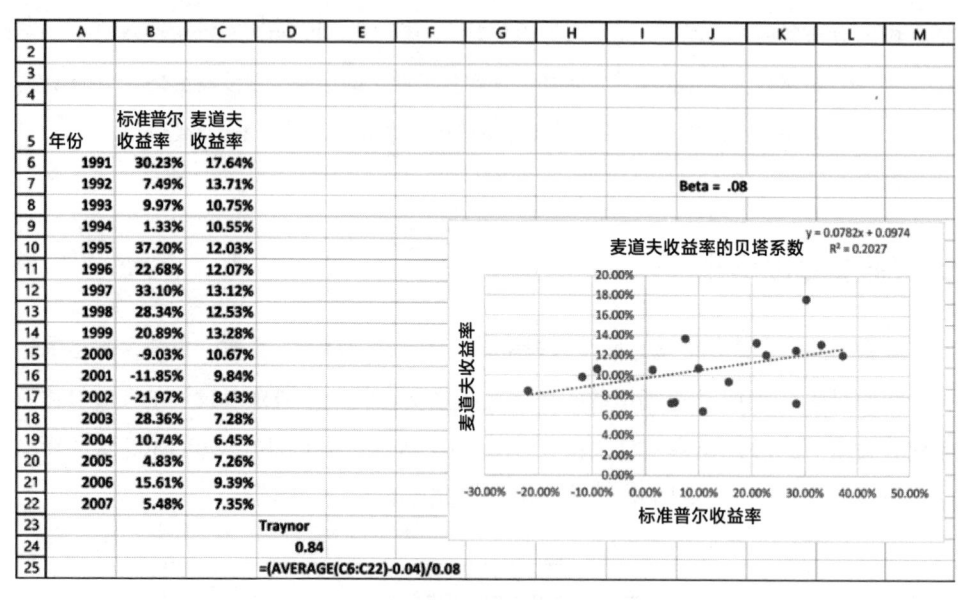

	A	B	C	D
5	年份	标准普尔收益率	麦道夫收益率	
6	1991	30.23%	17.64%	
7	1992	7.49%	13.71%	
8	1993	9.97%	10.75%	
9	1994	1.33%	10.55%	
10	1995	37.20%	12.03%	
11	1996	22.68%	12.07%	
12	1997	33.10%	13.12%	
13	1998	28.34%	12.53%	
14	1999	20.89%	13.28%	
15	2000	-9.03%	10.67%	
16	2001	-11.85%	9.84%	
17	2002	-21.97%	8.43%	
18	2003	28.36%	7.28%	
19	2004	10.74%	6.45%	
20	2005	4.83%	7.26%	
21	2006	15.61%	9.39%	
22	2007	5.48%	7.35%	
23				Traynor
24				0.84
25				=(AVERAGE(C6:C22)-0.04)/0.08

图 8–3　麦道夫收益率的贝塔系数

在第 5 章中，我们的研究表明，基于高到不合理的夏普比率，麦道夫报告的收益率十分令人怀疑。另一个衡量风险调整收益率的指标，即特雷诺比率（Treynor ratio），让麦道夫的收益率看起来更加可疑。经年化调整后的特雷诺比率是：

[（平均年化投资收益率）–（无风险利率）] / 贝塔系数

因此，特雷诺比率是每单位市场风险所带来的超额收益，而贝塔系数可被定义为市场风险。

如单元格 D24 所示，麦道夫的收益率产生了 0.84 的特雷诺比率。网站 0.21 的特雷诺比率已经是非常好的了，因此，惊人的高特雷诺比率使麦道夫的收益更加可疑。

什么是好的 R^2

如果每次有学生问我什么是好的 R^2 时，我都能得到 1 美元，那我现在是不是一定很富有？答案是，视情况而定。为了说明这个问题，请考虑文件 Dow.xlsx 中列出的道琼斯指数从 2009 年到 2019 年的每日收益率。一些聪明得无所不知的人可能会说，我可以根据最后一个交易日的"X=道琼斯指数"来预测今天的"Y=道琼斯指数"。使用 Excel 的 RSQ 函数，我们得到 R^2=99.9%，这意味着上一个交易日的道琼斯指数可以解释第二天道琼斯指数 99.9% 的变化。这是否意味着我们可以打败市场？当然不是。这只意味着在今天收盘时，道琼斯指数将接近前一个交易日的收盘价。

我们真正想做的是预测"Y=今天道琼斯指数的百分比变化"。你可以使用交易日开始时已知的任何信息。正如约翰·坎贝尔（John Campbell）和萨缪尔·汤普森（Samuel Thompson）所说的那样，在预测每月（远低于每日）股票收益率时，1% 的 R^2 是很难获得的。这证明了有效市场假说，即当前股价包含有关未来股票收益的所有相关信息，因此很难预测未来的收益。

相关系数和 R^2

给定任意两个变量 X 和 Y，样本相关系数（sample correlation，或称为 r）是对 X 和 Y 之间线性关系强度的单位度量。对于一组线性关系，样本相关系数是指形式为 Y=a+bX（a= 截距，b= 斜率）的与数据的最佳拟合度。我们可以使用 CORREL 函数轻松确定两个变量之间的相关性。样本相关系数始终介于 –1 和 +1 之间，可以解释为一种 X 和 Y 之间线性关系强度的无计量单位的计量标准。

- 相关系数接近 +1 意味着当 X 远大于平均值时，我们预估 Y 将远大于平均值。
- 相关系数接近 –1 意味着当 X 远大于平均值时，我们预估 Y 将远小于平均值。
- 相关系数接近 0 意味着 X 和 Y 之间线性关系较弱。

如文件 Galton.xlsx 的 K14:N20 范围所示，相关系数不能捕获非线性关系。图 8–4 中显示的点满足关系 $Y=X^2$，这是一个非线性关系，但其中五个点 r=0。

图 8–4 是著名优生学家弗朗西斯·高尔顿爵士（Sir Francis Galton）收集的有关父母和子女身高的数据。

	A	B	C	D	E	F	G	H	I	J	K	L	M	N	O	P	Q
1	家庭	父亲	母亲	性别	身高	子女数量	男孩	女孩									
2	1	78.5	67	M	73.2	4	1	0									
3	2	75.5	66.5	M	73.5	4	1	0		0.391317	男孩与父亲的相关性		{=CORREL(IF(male=1,father,""),IF(male=1,height,""))}				
4	2	75.5	66.5	M	72.5	4	1	0		0.458761	女孩与父亲的相关性		{=CORREL(IF(male=0,father,""),IF(male=0,height,""))}				
5	3	75	64	M	71	2	1	0		0.334131	男孩与母亲的相关性		{=CORREL(IF(male=1,mother,""),IF(male=1,height,""))				
6	4	75	64	M	70.5	5	1	0		0.313698	女孩与母亲的相关性		{=CORREL(IF(male=0,mother,""),IF(male=0,height,""))				
7	4	75	64	M	68.5	5	1	0									
8	5	75	58.5	M	72	6	1	0									
9	5	75	58.5	M	69	6	1	0			0.3913174	男孩身高与父亲身高的相关性					
10	5	75	58.5	M	68	6	1	0			=CORREL(E2:E466,B2:B466)						
11	7	74	68	M	76.5	6	1	0			0.3341309	母亲身高与男孩身高的相关性					
12	7	74	68	M	74	6	1	0			=CORREL(C2:C466,E2:E466)						
13	7	74	68	M	73	6	1	0									
14	7	74	68	M	73	6	1	0			X	Y	$Y=X^2$				
15	11	74	62	M	74	8	1	0			0	0					
16	11	74	62	M	70	8	1	0			1	1					
17	14	73	67	M	68	2	1	0			-1	1					
18	14	73	67	M	67	2	1	0			2	4					
19	15	73	66.5	M	71	3	1	0			-2	4					
20	15	73	66.5	M	70.5	3	1	0						0	=CORREL(L15:L19,K15:K19)		

图 8–4　高尔顿收集的身高数据

请注意，男孩列中的 1 表示孩子是男性，女孩列中的 1 表示孩子是女性。根据 Galton.xlsx 中的数据，父母和孩子的身高之间的相关性如表 8–2 所示。

表 8–2　高尔顿收集的身高数据的相关系数

父母	子女性别	相关系数
父亲	男孩	0.39
父亲	女孩	0.46
母亲	男孩	0.33
母亲	女孩	0.31

正相关系数表明，如果父亲或母亲身高高于平均水平，那么孩子的身高往往高于平均水平。

相关系数和 R^2 之间的关系

给定两个变量的数据，样本相关性 r 就是与最佳拟合线相关联的 R^2 值的平方根。平方根的符号与最佳拟合线的斜率符号相同。在我们的需求线示例中，价格和需求之间的相关系数是 $+\sqrt{0.87}=+0.93$。

相关性和均值回归

如果 X 高于平均值 k 个标准差，那么根据 X 预测 Y 的最佳拟合线估计将高于平均值 kr 个标准差（低于平均值的 X 或 Y 被视为负数）。由于 r 的绝对值小于 1，这意味着 Y 的预测值比 X 更接近平均值，这称为均值回归。例如，在高尔顿的数据中，如果父亲很高（例如，比平均水平高 2 个标准差），我们将预测儿子比平均身高高出 $2 \times 0.39 = 0.78$ 个标准差。因此，我们估计儿子的身高将高于平均水平，但高出的值并不比父亲多。

举另一个例子，令 Y=NFL 球队今年赢得的比赛次数，X= 该球队去年赢得的比赛次数。X 和 Y 之间的平均相关系数为 0.4，X 和 Y 的标准差接近 2。平均一支球队能赢 8 场比赛，因此，我们可以预测一支一个赛季中取得 12 胜 4 负战绩的球队（比平均水平高出 2 个标准差）预计将在下个赛季赢得 $8+(2 \times 2 \times 0.4)=9.6$ 场比赛。这种均值回归是意料之中的，因为一支 12 胜 4 负的球队可能很少有伤病情况，也很少呈现巅峰表现，而在下个赛季，预计可能会出现更多的伤病情况，表现也会低于最佳水平。

相关性不一定意味着因果关系

我们对遗传普遍的理解是，儿童的身高受其所继承的基因影响。因此，父母身高与孩子身高的正相关关系可以作为遗传学的某种证明。然而，一般来说，证明因果关系非常困难。我们建议感兴趣的读者阅读一下朱迪亚·珀尔（Judea Pearl）的优秀著作《为什么》(*The Book of Why: the New*)进行因果关系的深刻讨论。

为了理解为什么相关性并不意味着因果关系，我们令 X= 城市中的酒吧数量，Y= 城市中的教堂数量。X 和 Y 之间的相关系数 r 肯定会接近 +1。那么，这是因为酒吧造成了教会的增加吗？当然不是。一个城市酒吧和教堂的数量呈现出很强的正相关，是因为第三个无关变量，即城市的规模推动了城市酒吧和教堂数量的增加。

我们生活的世界并不是线性的

正如麦当娜所说，我们生活在物质世界中，但这个世界并不总是线性的。形式

为 $Y=a+bX$ 的 X 和 Y 之间的直线关系代表的是线性关系。回想一下，我们对价格需求关系的线性假设导致了负需求的预测。因此，正如我们的需求线性示例所示，线性关系通常不能很好地反映现实情况。事实上，经济学家很少用直线拟合数据。更常见的是，他们使用幂曲线关系形式，将拟合形式定为 $Y=A\times X^b$。你很快就会看到，幂，即公式中的 b，是一个重要的数字。

取两边的自然对数得出：

$$\ln Y = \ln a + b \times \ln X$$

这个公式表示出了 $\ln X$ 和 $\ln Y$ 之间的线性关系，可以用趋势曲线或斜率与截距函数估计。为了说明这个想法，请查看文件 PowerDemand.xlsx。图 8-5 显示了不同价格对应的产品需求和用价格函数表示的需求图。按照一条直线来拟合是很愚蠢的，所以我们使用 ln 函数取 X 和 Y 的自然对数，我们看到 $\ln X$ 和 $\ln Y$ 之间的关系接近线性。因此，我们拟合一条线性的趋势线来估计得到 $b=-3.03$。

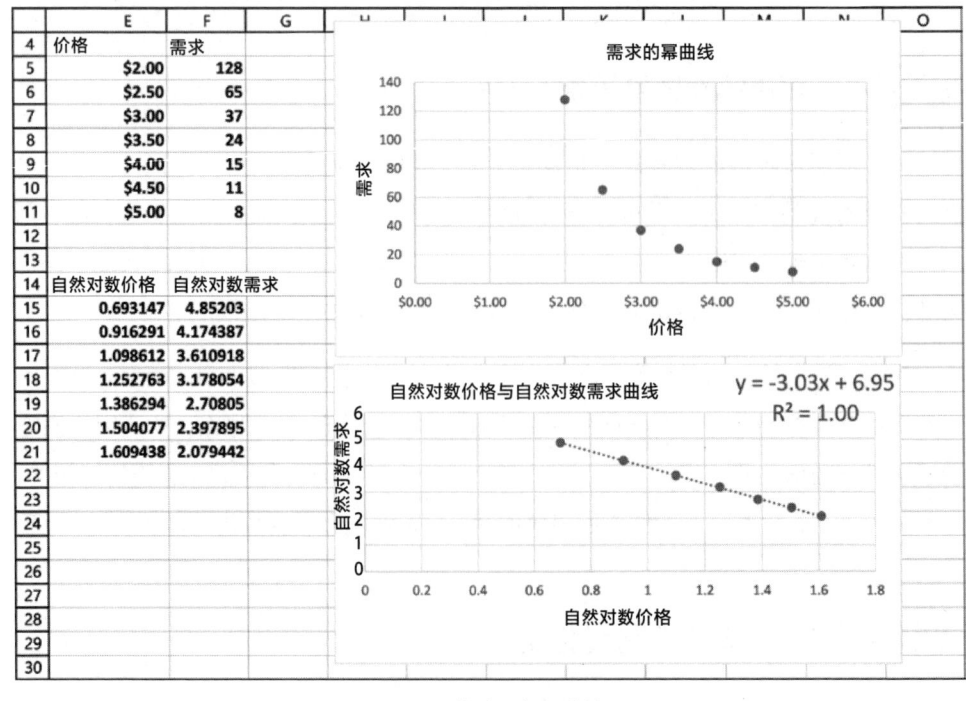

图 8-5 估计一条幂曲线

弹性的概念

经济学家很喜欢幂曲线，因为他们可以用幂曲线来估计弹性。价格弹性是指，在需求曲线上的任何一点，价格上涨 1% 导致需求增加的百分比。对于建模为幂曲线形式的需求曲线，b 表示需求弹性。由于曲线上每个点的弹性都相同，因此，幂曲线通常被称为弹性固定的需求曲线。对于任何价格，价格上涨 1% 就是价格会上涨 b%。例如，–3.03 的弹性意味着对于任何价格，价格上涨 1% 会导致需求减少 3.03%。

表 8–3 列出了一些实际的产品价格弹性。例如，我们发现葡萄酒价格上涨 1% 会导致需求减少 1%，而可口可乐价格上涨 1% 会导致需求减少更多，即减少 3.8%。

表 8–3　　　　　　　　　　　产品价格弹性

产品	价格弹性
葡萄酒	–1.0
石油	–0.4
可口可乐	–3.8
鸡肉	–0.5

在第 9 章中，我们将会用到你对弹性和幂曲线的理解，我们会了解如何使用代际收入弹性这一重要概念来衡量各代人之间收入的流动性。

第 9 章　代际流动性

从我听到比利·乔尔（Billy Joel）唱"现在是星期六九点钟"的那一刻起，我就爱上了他的歌。我特别喜欢他的那首《阿灵镇》（*Allentown*）和这几句歌词：

> 每个孩子都有很好的机会
> 至少可以达到他们上一辈的地位
> 但是在去那个地方的路上遇到了问题
> 他们向我们扔了一面美国国旗

关键点在于美国梦是建立在"每一代人都会比上一代人过得更好"这样的信念之上的。杰出的哈佛大学经济学家拉杰·切蒂（Raj Chetty）表示，这个梦想不切实际。切蒂认为，1940 年出生的孩子有 90% 的可能性比他们的父母赚到更多的钱（在经过通货膨胀调整之后）。到 1980 年，经济在经历了稳步下降之后，孩子的实际收入超过其父母实际收入的概率已降至 50%。这一事实是代际流动性下降的一个例子。代际流动性（intergenerational mobility, IM）是指同一家庭成员的收入或社会地位在几代人之间的变化。在本章中，我们将讨论用于衡量代际流动性的四种技术：

- 绝对代际流动性；
- 代际弹性（IGE）；
- 等级流动性；
- 流动性的五分位数研究。

这些技术晦涩难懂。我们的目标是帮助你了解每种技术测量的内容以及学者如何在这些方法之间进行挑选以完成反向工程①得出所需的结论。

绝对代际流动性

如前所述，衡量代际流动性的一种方法是查看父母和子女的实际收入，并分析同一家庭中父母和子女收入之间的差异如何随着孩子出生年份的变化而变化。拉杰·切蒂等人使用美国人口普查和美国国家税务局（IRS）的数据来跟踪同一家庭的成员收入水平。我们强烈建议你阅读切蒂的这篇论文，但在这里我们总结了一些重要的发现。

- 如图 9–1 和工作簿 MedianIncome.xlsx 所示，1940 年出生的儿童最终的收入是 1980 年出生儿童的 3 倍多（按实际收入中位数衡量）。到 1980 年，儿童的收入中位数低于他们的父母。
- 绝对流动性的下降与你出生时所在的州无关。1940 年，每个州出生的孩子实际收入的中位数至少有 85% 的可能性超过父母，而在南达科他州以外的所有州，1980 年出生的孩子实际收入中位数超过父母的概率不到 60%。

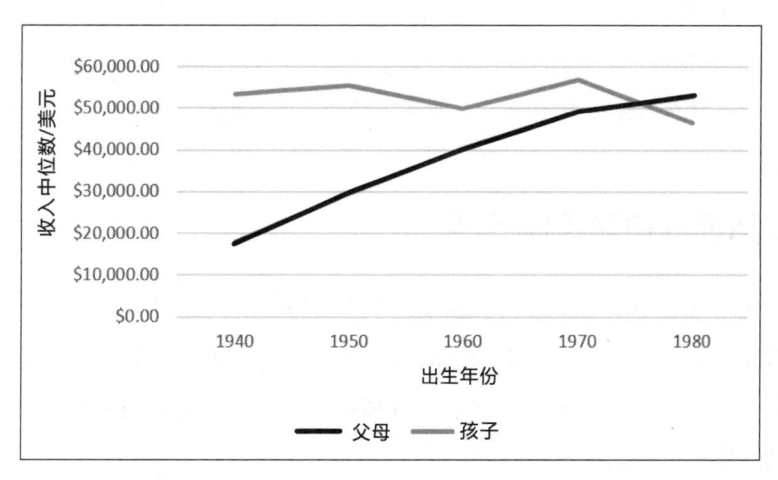

图 9–1　1940—1980 年出生的父母和孩子的收入中位数

---

① 反向工程（reverse-engineer）在计算机领域指将软件及硬件分解或者解析，说明它们的结构、使用方法及目的、组成部分与要素技术的原理等。此处可理解为分析每种方法内在的结构，以便我们得出结论。——译者注

代际弹性

在第 8 章中,我们介绍了"需求价格弹性"的概念。在研究代际流动性时,许多经济学家试图衡量代际弹性系数。经济学家通过尝试根据父母收入的自然对数预测孩子收入的自然对数以此来衡量代际弹性。大多数经济学家认为美国代际弹性约为 0.4,这意味着如果家庭 2 的收入比家庭 1 的收入高 20%,那么我们将预测家庭 2 的孩子的收入比家庭 1 的孩子的收入高 20%×0.4=8%。当然,较低的代际弹性意味着父母的收入对孩子收入的影响较小,也意味着代际弹性会变大。

等级流动性

为了衡量等级流动性,我们尝试预测:

- $Y=$ 孩子收入的百分位等级(相对于同年出生的孩子);
- $X=$ 父母收入的百分位等级(相对于同龄人)。

拉杰·切蒂、纳撒尼尔·亨德伦(Nathaniel Hendren)、帕特里克·克兰(Patrick Kline)和伊曼纽尔·赛斯(Emmanuel Saez)估计等级流动线的斜率为 0.34,这意味着父母的收入排名占比提升 10%,会使孩子的收入排名增加 3.4%。

比较代际弹性和等级流动性

基于第一部分中对"测量相对流动性"的精彩讨论,我们举出了几个例子来帮助读者理解代际弹性和等级流动性之间的差异。关键点在于一个国家的收入不平等程度会使代际弹性和等级流动性更加难以理解。在工作簿 IGEvsRank.xlsx 中可以看到我们的工作成品。

案例 1:一个不平等的非流动社会

在 Unequal Immobile 工作表中,我们计算了 100 个家庭的父母和子女的收入。

其中 50 个家庭属于"贫困户",收入在 25 000 美元至 45 000 美元之间;其中 50 个家庭是"豪门",收入在 90 000 美元至 110 000 美元之间。我们确保贫困家庭的每个孩子的收入保持在 25 000 美元至 45 000 美元之间,而富裕家庭的每个孩子收入保持在 90 000 美元至 110 000 美元之间。因此,这是一个不平等的非流动社会。我们使用 Excel 的 RANK 函数来确定每个父母和孩子相对于同龄人的排名。给每个父母和孩子的收入取自然对数后,我们使用趋势线功能来估计代际弹性。我们还可以根据父母的排名预测孩子的排名,以此用趋势线估计等级流动性趋势线的斜率。图 9–2 显示了我们的分析结果。我们发现代际弹性 =0.93,等级流动性趋势线的斜率 =0.76。

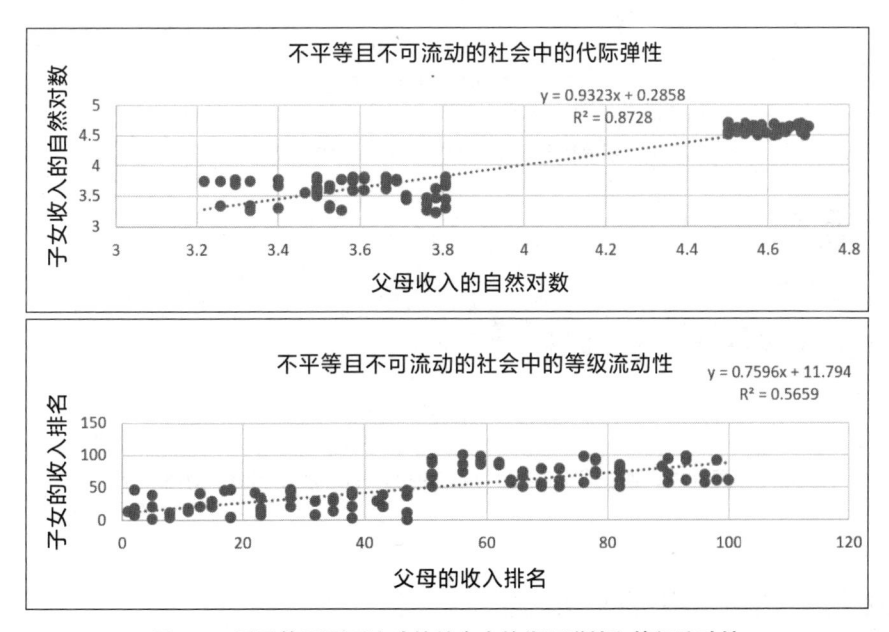

图 9–2 不平等且不可流动的社会中的代际弹性和等级流动性

案例 2:一个平等的非流动社会

在 Equalizing Immobile 工作表中,我们假设该国试图通过将收入从富人转移到穷人来缓解收入不平等问题。每个富有的父母都有一个"不太富有"的孩子,收入在 80 000 美元至 100 000 美元之间;每个贫穷的父母都有一个"不太贫穷"的孩子,收入在 30 000 美元至 65 000 美元之间。图 9-3 显示了用于计算代际弹性和等级流动性趋势线的斜率的图表。请注意，正如代际弹性从 0.93 降至 0.45 所示，收入转移提升了收入流动性。由于没有穷人达到"富人"的水平，等级流动性趋势线的斜率几乎保持不变（从 0.76 至 0.75）。

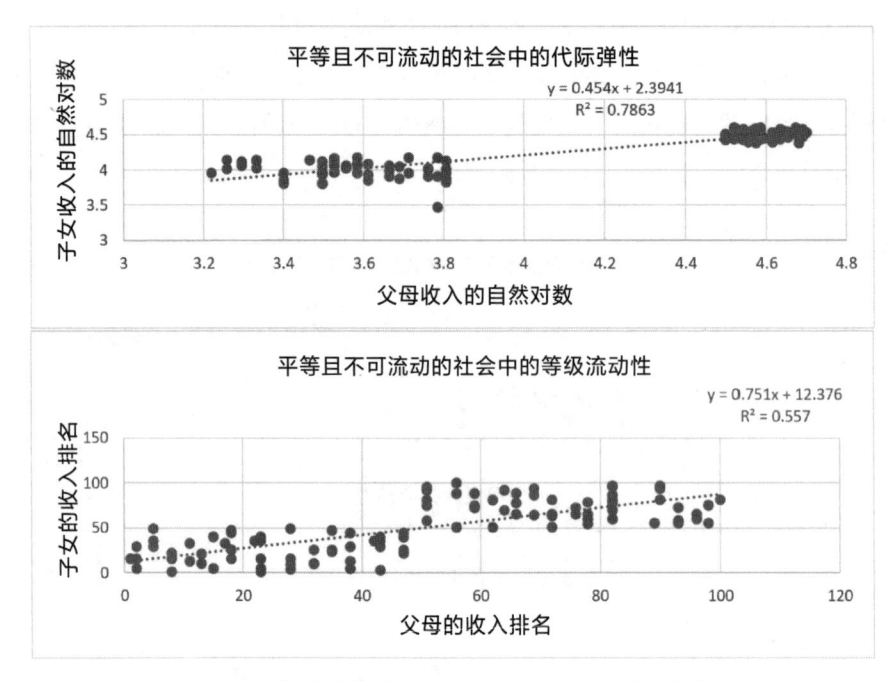

图 9-3 平等且不可流动的社会中的代际弹性和等级流动性

案例 3：一个不平等的流动社会

在 Unequal Mobile 工作表中，我们假设，社会中一对贫穷父母的孩子有 30% 的机会变得富有，而一对富有父母的孩子有 30% 的机会变得贫穷。因此，我们的新社会具有明显的代际流动性。与我们的平等且不可流动社会不同，政府不使用收入转移来减少不平等。如图 9-4 所示，代际弹性现在为 0.61，等级流动性趋势线的斜率为 0.40。

总而言之，我们可以看到，代际弹性表明案例 2 的流动性比案例 3 大，而等级流动性趋势线的斜率表明案例 3 的流动性更大，因为许多孩子经历了从富有到贫穷或从贫穷到富有的转变。这些场景表明我们在解读代际弹性和等级流动性时必须多加小心。

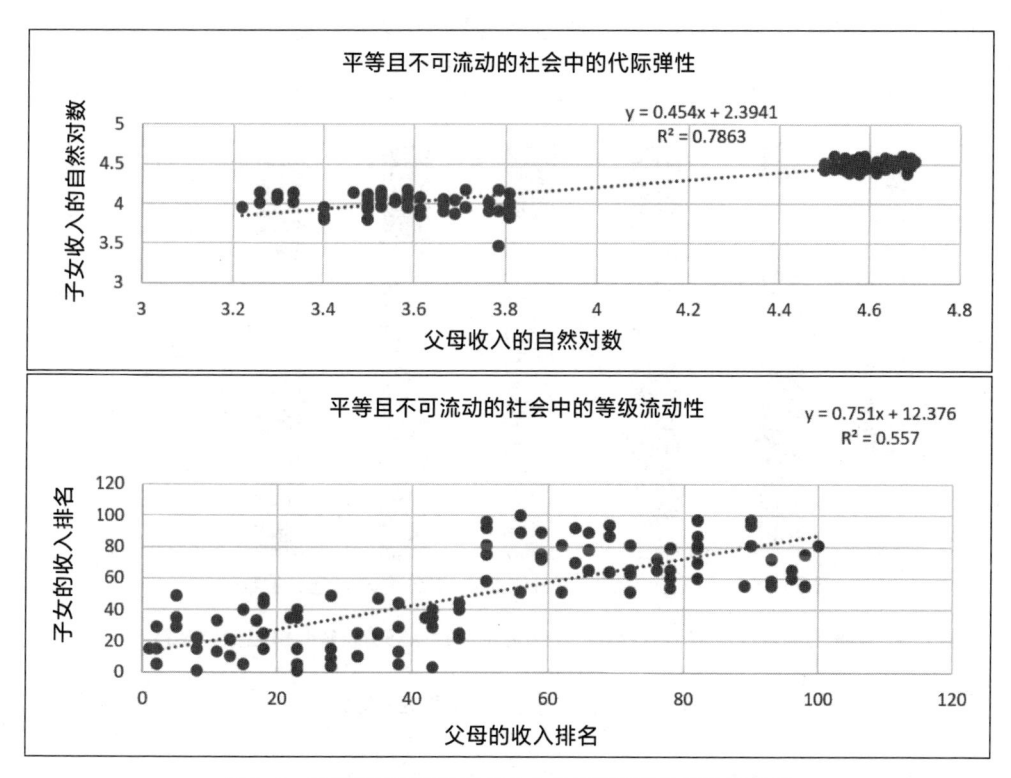

图 9-4　不平等且可流动的社会中的代际弹性和等级流动性

流动性的五分位数研究

许多研究代际流动性的人喜欢使用五分位数来显示一个国家的流动性。对于同年出生的孩子，我们将其父母的收入分为五组，每组占 20%：

- 收入在后 20% 的父母；
- 收入在后 20%~后 40% 的父母；
- 收入在 40%~60% 的父母；

- 收入在 60%~80% 的父母；
- 收入在前 20% 的父母。

同年出生的孩子的收入也按五分位数排列。典型的代际流动五分位数如图 9–5 所示。我们使用 Excel 的堆积柱形图创建了我们的图表（见文件 Quintile.xlsx）。

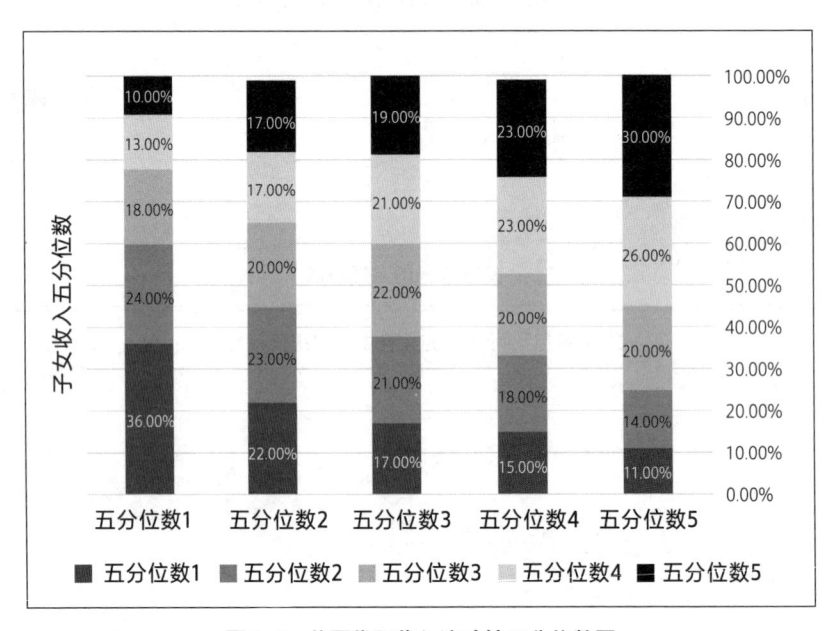

图 9–5　美国代际收入流动性五分位数图

五分位数图清楚地表明，如果你父母的收入处于后五分之一，则相比父母处于前五分之一的孩子来讲，你想要提升收入要困难得多。更具体地说，父母收入在后五分之一的孩子有 36% 仍留在原地，只有 10% 能进入前五分之一；另一方面，父母收入在前五分之一的人中有 30% 留在原地，而父母收入在前五分之一的人中，只有 11% 的人最终落入了后五分之一。

虽然五分位数图在视觉上很吸引人，但它也存在以下问题。

- 舍弃了很多信息。例如，从第 39 个百分位移动到第 41 个百分位的孩子与从第 21 个百分位移动到第 59 个百分位的孩子数量其实是相同的。
- 在收入不平等程度低于美国的国家（如斯堪的纳维亚地区的国家），想从一个五分位范围跳入另一个,所需的收入变化要小得多。因此,在斯堪的纳维亚地区的国家,平均只有 27% 的后五分之一的人仍维持原状,我们对此不应感到惊讶。

了不起的盖茨比曲线

许多评论家认为 F. 斯科特·菲茨杰拉德(F. Scott Fitzgerald)的《了不起的盖茨比》(*The Great Gatsby*)是美国最好的小说。盖茨比是收入流动性的典型代表,小说中(剧透预警!)讲述了他从私酒贩子上升到汉普顿社交界的顶层。2012 年 1 月,已故普林斯顿大学经济学家艾伦·克鲁格(Alan Krueger)担任奥巴马总统的经济顾问委员会主席,并发表了关于收入不平等的著名演讲。

在演讲中,克鲁格介绍了"了不起的盖茨比曲线",指出"不平等情况严重的国家也往往具有较小的代际经济流动性"。克鲁格在 x 轴上绘制了(见图 9–6 和文件 Gatsby.xlsx)几个国家的 20 世纪 80 年代中期税后基尼指数,y 轴绘制了每个国家 20 世纪 80 年代中期的代际弹性。从图 9–6 中我们发现,收入不平等与代际流动性之间存在很强的正相关,相关系数为 $\sqrt{0.5926}$ =0.77。当然,"了不起的盖茨比曲线"这个名字仍是基于一种理念而起,大多数在美国出生的孩子没有与盖茨比相同的机会赚取比父母更多的收入。

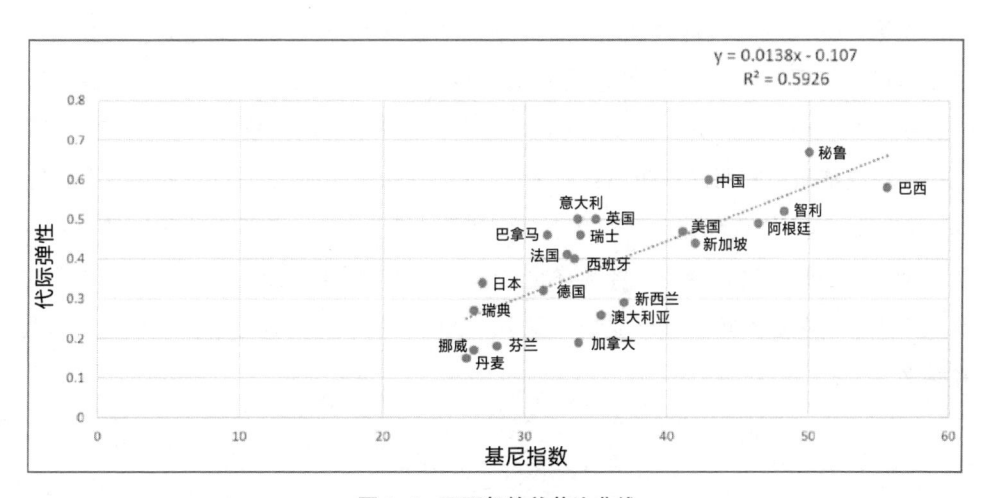

图 9–6 了不起的盖茨比曲线

在谈到曲线时，克鲁格说："看到这些数字时，很难不担心不平等加剧正在危及我们'人人机会平等'的传统理念。"正如你在第 8 章中了解到的，相关性不一定意味着因果关系，因此，我认为使用这条曲线得出"收入不平等会降低收入流动性"的结论是不合理的。

哈佛大学著名的经济学家格雷戈里·曼丘（Gregory Mankiw）更多地从技术角度批判了盖茨比曲线。曼丘敏锐地观察到，美国的单点是基于 50 个州（加上哥伦比亚特区）的综合数据，这些数据在收入不平等和平均收入水平方面差异很大。相比之下，每个欧洲国家的图表上都只有一个点。曼丘认为，我们应该将高收入不平等的欧洲国家（如意大利）与低收入不平等的欧洲国家（如丹麦）加在一起，得出欧盟单点。

在文件 CTMISS.xlsx 中，我们试图解释曼丘批判盖茨比曲线的逻辑。我们假设美国由两个州组成：康涅狄格州和密西西比州。如图 9–7 和工作簿 CTMISS.xlxs 所示，每个州有两个家庭。康涅狄格州的两个家庭收入分别为 180 000 美元和 220 000 美元，而密西西比州的两个家庭收入分别为 40 000 美元和 60 000 美元。康涅狄格州的每个家庭都有一个收入为 200 000 美元的孩子，而密西西比州的每个家庭都有一个收入为 50 000 美元的孩子。取收入值的对数，我们计算每个州的代际弹性为 0。

经济学家安东尼·阿特金森想出了一个简单的方法来计算人口稀少的国家的基尼指数。你只需随机选择两个人，将他们的收入差异平均，然后将平均收入除以 2 即可。使用这种方法计算基尼指数，我们发现康涅狄格州的基尼指数等于（220 000–180 000）/（2 × 200 000）=0.1，密西西比州的基尼指数为 0.2。现在，让我们将康涅狄格州和密西西比州结合起来创建由四户家庭组成的美国。我们发现代际弹性 =0.94，这表明代际流动性非常小，而基尼指数为 0.44，表明存在很大的收入不平等情况。因此，我们看到，将所有欧洲国家加起来可能会使欧洲看起来比美国的收入不平等情况更严重，代际流动性更小。从图 9–7 中我们就无法看出欧洲的单点在哪里。

	A	B	C	D	E	F	G	H	I
2			康涅狄格州				密西西比州		
3		人物	父母	子女			人物	父母	子女
4		1	$180,000.00	$200,000.00			1	$40,000.00	$50,000.00
5		2	$220,000.00	$200,000.00			2	$60,000.00	$50,000.00
6									
7		基尼指数		0.1			基尼指数		0.2
8			自然对数					自然对数	
9		人物	父母	子女					
10		1	$12.10	$12.21			人物	父母	子女
11		2	$12.30	$12.21			1	$10.60	$10.82
12							2	$11.00	$10.82
13		斜率		0			斜率		0
14			=SLOPE(D10:D11,C10:C11)						
15									
16		人物	父母	子女					
17		1	$180,000.00	$200,000.00					
18		2	$220,000.00	$200,000.00					
19		3	$40,000.00	$50,000.00					
20		4	$60,000.00	$50,000.00					
21									
22		美国	自然对数						
23							基尼指数	较低收入	较高收入	差值
24		人物	父母收入的自然对数	子女收入的自然对数			1	$40,000.00	$60,000.00	$20,000.00
25		1	$12.10	$12.21			2	$40,000.00	$180,000.00	$140,000.00
26		2	$12.30	$12.21			3	$40,000.00	$220,000.00	$180,000.00
27		3	$10.60	$10.82			4	$60,000.00	$180,000.00	$120,000.00
28		4	$11.00	$10.82			5	$60,000.00	$220,000.00	$160,000.00
29							6	$180,000.00	$220,000.00	$40,000.00
30		斜率		0.94					
31		平均值	=SLOPE(D25:D28,C25:C28)				平均差值	$110,000.00	
32			$125,000.00				两倍平均值	$250,000.00	
33							美国的基尼指数	0.44	

图 9–7　曼丘对盖茨比曲线的反驳

当然，对曼丘驳论的反驳自然也会有：如果我们有像康涅狄格州和密西西比州这样收入分配的州，这就证明了你出生的地方对你成年后的收入有很大影响——这当然看起来不公平！

第10章　安德森小学是一所差学校吗

每年，印第安纳州的三年级学生都会参加标准化考试，学校以此衡量他们在学业上的进步。测试名称一直在变化，但在2018年，该测试被称为ISTEP+测试，由两个部分组成：数学和英语语言艺术（ELA）。我们从印第安纳州教育部（DoE）网站上找到了每所印第安纳州公立学校通过这两门考试的学生比例。我们在文件ISTEPTestsReg.xlsx中总结了这些结果。参加考试的所有学生中平均有54%通过了这两门考试。在印第安纳州安德森的安德森小学，只有36%的学生通过了这两门考试。我们认为学校的质量完全可以通过学生在标准化考试中的表现来衡量（尽管我认为这不是一个好主意）。学校通过率的标准差为18%，因此安德森小学学生的表现比平均水平低了近一个标准差。乍一看，这表明安德森小学没有完成任务。但是，我们仔细想想，除了学校质量之外，是否还有其他因素，例如，家庭收入可能会影响学生的考试成绩。

如何调整家庭收入

考虑两所学校（1和2）在为学生准备ISTEP+测试的能力方面完全相同。如果学校1的学生家庭收入都低于贫困线，而学校2的所有学生家庭收入都超过100 000美元，你可能会猜想学校2的学生在标准化考试中表现更好。检验这个假设的问题在于我们不知道学生的家庭收入。从印第安纳州教育部的网站上，我们有每所学校参加免费午餐或优惠午餐计划的学生比例。这似乎是对学校学生家庭收入的合理替代。考虑到这一点，我们定义 $Y=$ 学校中通过ISTEP+测试两门考试的学生比例，$X=$ 学校中享受免费或优惠午餐的学生比例，并尝试拟合模型 $Y=a+bX$。

估计最佳拟合线

使用 Excel 中的 INTERCEPT 和 SLOPE 函数，我们发现该关系的最小拟合估计为：

$$Y=0.84-0.59X$$

我们发现 X 和 Y 之间的相关系数为 –0.71。–0.59 的斜率表明参加免费午餐或优惠午餐计划的学生比例增加 10% 似乎会使通过率降低 5.9%。$R^2=0.51$ 表明享受免费午餐或优惠午餐人数百分比的变化解释了一半以上的测试分数表现的变化。

在 Better Than You Think 工作表中，我们使用 Excel 的筛选功能来筛选出所有两门考试通过率均低于 40% 的学校，在这两门考试中，学校的表现比最佳拟合线预测的要好。我们发现，安德森小学的通过率为 36%，并且 96% 的学生享用免费或优惠午餐。然后，我们预测通过率为 0.84–（0.59×0.96）=0.27。因此，学生的表现比预期的好 9%，所以，我强烈反对有人说安德森小学的考试通过率低证明他们表现不佳。

我们可以比较不同州学生的标准化考试成绩吗

大多数州都有不同的标准化考试。那么，是否可以将密歇根州底特律的考试成绩与加利福尼亚州帕洛阿尔托（Palo Alto）的学生成绩进行比较？艾琳·法勒（Erin Fahle）和肖恩·里尔登（Sean Reardon）想出了一个聪明的解决方案来解决这个问题。

每年，每个州都有一批学生作为有代表性的样本参加美国教育进展评估（NAEP）测试，以衡量 ELA 和数学成绩。基于此测试，你可以轻松估计不同州学生的相对成绩。例如，假设康涅狄格州学生在 NAEP 上的平均分数比全国平均水平高 5%。而在康涅狄格州的测试中，学校的分数比该州平均水平低 10%，那么它实际上只比全国平均水平差 10%–5%=5%。法勒和里尔登发现，加利福尼亚州帕洛阿尔托的学生成绩比平均水平高出两个标准差，而密歇根州底特律的学生成绩比平均水平低两个标准差。

　　法勒和里尔登这项具有里程碑意义的研究非常值得一读而且非常重要。要知道，想找到一篇非专家的聪明人士就可以轻松阅读的重要论文实属不易！作者分析了学区层面而非学校层面的表现。这使他们能够获得有关每个地区学生社会经济地位的详细信息。法勒和里尔登发现学区社会经济地位状态和学区成绩之间存在 0.78 的相关性。回想一下，我们之前的简单研究发现享受免费或优惠午餐的学生情况与成绩之间也存在类似的相关性（0.71）。

第 11 章 教师绩效的增值性评估

2010 年,《洛杉矶时报》(*LA Times*) 根据学生的考试成绩发布了教师绩效评级。《泰晤士报》(*Times*) 评级是增值评估 (value-added assessment, VAA) 的早期示例。里戈韦托·鲁埃拉斯 (Rigoberto Ruelas) 被评为 "非常差的数学教师",然而,他的同事们却认为他是一位优秀的教师。在《泰晤士报》公布评级后不久,鲁埃拉斯自杀了。我们永远无法确定他的自杀是否与低评级相关,但这场悲剧让许多人质疑评价教师绩效的增值模型的有效性和实用性。

在本章中,我们将探讨以下根据考试成绩评价教师的方法:

- 简单增益分数评估;
- 协变量调整评估;
- 分层评估;
- 交叉分类恒定增长评估。

我们的讨论主要基于爱德华·W. 威利 (Edward W. Wiley)《增值评估从业者指南》(*A Practitioner's Guide to Value-Added Assessment*)。

简单增益分数评估

简单增益分数评估基于将学生分数的增益与他的教师联系起来。工作簿 VAA.xlsx 的简单增益评估工作表中给出了一个示例。三名五年级教师每人有 30 名学生,我们会得到每个学生的四年级和五年级考试成绩(使用从 1 到 100 的百分位数排名)。简单增益分数评估根据每位教师的学生平均考试分数增益来评分。我们使用数据透视表来获得如图 11–1 所示的结果。我们看到教师 1 的分数最高,因为教师 1 的学生成绩平均提高了 4.11%，而教师 3 的分数最低，因为教师 3 的学生成绩平均下降了 2.39%。

简单增益分数评估易于实施和解释，但它有许多缺点。

- 教师的评估不会用到前几年的数据。
- 学生不是随机分配给每位教师的，因此分配给每位教师的学生的特征可能会有很大差异。例如，如果只有三个调皮捣蛋的学生，并且把他们都分配给了教师 3，那么这可能是教师 3 表现不佳的原因。
- 评估将所有不同分差，例如 5 分的增益，视为相同的增益，但是分数从 40 增加到 45 与从 90 增加到 95 是不同的。
- 如果你所有的入学学生的分数都为 99，那么你除了评估下降别无他法。
- 有权势的父母［观看或阅读了《大小谎言》(Big Little Lies) 或《小小小小的火》(Little Fires Everywhere)］可能会成功游说学校将他们的孩子分配给公认最好的教师。这可能会导致数据高估了较好教师的能力。
- 如果我们一所学校的三位教师都很好，那么他们三人中"最差"的可能是一个高于平均水平的教师。

	J	K	L	M
6	行标签	变化的平均值	学生数量	教师效果
7	1	8.57	30	4.11
8	2	2.73	30	-1.72
9	3	2.07	30	-2.39
10	空白行			
11	总计	4.46	90	

图 11-1　简单增益分数评估模型示例

协变量调整评估

简单增益分数评估未考虑以前教师的影响会随着时间的推移而减弱。正如威利指出的那样，遗漏对这种因素的考虑可能会导致对教师绩效的估计产生偏差。例如，假设一名四年级教师平均将分数提高 5 分，再假设教师的影响以每年 20% 的速度递减。假设一个学生三年级得 80 分，四年级得 85 分，五年级得 87 分。如果不考虑四年级教师逐渐减弱的影响，我们将错误地估计五年级教师的影响为 87–85=2 分。实际上，现在四年级教师的贡献是 $0.80 \times 5 = 4$ 分，因此，五年级教师应该获得 87–84=3 分的增益。

在协变量调整评估的大多数实例中，学生的分数增长会根据人口统计特征（如收入、种族、英语是否作为第二语言）以及学校层面的因素（如学校的拥挤程度以及服务人员的质量和数量）进行调整。

协变量调整评估的缺点是会因数据缺失（学生可能辍学或在四年级和五年级之间转学）以及忽略学生前几年的考试成绩而产生偏差。

分层评估

分层评估模型的版本由统计软件公司 SAS 进行市场化推广。它利用学生多年的考试成绩进行分析，并假设教师的影响不会减弱。分层评估模型最流行的实例是起源于田纳西州的教育增值评估系统（EVAAS）模型。EVAAS 模型不会针对学生特征进行调整，因为它的支持者认为测试分数包含了学生的相关人口统计特征（有点像"有效市场假说"，即假设股票的当前价格包含预测未来股票价格所需的所有信息）。

交叉分类恒定增长评估

交叉分类恒定增长评估模型假设每个学生在前几年以恒定的速度取得进步（通过他们的考试成绩的平均变化来衡量）。

交叉分类恒定增长评估在文件 VAA.xlsx 的 CCConstant Growth 工作表中进行了说明。对于每个五年级学生，我们会得到：

- 学生的五年级教师（1、2 或 3）；
- 学生的四年级考试分数；

- 学生以前考试成绩的年平均增长情况；
- 学生的五年级考试分数。

使用数据透视表（见图11-2），我们可以得到每位教师从四年级到五年级评分的平均变化。例如，教师1的学生平均提高了7.6分。我们还找到了每位教师的学生过去几年的平均增长率。例如，我们发现前几年教师1的学生平均提高了5分。然后，我们得到了表11-1中所示的教师调整后的增益。请注意，教师2的平均进步最小，但由于教师2的学生过去表现不佳，因此该教师的评分最高。三个调整后的增益的平均值是2.06，根据学校的情况进行调整，我们从每个调整后的增益评级中减去2.06，得到表11-2所示的最终评级。

行标签	分数变化的平均值	学生平均变化的平均值		教师调整后的增益	教师效果
1	7.6		5	2.6	0.54
2	-1.1		-4	2.9	0.84
3	1.68		1	0.684211	-1.38

图11-2 交叉分类增长模型

表11-1 教师调整后的增益

教师	调整后的收益
教师1	7.6–5=2.6
教师2	–1.1–（–4）=2.9
教师3	1.68–1=0.68

表11-2 教师最终评级

教师	最终评分
教师1	2.6–2.06=0.54
教师2	2.9–2.06=0.84
教师3	0.68–2.06=–1.38

分类增长评估假设学生一直以一种恒定的速度进步，并且还假设以前教师的影响不会减弱，这可能会影响这种评估方法的有效性。此外，该模型未考虑学生的人

口状况可能会发生改变,未能做出相应调整,而这会对该学生的成长轨迹造成很大影响。

VAA 的问题

EVAAS 模型是最常用的 VAA 模型,它内容复杂,很难理解。奥德丽·安兰-比尔兹利(Audrey Amrein-Beardsley)和特雷·盖格(Tray Geiger)基于 EVAAS 在得克萨斯州休斯敦的实施提出了对 EVAAS 的严厉批判。

- 2011 年,EVAAS 解雇了 221 名教师(部分基于他们的 EVAAS 评估)。
- 五年后,休斯敦放弃了 EVAAS。
- 在使用 EVAAS 的这些年里,休斯敦学生的考试分数并没有提高。
- 休斯敦的一个主要问题是教师的评分每年都不一致。从这一年到下一年,超过 65% 的休斯敦教师看到他们的评分变化跨越了 2~4 个类别(例如,从极度无效到非常高效)。
- 2017 年,休斯敦地方法院裁定休斯敦的教师评估系统(主要基于 EVAAS)存在严重缺陷。

EVAAS 评分缺乏一致性可能是因为 VAA 模型表明学生考试成绩差异的 1%~14% 是由教师不同这一原因引起的。

由于其他因素导致了测试分数的大部分变化,因此很难提出一个所有利益相关者共同认可的模型。例如,美国国家教育政策中心(NEPC)使用了与《洛杉矶时报》相同的数据,并建立了自己的 VAA 模型。对于超过一半的教师来说,NEPC 模型的评级结果和《洛杉矶时报》的绩效评级存在差异。

哥伦比亚大学的一项研究指出,同一教师的年度评级之间的相关性介于 0.18 和 0.64 之间。这种程度的一致性似乎并不能证明将 EVAAS 用于诸如解雇教师之类的高风险决策是合理的。

另一个恐怖事件,请考虑将帕斯卡尔·莫克莱尔(Pascale Mauclair)归为纽约市最差教师这个案例。她的班级完全由将英语作为第二语言的学生组成,她的许多学生没有参加评估中使用的测试。她的评分是根据一年中不同时间来上课的 11 名学生得出的。她所在学校的其他教师都说她是一位优秀的教师。我相信如果使用 VAA，它必须与同行评审等其他指标相结合，才能在教师评估中发挥作用。

斯坦福大学教授琳达·达林 – 哈蒙德（Linda Darling-Hammond）对 VAA 模型也提出了严厉批评。她指出了以下几点。

- 对教师进行五分位数评级时（类似于第 9 章中讨论的收入五分位数），评级每年都相差甚远。例如，在一年中排名后五分之一的教师中有 25%~45% 会升至前五分之一行列。此外，一年中排名前五分之一的教师中有 25%~45% 会落入后五分之一中。
- 将学生随机分配给教师是给教师准确评分的关键。举例来说，如果一所由两名教师组成的学校有 50 名学生，你可以为每个学生抛一枚硬币。头像正面朝上就将一个学生分配给教师 1，而背面朝上就将一个学生分配给教师 2。一旦一位教师有 25 名学生了，那么所有其他学生都会分配给另一位教师。随机分配确保每位教师的学生在能力和人口统计特征方面几乎相同。不幸的是，随机分配很少见。在休斯敦，许多学生都是后转进主流课堂的，而班里这种英语学习者最多的教师总是评分最低。
- 学生很优秀的教师不太可能获得评分增益，因为他们的学生分数已经很高，很难再进步了。

一个好教师有多少价值

我相信一位优秀的 K-12 教师对社会的价值远高于他们的薪水。拉杰·切蒂、约翰·N. 弗里德曼（John N. Friedman）和乔纳·E. 洛克夫（Jonah E. Rockoff）也同意我的观点。切蒂、弗里德曼和洛克夫在他们的论文中似乎已经提出了一种（非常复杂的）教师价值增益衡量方法，可以解决其他 VAA 方法的问题。作者声称，4~8 年级阅读或数学教师的价值增益能力提高一个标准差会降低女学生在青少年时期分娩的可能性，而且会导致终生收入增加 4600 美元（以今天的美元价格计算）。假设每个班级有 30 名学生，这意味着，相对于平均水平教师教出来的学生的收入水平，一名在数学和阅读方面都比平均水平高一个标准差的教师的学生的终生收入将增加

30×4600 美元 =138 000 美元。显然，这远远超过了一位教师的年薪。

范德堡大学（Vanderbilt）的戴尔·巴卢（Dale Ballou）教授对切蒂及其同事的研究进行了清晰、精辟的评论。巴卢表示，该研究的复杂增值测量法确实优于以前的方法。然而，巴卢得出结论，切蒂及其同事发现的成年生活的改善可能是由于研究中遗漏了一个因素，例如，家庭倾向于强调品格和教育成功的价值。很有可能高增值的教师分配到了更多具有"良好家庭教养"的学生，这样的父母可能已经成功游说使他们的孩子被分配到了更好的教师。这种非随机分配（以家庭教养衡量）可能导致了许多成年生活更好的案例出现。

第 12 章　关于伯克利学院、公共汽车、汽车与飞机的悖论

分析数据时必须非常小心。在本章中，我们将使用仔细缜密的逻辑思维来解决以下数据分析和高中数学中的四个著名悖论。

- 1973 年，申请伯克利研究生院的女性共有 35% 被录取，而男性录取率则为 44%。这种差异是否表明伯克利招生对女性有偏见？
- 你每天早上乘公共汽车上班，公共汽车之间的平均间隔为 60 分钟。通过快速计算，你会发现，如果你在 60 分钟间隔中间到达，则平均等车时间在 30 分钟左右。然而，在你看来，你感觉平均的等待时间要长得多。这是怎么回事？
- 我们从印第安纳州布卢明顿开车到印第安纳州埃文斯维尔看望我的岳母。早上，我们以每小时 80 英里的速度行驶 80 英里。晚上，我们在高峰时间开车回去，平均时速只有 40 英里。我们这次旅行的平均时速是 60 英里吗？
- 你的航空公司报告称，满座率（航班上满座的平均比例）为 77.5%。众所周知，在新冠病毒感染之前，大多数航班几乎都坐满了。这怎么可能？

辛普森悖论和大学录取率

当一种行为在人群中出现时，辛普森悖论（Simpson's Paradox）会发生（在大学生群体中，女性被录取的可能性低于男性时，就会发生辛普森悖论）。然而，在人口的子群中，这种行为是相反的（在每个大学专业中，女性比男性更有可能被录取！）。在工作簿 College.xlsx 中，我们使用数据透视表和数据透视图来探索辛普森悖论。对于 1000 名申请者中的每一个人，我们都会给出性别以及他们申请的专业（专业 1 或专业 2）以及该同学最终是被录取了还是被拒绝了。我们的数据是虚构的，

因为我们虚构的数据比实际数据更容易理解。

首先，我们按性别查看总体录取率（见图 12-1）。我们发现 42% 的男性被录取，但只有 39.2% 的女性被录取。

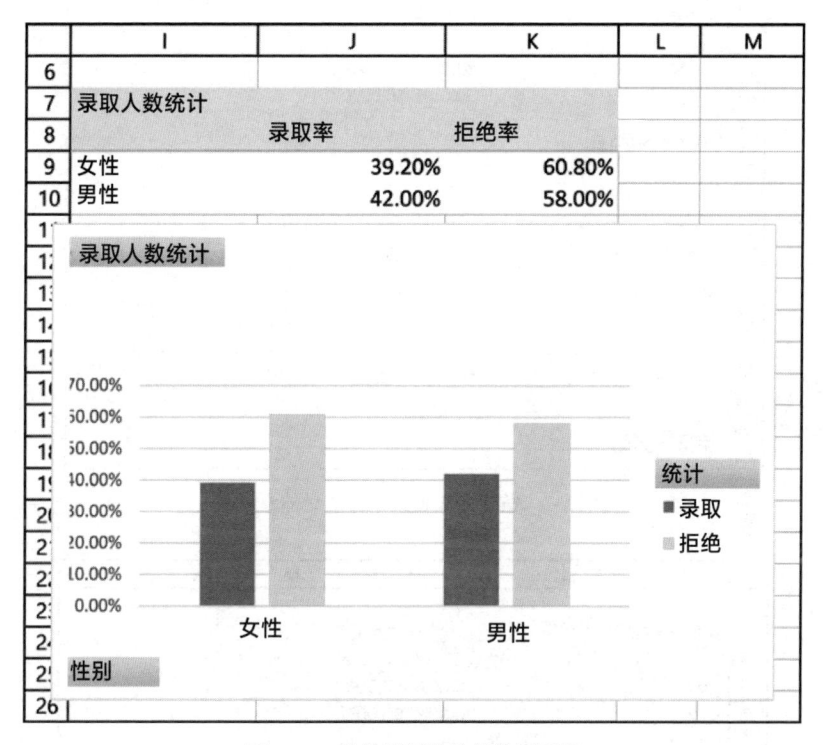

图 12-1　按性别划分的总体录取率

按性别划分的录取率的细微差异意味着性别歧视吗？在分析中，我们总是试图排除无关变量对我们感兴趣变量的影响。由于不同专业的选择不同，申请的专业不同可能会影响他们的录取概率。因此，在图 12-2 中，我们使用数据透视表和数据透视图来计算和展示每个专业（专业 1 和专业 2）按性别划分的录取百分比。我们发现在每个专业中，女性被录取的比例更高：专业 1 为 10%~12%，专业 2 为 50%~80%。既然在每个专业中，女性的录取率都更高，为什么总体来看，女性被录取的概率却更低？发生这种情况的唯一原因是，有更大比例的女性（相对于男性）申请了更多人选的专业。如图 12-3 所示，情况正是如此。我们发现 60% 的女性申请了很多人选的专业 1，而只有 20% 的男性申请了专业 1。

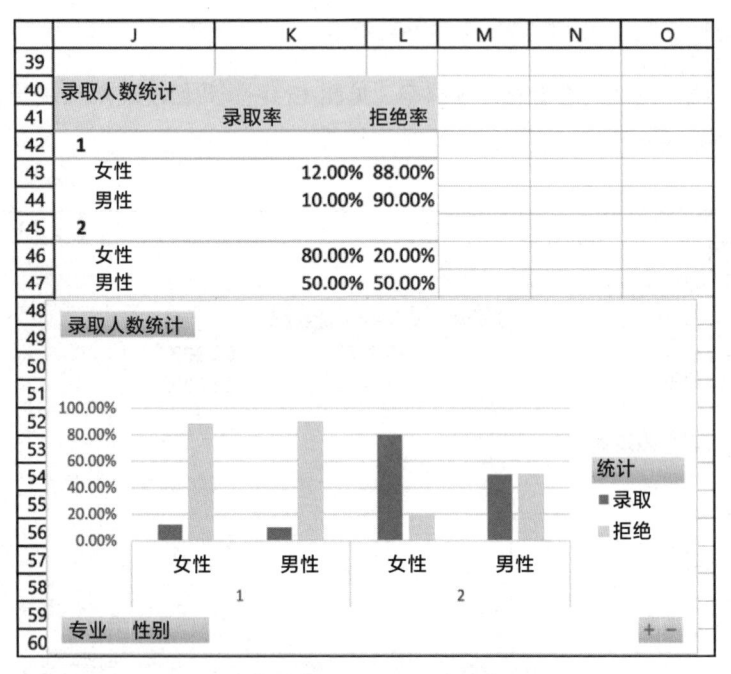

	J	K	L	M	N	O
39						
40	录取人数统计					
41		录取率	拒绝率			
42	1					
43	女性	12.00%	88.00%			
44	男性	10.00%	90.00%			
45	2					
46	女性	80.00%	20.00%			
47	男性	50.00%	50.00%			

图 12-2 按专业和性别划分的总体录取率

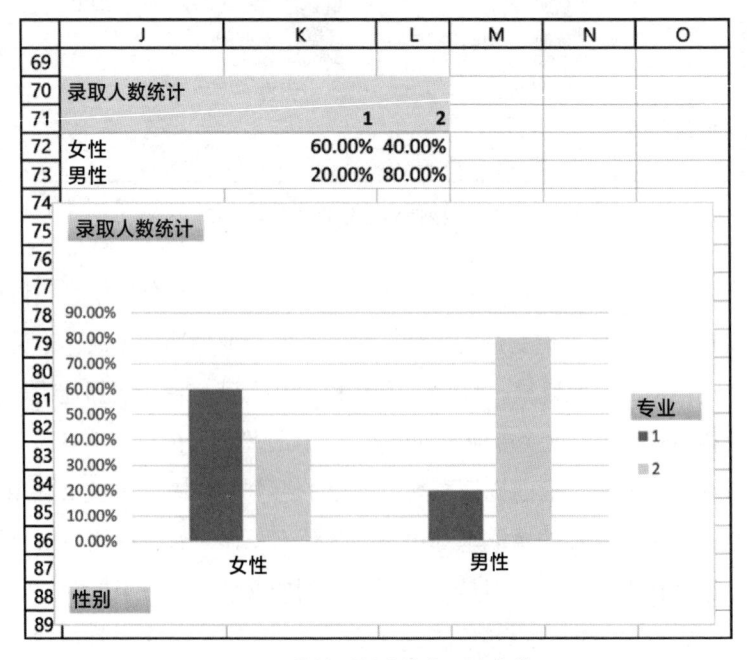

	J	K	L	M	N	O
69						
70	录取人数统计					
71			1	2		
72	女性		60.00%	40.00%		
73	男性		20.00%	80.00%		

图 12-3 按性别划分的专业分布情况

等待时间悖论

两趟公共汽车之间的间隔可能是 60 分钟,但这里我们假设间隔可以是 30 或 90 分钟(平均为 60 分钟),且这两种可能性相等。由于车可能是 30 分钟间隔或 90 分钟间隔的概率是一样的,而 90 分钟间隔的时长是 30 分钟间隔的 3 倍,所以车在 90 分钟间隔内到达的可能性是在 30 分钟间隔内到达的 3 倍。如果我们在平均 90 分钟间隔内到达,我们将平均等待 45 分钟;如果我们在 30 分钟间隔内到达,我们将平均等待 15 分钟。因此,平均等待时间为(3/4)×45+(1/4)×15=37.5 分钟,比 30 分钟要长。可以证明,除非公交车总是相隔 60 分钟到达,否则平均而言,你等待的时间将会超过 30 分钟。

什么时候 40 和 80 的平均值不是 60

我从印第安纳州布卢明顿开车行驶 80 英里到印第安纳州埃文斯维尔,然后原路返回。我从布卢明顿出发以 80 英里/小时的速度行驶,从埃文斯维尔返回时以 40 英里/小时的速度行驶。为什么我的平均速度不是 60 英里/小时?

解释这个常见问题所需理解的关键事实是这个简单的公式:

$$\text{速度} \times \text{时间} = \text{距离} \quad \text{或} \quad \text{时间} = \text{距离}/\text{速度}$$

如果我们的行程单程是 80 英里,去的时候我们花费 80/80=1 小时,返程时花费 80/40=2 小时。因此,我们的平均速度是 160/3=53.33 英里/小时。我们的平均速度小于(80+40)/2=60 的原因是我们以较慢的速度行驶,导致花了更多时间。

为什么在之前我的航班上从来没有空座位

假设所有航班的平均满座率为 77.5%,每架飞机有 100 个座位。那么载客率是 77.5% 的一种可能是,如果航空公司同时有四架航班,其中三架 100% 满座,另一架的满座率是 10%。那么这些航班上一共有 310 人,而你成为这些人中任何一个的概率是相同的。300 人将乘坐 100% 满座的航班,而只有 10 人将乘坐 10% 满座的航班。因此，平均而言，随机选择的人所在的航班满座率为（300/310）×100+（10/310）×10=97.1%。这个悲伤而又真实的例子解释了为什么乘务员几乎总是说"我们今天的航班真的很满"。

第 13 章　卡梅隆·安东尼能成为名人堂成员吗

某网站上有一个名人堂预测工具，这真是太棒了。该网站预测卡梅隆·安东尼（Carmelo Anthony）有 98% 的概率进入名人堂，而马努·吉诺比利（Manu Ginóbili）进入名人堂的概率仅有 20%。

进入 2019—2020 赛季，"甜瓜"卡梅隆·安东尼的得分为 25 551 分，在 NBA 历史得分榜上排名第 19 位。勒布朗·詹姆斯（LeBron James）是唯一一个排在"甜瓜"之前的现役球员。"甜瓜"赢得过三枚奥运金牌和一个 NCAA 冠军，但我认为他的职业成就不足以入选奈史密斯篮球名人纪念堂。正如接下来你将看到的，他对球队赢得比赛的作用微乎其微，而且他投了很多糟糕的球。在 2019 赛季，他的球队在 15 年内仅赢得了三场季后赛。平均来说，NBA 球队每年赢得 0.5 场季后赛（每年 15 场季后赛除以 30 支球队），因此，每年赢得 0.2 场季后赛这个成绩算不上很好。

该网站的名人堂工具预测出的马刺队传奇马努·吉诺比利只有 20% 的概率进入名人堂。马努职业生涯仅得到 14 043 分（常规赛）。我喜欢看他打球，也喜欢查尔斯·巴克利（Charles Barkley）对吉诺比利毫不妥协的比赛风格的评论。马努效力的马刺队获得了四次 NBA 总冠军。马努的国际职业生涯也很出色，他在欧洲打了两年球，带领阿根廷队在 2002 年世界篮球锦标赛中获得亚军。我希望我能让你相信马努的职业生涯使他比"甜瓜"更值得入选名人堂。

用什么指标来定义篮球能力

多年来，分析师一直试图利用个人得分统计数据归纳出一个能定义球员能力的数字。最受欢迎的指标或许是约翰·霍林格（John Hollinger）的球员效率评级（PER），如今，它仍然在 ESPN 官方网站上发布。PER 为每个关乎得分的情况分配权重，其中，好事（如抢断）会被赋予正权重，坏事（如投失或失误）会被赋予负权重。在 ESPN 的精彩节目《第一镜头》(First Take)[①] 中，马克斯·凯勒曼（Max Kellerman）经常提到 PER。"甜瓜"的职业 PER 为 20.3，马努的 PER 与之几乎相同，为 20.2。所以从 PER 来看，"甜瓜"和马努基本持平。

PER 有以下几个问题：

- 由于个人得分几乎不含防守数据，PER 无法评估球员的防守能力；
- 如果一名球员投篮很差（比如说，他的投篮命中率为 36%），那么增加投篮次数将提高球员的 PER 值。

1999 年，作家及著名体育统计学家杰夫·塞格瑞恩（Jeff Sagarin）开发了调整后的正/负测量（APM）。APM 背后的理念是，一名优秀的球员在场上时可以帮助球队得分，使球队处于有利地位；而当他在场下时，会对他的球队不利。

要了解 APM，我们首先需要了解纯正负测量（+/–）。纯正负测量对球员来说就是当该名球员在场时，每 48 分钟他所在球队超过对方球队的得分。例如，在 2018—2019 赛季，通过纯正负测量，我们可以得出雄鹿队的扬尼斯·阿德托昆博（Giannis Antetokounmpo）得分为 12.9，在联盟中遥遥领先。这意味着当扬尼斯在场上时，雄鹿队每 48 分钟比对方球队高出 12.9 分。与之相反，当尼克斯队的凯文·诺克斯（Kevin Knox）上场时，尼克斯队场均丢失 15.4 分，可谓惨不忍睹。当然，我们不能通过纯粹的 +/– 来判断一个球员的能力。原因可以这样理解，假设 2019 年的总冠军猛龙队的一名球员的 +/– 为 +1，而糟糕的尼克斯队的一名球员的 +/– 也为 +1，显然，尼克斯队的球员要好得多，因为他让一支糟糕的球队高于平均水平；而猛龙队的球员一定不是很好，因为他把最好的球队变成了接近平均水平的球队。

我们的贡献是意识到需要根据场上的其他九名球员来调整纯 +/– 的值。在对场上的其他九名球员进行调整后，新奥尔良鹈鹕队的朱·霍勒迪（Jrue Holiday）调整后的场均 +/– 为 18 分，尽管朱·霍勒迪在场上时，鹈鹕队只赢了 5 分（PPG）。APM

[①] 一档节目，史蒂芬·A.史密斯（Stephen A.Smith）和主持人莫利·秋瑞姆·罗斯（Molly Qerim Rose）与分析师、内部人士和名人嘉宾一起讨论体育界最热门的故事。——译者注

方法指出球员可以做很多事情来帮助团队，但这些事情并未全被考虑到个人得分中。

史蒂夫·伊拉迪（Steve Ilardi）和杰里迈亚斯·恩格尔曼（Jeremias Engelmann）为 ESPN 网站开发了真正的正负（real plus-minus，RPM）测算方法。球员在场上和场下时，RPM 综合考虑了个人得分统计考虑的维度和分差的变化。在我们对马努与"甜瓜"的讨论中，我们将使用 RPM（公开可用）作为球员能力的衡量标准。RPM 衡量的是一名球员相对于一名普通 NBA 球员，每 100 次进攻为球队增加了多少分。2018—2019 赛季，俄克拉何马雷霆队的保罗·乔治（Paul George）以每 100 次进攻 +7.6 分的 RPM 领先。

胜利贡献值

分析专业人士最近热衷于试图找出证明普通球员的胜利贡献值（wins above replacement player，WARP）的方法。该观点首先由棒球分析师基思·伍尔纳（Keith Woolner）提出，该观点认为球员通过他们的能力（以篮球的 RPM 衡量）以及他们的比赛时间来体现实力，因为大多数球员都比花很少的费用买入的"替补球员"更好。NBA 替补球员的 RPM 接近 –3 的水平。我对 ESPN 的 WARP 公式进行了逆向操作，并说明了上场时间和 RPM 如何转换为 WARP，如表 13–1 所示。

表 13–1　　　　　　　　基于出场时间和 RPM 的 WARP

RPM	出场时间	WARP
3	800	3.1
2	1000	3.3
1	1200	3.1
0	2500	5
–1	2700	3.6
–2	2900	2

请注意，如果你上场的时间很长并且是一名普通球员（RPM=0），与表中列出的第一位球员相比，虽然他的 RPM 高于平均水平，但他没有打那么长时间，你可以比他带来更多胜利。此版本的 WARP 具有以下可取的特点：

- 时间固定的情况下，球员的 RPM 增加，其 WARP 随之增加；
- 如果球员的 RPM 高于 –3.1（基本上是替补球员的水平），那么他的上场时间增加会增加他的 WARP。

马努、"甜瓜"、德克和德韦恩

如果球员在巅峰时期表现出色，那么大多数名人堂投票人都会投票给他。一个完美的例子是桑迪·科法克斯（Sandy Koufax），他连续六年都被公认为是一名出色的投手（1961—1966 年）。在他的头六年里，科法克斯的 WARP 有 8 分。在他职业生涯最后的六年里，他的年平均 WARP 也是 8 分！我们一般将球员状态最好的八年定义为"巅峰时期"。表 13–2 显示了马努和"甜瓜"在他们最好的八年里的 WARP。表格还包括了德韦恩·韦德（Dwyane Wade）和德克·诺维茨基（Dirk Nowitzki）的信息，他们都被认为是名人堂成员的第一人选。

表 13–2　　巅峰年份的 WARP

球员	年份	WARP 总和
马努·吉诺比利	2003—2004 赛季至 2010—2011 赛季	84.2
卡梅隆·安东尼	2009—2010 赛季至 2016—2017 赛季	66.9
德韦恩·韦德	2006—2007 赛季至 2013—2014 赛季	112.8
德克·诺维茨基	2001—2002 赛季至 2008—2009 赛季	147

这组数据表明马努比"甜瓜"更应该进入名人堂。

25000 分怎么会获得如此少的胜利

很自然的疑问是，"甜瓜"怎么可能得分几乎是马努的两倍，但在巅峰时期赢得的胜利却比马努少？我们调整后的 +/– 数据表明，在对场上的其他九名球员进行调整后，马努在巅峰时期每 100 次进攻的防守得分比"甜瓜"高 2 分左右，尽管得分少得多，但马努的进攻得分也比"甜瓜"高约 2 分。

马努在 RPM 上比"甜瓜"表现更好的大部分原因在于马努投篮更好。众所周知，上篮（三步上篮）和三分球都是很好的投篮表现，而大多数其他投篮则差得多。在 2018—2019 赛季（随后的所有数据均来自实用的 Basketball-reference.com 网站），球员在三步上篮时平均每次投篮获得 1.32 分，在三分线外投篮时平均得分 1.07 分，而在其他投篮时只能获得 0.74 分。表 13-3 总结了这些数据以及马努和"甜瓜"基于投篮位置的职业生涯单次投篮得分。

表 13-3 中包含许多重要信息：

- 目前，NBA 球员不擅长中投；
- "甜瓜"的中投优于平均水平，但他投了太多糟糕的球；
- 马努投了很多三分球，甚至在三分球成为潮流之前，他的三分球平均单次投篮得分比现在的 NBA 平均水平还要高。

表 13-3　2018—2019 赛季马努和"甜瓜"的投篮数据

球员	0~3 英尺[①] 投篮占比	0~3 英尺投篮的每次得分	三分球占比	三分球的每次得分	其他位置投篮占比	其他位置投篮的每次得分	每次投篮的整体得分
2018—2019 赛季	29%	1.32	36%	1.07	35%	0.74!	1.03
马努	29%	1.24	40%	1.11	31	0.80	1.05
"甜瓜"	31%	1.18	19%	0.99	50%!	0.80	0.95

NBA 个人得分统计仍然不包括罚篮、抢断和其他重要统计数据。在每个 NBA 竞技场都有摄像头，我相信未来的 NBA 分析师会提出越来越多的关键统计数据，帮助我们更好地了解是什么造就了伟大的球员。一些摄像机数据会记录在 NBA 官网上。以下是 2018—2019 赛季常规赛数据示例。

- 雷霆队的保罗·乔治和森林狼队的罗伯特·科温顿（Robert Covington）在场均抢断方面领先联盟。

---

① 1 英尺 =0.3048 米。——译者注

- 保罗·乔治的场均活球争抢次数也领跑全联盟。
- 雄鹿队的埃尔桑·伊利亚索瓦（Eryan Ilyasova）在场均得分方面领先联盟。
- 雄鹿队的布鲁克·洛佩兹（Brook Lopez）场均投篮次数最多。

第14章　开球都是秀，推杆才是牛

在有人偷了我的球杆（可能是和我一起打球的人）之前，我高中9洞的平均杆数为90，然后我就退出了这项运动。和许多高尔夫球手和球迷想的一样，我也认为推杆是比赛中最重要的部分。毕竟，你可能会使用一号木杆进行12~15次击球，而使用推杆进行30~40次击球。推杆很容易练习，所以常识告诉你应该花更多的时间练习推杆而不是练习木杆或近距离击球。在《每一杆都很重要》(*Every Shot Counts*)中，我的好朋友，来自哥伦比亚商学院的马克·布罗迪（Mark Broadie）揭开了"开球都是秀，推杆才是牛"的奥秘。

推杆得分 [①]

通过职业高尔夫协会（PGA）的ShotLink系统，马克可以获得PGA高尔夫球手的1500万次击球数据。通过巧妙易懂的分析，马克提出了许多重要的见解，帮助我们更好地了解导致高尔夫球手成功或失败的原因。在本章中，我们将概述马克的精彩见解和分析。

在高尔夫中，每次击球要么增加杆数，要么减少杆数。例如，PGA高尔夫球手平均需要1.54次击球才能让你的球从8英尺处进入球洞（通常称为"打洞"），因此，如果高尔夫球手推入8英尺推杆，他们的击球入洞次数比预期的要好0.54次，他们的推杆评分多得了0.54分。如果高尔夫球手在距离8英尺的洞推两杆，他们在那个

[①] 推杆得分（strokes gained, SG）由哥伦比亚大学教授马克·布罗迪创立，自PGA巡回赛采用以来，近年得到越来越多的关注。本文中SG计算的是球员相比基准在各技术类别是得杆还是失杆，对比传统高尔夫技术数据，SG为球员提供了更为清晰和独立的技术分析。SG正数为优于基准，负数代表劣于基准。——译者注

洞的推杆上损失了 2–1.54=0.46 分。

再举一个例子，如表 14–1 所示，假设高尔夫球手在 399 码[①]的 4 杆洞击出球。该表给出了每次击球前后的预期击球数，以及每次击球的得分情况。

表 14–1　　　　　　　　　　获得击球得分的示例

击球前球的位置	击球后球的位置	击球前预期所需击球次数	击球后预期所需击球次数	该次击球获得的得分
距离球洞 399 码	距离球洞 286 码	3.99	3.65	0.34–1=–0.66
距离球洞 286 码	沙坑内距离球洞 62 码	3.65	3.15	0.5–1=–0.50
沙坑内距离球洞 62 码	距离球洞 17 英尺	3.15	1.8	1.35–1=0.35
距离球洞 17 英尺	推杆入洞	1.8	0	1.8–1=0.8

例如，在开球之前，一名普通的高尔夫球手需要 3.99 杆击球才能击球入洞。他们在开球时用了一杆获得了 3.99–3.65=0.34 杆，因此他们在那个洞获得了 0.34–1=–0.66 杆（即多用了 0.66 杆）。

奥秘揭晓

在 2004—2012 年期间，泰格·伍兹（Tiger Woods）是最好的高尔夫球手，每轮平均 2.8 杆。马克将其分解为发球 0.6 杆，进场 1.3 杆，短杆 0.3 杆，推杆每轮获得 0.6 杆。马克发现，平均而言，前 10 名高尔夫球手的击球率提高了 20%，近距离击球提高了 45%，短杆提高了 20%，推杆只提高了 15%。正如马克在 2014 年麻省理工学院斯隆商学院分析会议上说的，"你不是为了作秀而开球，而是为了得分而推杆。真正重要的是漫长的比赛过程"。

[①] 1 码约等于 0.9144 米。——译者注

第15章 某些运动全靠运气

我们大多数人都认为我们的球队受到了厄运的诅咒。当然，佛朗哥·哈里斯（Franco Harris）的"完美接球"对于钢人队来说是一场幸运的比赛，而对于突袭者队来说则是不幸的。在本章中，我们研究一个有争议的话题：在NFL、MLB、NBA、NHL、奥运会男篮比赛、英超足球联赛中，哪些比赛的技能水平更高（或运气成分最少）？

技能水平与运气：关键思想

美国职业棒球大联盟（MLB）高级媒体分析师兼数据库架构师汤姆·坦戈（Tom Tango）是解决这个棘手问题的第一人。迈克尔·莫布森（Michael Mauboussin）在其著作《实力、运气与成功》（*The Success Equation*）中着重讨论了这个问题。探戈和莫布森提出的基本思想体现在以下公式中：

$$结果 = 技能水平 + 运气$$

大多数研究人员将结果定义为球队在一个赛季中获胜的比例。

我更喜欢通过查看一个赛季中每场比赛的结果来尝试了解运气在一项运动的结果中所占的成分有多少。针对每项运动，我使用的数据是每场比赛的胜率和两支队伍在比赛中的胜率。然后，我使用多元回归来评估每支球队的相关技能水平。比如，在2016年奥运会男篮比赛中，美国男篮比一般球队高22分，中国男篮比一般球队低25分。根据技能水平，我们可以预测美国男篮以25−（−22）=47分击败中国男篮。

为了评估每项运动中技能水平的成分，我们进行如下操作。

- 使用简单的线性回归来确定每支球队的相关技能水平或每支球队的评分（在得分、

进球数等方面）。

- 预测实际比赛的胜率，等于球队 1 的评分 – 球队 2 的评分。
- 计算球队 1 击败球队 2 的实际胜率。
- 使用线性回归（实际胜率 =$A+B\times$ 预测胜率），根据预测胜率预测实际胜率。
- 找出这条最佳拟合线的 R^2。

那么 $1–R^2$ 就是运气在比赛结果中所占的比例，而 R^2 是技能水平在比赛结果中所占的比例。

本质上，公式结果 = 技能水平 + 运气的主要思想是，在你根据对手球队的技能水平进行调整后，剩下的就是运气。例如，在每年的 NFL 中，你查看实际比赛胜率——拉斯维加斯赔率（Vegas point spread），就可以得到大约 14 分的标准差。我们将拉斯维加斯线（Vegas line）的这种随机性归因于运气。图 15–1 和图 15–2（另请参见文件 SkillSample.xlsx）显示了我们所讲方法的简单示例。

	B	C	D	E	F	G	H
1							
2							
3	队伍			队伍1	队伍2	分差	预测
4	1	-1		1	2	-9	0.00
5	2	-1		1	3	3	-0.75
6	3	-0.25		1	4	-6	-3.25
7	4	2.25		2	3	-4	-0.75
8		0		2	4	-12	-3.25
9				3	4	-4	-2.50
10				1	2	-1	0.00
11				1	3	4	-0.75
12				1	4	1	-3.25
13				2	3	-5	-0.75
14				2	4	3	-3.25
15				3	4	0	-2.50
16						技能水平	
17						0.003584	

图 15–1　运气成分很大

在图 15–1 中，我们看到各个球队（参见 C4:C7 中的评分）势均力敌，但是因为球队的技能水平存在差异，比赛的胜率依然存在很多不确定性。单元格 G17 中显示的是我们估计的技能水平占比为 0.36%，因此，我们估计的运气占比则为

1–0.036=99.64%。

在图 15–2 中，我们看到各个球队（参见 C4:C7 中的评分）并不是势均力敌的，并且因为各球队技能水平存在差异，比赛的胜率几乎不存在不确定性。单元格 G17 中显示的是我们估计的技能水平占比，为 94.7%，因此，我们估计的运气占比仅为 1–0.947=5.3%。

	B	C	D	E	F	G	H
1							
2							
3	队伍	评分		队伍1	队伍2	分差	预测
4	1	-14.125		1	2	-8	-7.375
5	2	-6.75		1	3	-13	-12.75
6	3	-1.375		1	4	-39	-36.375
7	4	22.25		2	3	-2	-5.375
8		0		2	4	-24	-29
9				3	4	-23	-23.625
10				1	2	-7	-7.375
11				1	3	-10	-12.75
12				1	4	-36	-36.375
13				2	3	-10	-5.375
14				2	4	-33	-29
15				3	4	-23	-23.625
16						技能水平	
17						0.947205	

图 15–2　运气成分较小

结果

表 15–1 给出了我们对各种体育项目的技能水平和运气的估计值。

表 15–1　　　　　　　　技能水平与运气的对比

体育项目	运气	技能水平
棒球（MLB）	92%	8%
冰球（NHL）	92%	8%
篮球（NBA）	79%	21%
长曲棍球（PLL）	76%	24%
足球（英超）	75%	25%

续前表

体育项目	运气	技能水平
橄榄球（NFL）	67%	33%
奥运会男子篮球	45%	55%
奥运会女子篮球	15%	85%

这些结果表明棒球和冰球比赛中运气成分最高。在我对棒球的分析中，问题是我根据每支球队的整体进攻和防守（避免放弃跑垒）能力来预测每场比赛的结果，而没有考虑每支球队首发投手的能力。在棒球比赛中，首发投手对放弃跑垒有很大的影响。如果我有预测每场比赛跑垒差异的拉斯维加斯线（其中包含首发投手的能力），我相信我对棒球比赛中运气成分的估计值会降低。

有趣的是，在奥运会篮球比赛中，技能水平比在 NBA 中更重要。这是因为在 80% 左右的奥运会中，一支球队至少会比对手球队高出 5 分，而在 NBA 中，大约有一半的比赛，一支球队至少比对手球队高出 5 分。同样有趣的是，在 NBA 和奥运会男篮比赛中，我们的预测平均偏差 10 分，而在奥运会女子篮球比赛中，我们的预测平均偏差仅为 6 分。

第 16 章 "格里蝾螈"现象

在 2018 年和 2019 年,国会议案的通过率约为 19%。为了正确看待美国人对国会的看法,我们注意到,2017 年一夫多妻制获得了 17% 的支持率。

然而,如表 16-1 所示,美国众议院现任议员每年赢得连任的比例平均超过 90%。

表 16-1　　　　　　　　连任成功的众议院现任议员比例

年份	连任成功的现任议员比例
2008	94%
2010	85%
2012	90%
2014	95%
2016	97%
2018	91%

我们如何调和美国人对国会的反对与近乎默认现任官员连任这两者之间的矛盾?答案是,在拥有一名以上众议院议员的 43 个州中,有 37 个州立法机构划定了众议院的选区边界。在美国这个党派分明的国家中,共和党控制的州立法机构设定的选区边界符合法律限制并且可能选出更多的共和党人,而民主党控制的州立法机构设定的选区边界内可能会选出更多的民主党人。国会选区是在每次人口普查后设置的,因此在大多数州,当前选区是由 2010 年选出的州立法机构设置的。"格里蝾螈(Gerrymandering)"是人们为设置选区边界让执政党获得党派优势这一过程而起的名字,以马萨诸塞州州长埃尔布里奇·格里(Elbridge Gerry)的名字命名。1812 年,格里签署了一项法案,创建了一个看起来像蝾螈的地区。

2019 年 6 月,美国最高法院裁决了鲁乔诉共同事业案(Rucho v. Common

Cause），引起重大分歧。裁决结果为 5：4，联邦法院因此不能做出最终决定，无法判断一个州的地区划分是否属于"格里蝾螈"这种违反宪法的情况。实际上，这意味着联邦法院不能推翻州立法机构设定的选区边界。这一决定可能是由美国最高法院做出的有史以来最重要的决定之一，因为它将极大地影响国会未来法律的出台。有关"格里蝾螈"选区划分的详细讨论，我们推荐戴维·戴利（David Daley）的《为什么你的投票不重要》(*Ratf**ked: Why Your Vote Doesn't Count*)。

在本章中，我们将讨论"格里蝾螈"是如何形成的，并看看数百名数学家是如何开发出试图客观定义"格里蝾螈"模型的。

典型案例

在 20 世纪 60 年代，联邦最高法院对贝克诉卡尔案（Baker v. Carr）和雷诺兹诉西姆斯案（Reynolds v. Sims）的决议有效地使"一人一票"这一词条成为国家法律。法院援引美国宪法第 14 条修正案的平等保护条款（1868 年通过），裁定各州立法机构需要以人口大致相同为依据设置选区，每次人口普查后的第 10 年需要重新划分地区。在 1965 年的《投票权法案》[*Voting Rights Act*，林登·约翰逊（Lynden Johnsan）总统伟大社会计划的一部分]中，国会将"故意降低受保护少数群体投票权"的选区的行为视为违法。在 2017 年的库珀诉哈里斯案（Cooper v. Harris）中投票占比 5：3，美国最高法院裁定北卡罗来纳州的第 1 区和第 12 区挤满了黑人选民。这削弱了黑人选民的权利，因为他们重要国会选区的选票数量减少了。正如你稍后将看到的，法院通常将缺乏紧凑性视为"格里蝾螈"现象，而这正是数学家可以介入分析的地方。

文件 Gerrymander.xlsx 的工作表 CALCS 中是虚构的"格里蝾螈"现象各州的信息，该州由 15 个县组成，拥有 8 个国会选区。图 16-1 显示了每个县的民主党和共和党人数。假设每个选区必须有 140 到 260 名选民，而民主党想要赢得最多的选区。请注意，只有 51%（827/1630）的选民是民主党人，因此可以合理地预计，各选区会出现 4：4 平分的情形。如果每个县都必须被分配到一个地区，民主党会如愿以偿吗？如图 16-2 所示，图 16-1 中的县分配给了民主党 75%（八分之六）的选区。这个简单的例子表明，党派划分选区可以使一个政党赢得比实际投票应得的票数更高的席位。

	A	B	C	D
2	选区	县	共和党	民主党
3	2	1	80	34
4	5	2	43	61
5	3	3	40	44
6	4	4	20	24
7	7	5	40	114
8	1	6	40	64
9	8	7	70	34
10	2	8	50	44
11	6	9	70	54
12	1	10	70	64
13	8	11	80	45
14	5	12	40	50
15	4	13	50	60
16	3	14	60	65
17	6	15	50	70
18			803	827

图 16–1　15 个选民分布

	F	G	H	I
2	选区	共和党	民主党	胜者
3	1	110	128	民主党
4	2	130	78	共和党
5	3	100	109	民主党
6	4	70	84	民主党
7	5	83	111	民主党
8	6	120	124	民主党
9	7	40	114	民主党
10	8	150	79	共和党
11		803	827	

图 16–2　民主党赢得六个席位

在我们编造的数据中，我们使用 Excel 筛选了所有可能的分区方案。近年来，使用人口普查数据筛选许多可能的选区地图并生成法定地图已变得相当简单，可以确保执政党赢得的预期席位数量最大化。在《沙丘》(Dune) 中，作者弗兰克·赫伯特

97

（Frank Herbert）写道："控制香料的人控制了宇宙。"如果赫伯特还活着，他可能会说："控制州立法机构的政党控制了美国。"共和党人意识到了这一点，并在 2010 年的州议会竞选中投入了大量资金。这使他们不仅能够设定未来 10 年的国会选区边界，而且还能设定未来 10 年的州立法机构边界。司法部前部长埃里克·霍尔德（Eric Holder）现在领导着一个民主党倡议的全国选区重新划分委员会，其目标是收回对州立法机构的控制权。

2019 年最高法院关于"格里蝾螈"的裁决基本上归结为法院是否认为北卡罗来纳州地区地图（由共和党人绘制）和/或马里兰州地区地图（由民主党人绘制）违宪。由于篇幅限制，我们将讨论范围限制在北卡罗来纳州地区。2010 年，民主党赢得了 13 个众议院席位中的 7 个。2010 年人口普查后，共和党人在 2011 年重新划分了选区。2014 年，共和党人获得了全州 55% 的选票，但赢得了 13 个席位中的 10 个。

"格里蝾螈"现象的数学逻辑

我们希望有一个数学公式，法院可以套用，并能用来确定一个州的地区是否表现出过度的"格里蝾螈"现象。不幸的是，"格里蝾螈"的圣杯并不存在。

数学家们采用下列方式试图测量"格里蝾螈"现象。计算机编程生成数千张在四个标准上得分都很好的地图（我们在本章稍后部分将会回到"标准"这一话题）。对于每张生成的地图，你可以根据每个选区的选民人数进行选举，并估计赢得众议院选举的共和党人数。如果 10 名共和党人（2014 年的实际结果）在生成的地图中获胜的可能性很小，那么该州被认为存在"格里蝾螈"问题。

在埃琳娜·卡根（Elena Kagan）对鲁乔诉共同事业案的强烈反对中，卡根大法官指出，一位数学专家为北卡罗来纳州制作了 3000 张合理的地图。这些地图中的每一张测算出的结果都会选出不多于 9 个共和党人，而这些地图中的 77% 只选出了六七个共和党人。而 2014 年，共和党人实际绘制的地图产生了 10 名共和党人，这看起来像是一个异常值。

然而，在多数人的辩护中，绘制合理地图的方法有很多（大多数涉及复杂的数学知识），很难确定法院是否可以选择单一的绘制程序。在本章的其余部分，我们将介绍绘制大量合理地图背后的基本数学原理。

生成随机地图

对于我们的"格里蝾螈"示例，我们提供了一种生成随机地图的简单方法。如图 16–3 和工作簿 Gerrymander.xlsx 的工作表 MAPS 所示，我们从将县分配到区开始。

	G	H	I	J	K	L	M	N	O	P	Q	R	S	T	U	V	W
19	交换1	交换2	2	5	3	4	7	1	8	2	6	1	8	5	4	3	6
20	9	6	2	5	3	4	7	6	8	2	1	1	8	5	4	3	6
21	13	14	2	5	3	4	7	6	8	2	1	1	8	5	3	4	6
22	5	5	2	5	3	4	7	6	8	2	1	1	8	5	3	4	6
23	13	1	3	5	3	4	7	6	8	2	1	1	8	5	2	4	6
24	11	14	3	5	3	4	7	6	8	2	1	1	4	5	2	8	6
25	2	4	3	4	3	5	7	6	8	2	1	1	4	5	2	8	6
26	9	13	3	4	3	5	7	6	8	2	2	1	4	5	1	8	6
27	15	6	3	4	3	5	7	6	8	2	2	1	4	5	1	8	6
28	8	12	3	4	3	5	7	6	8	5	2	1	4	2	1	8	6
29	12	1	2	4	3	5	7	6	8	5	2	1	4	3	1	8	6
30	14	13	2	4	3	5	7	6	8	5	2	1	4	3	8	1	6
31	5	13	2	4	3	5	8	6	8	5	2	1	4	3	7	1	6
32	6	13	2	4	3	5	8	7	8	5	2	1	4	3	6	1	6

图 16–3　生成随机地图

我们从第 18 行开始，将县分配到区。然后我们随机生成一对 1~15 之间的整数，并使用这些随机选择的整数来交换这两个县的地区分配。例如，我们的第一对随机整数是 9 和 6，所以我们将 9 县的分配 6 区和 6 县的分配 1 区交换。交换后，9 县现在分配到 1 区，6 县现在分配到 6 区，其他 13 个县保留之前的分配。第 19 行是我们交换后的新分配。我们以这种方式继续，在生成大量地图后，我们舍弃那些少于 140 名或超过 260 名选民的选区地图，这样我们就留下了 486 张地图。在工作表 CALCS 中，我们为 486 幅地图中的每幅地图计算了民主党至少赢下六个选区的地图数量，这是民主党在我们的"格里蝾螈"地图上至少赢得的选区数量。我们发现民主党在

99

随机生成的 486 张地图中只有 19 张（3.9%）赢得了至少六个选区。这表明我们的"格里蝾螈"地图是极端的。

并非所有随机生成的地图都是一样合理的

当专家在随机生成的地图中进行选择时，每张地图被选中的机会并不相同。选中地图的概率取决于地图满足以下四个标准的程度：

- 紧凑性；
- 各区之间的人口均等性；
- 县的最小划分；
- 种族划分的"格里蝾螈"现象的限制。

紧凑性

衡量一个选区紧凑性的方法有很多。高度的紧凑性是可取的，因为它通常意味着该选区的居民彼此住得很近，并且更有可能在关键问题上持共同意见。在大多数情况下，选区面积/选区周长的比值越大，表示该选区越紧凑。例如，像北卡罗来纳州第 12 区那样的扁长区，周长长，面积小，比例就小。当然，当大自然以不规则的海岸线（如阿拉斯加）、河流和州界线的形式进行干预时，该标准可能会变得没那么有效。事实上，基于紧凑性，《华盛顿邮报》（*Washington Post*）曾宣布我们的老朋友北卡罗来纳州第 12 区是全美"格里蝾螈"现象最严重的地区。

我们现在描述三个紧凑性的测量方法（参见工作簿 GerrymanderIndex.xlsx 和图 16–4）。这三种测量方法均基于著名的几何学等周定理，该定理指出，对于给定的周长，可形成的最大面积的形状是圆形。在我们的示例中，我们让单元格范围 F3:G4 代表第 9 区，H6:H13 代表第 12 区。我们假设每个单元格代表一个 1 英里 × 1 英里的正方形。请注意，第 9 区的面积为 2 × 2=4，周长为 4 × 2=8。对于第 12 区，面积为 8 × 1=8，周长为 8+8+1+1=18。

第 16 章 "格里蝾螈"现象

	F	G	H	I	J	K
1				紧凑度指数	外接圆面积	选区面积
2	第9区			第9区	6.28	0.64
3	x	x		第12区	38.48	0.21
4	x	x				小面积差,表现不佳
5			第12区			
6			x			
7			x			
8			x			
9			x			
10			x			
11			x			
12			x			
13			x			
14						
15						
16					大面积差,表现不佳	
17	选区	选区周长	选区面积	同面积圆的半径	同面积圆的周长	选区形状偏离紧凑性的程度指数
18	9	8	4	1.13	7.09	1.13
19	12	18	8	1.60	10.03	1.80
20	小面积差,表现不佳	紧凑度指数				
21	选区	选区周长	选区面积	同周长圆的半径	同周长圆的面积	选区形状偏离紧凑性的程度指数
22	9.00	8.00	4.00	1.27	5.09	0.79
23	12.00	18.00	8.00	2.86	25.78	0.31

图 16–4 三种紧凑度测量

施瓦茨贝里法（Schwartzberg Measure）：

（选区周长）/（和选区面积相同的圆的周长）

等周定理意味着施瓦茨贝里测量值始终≥1，值越大表示该选区越不紧凑。对于第 9 区，通过求解 $\pi r^2=4$ 或 $r=\sqrt{4/\pi}$ =1.13 可以找到具有相同面积的圆的半径 r。这个圆的周长是 $2\pi \times 1.13$=7.09。因此，第 9 区的施瓦茨贝里值为 8/7.09=1.13。以类似的方式，我们发现第 12 区的施瓦茨贝里值较大，为 1.8。这表明第 12 区不如第 9 区

101

紧凑。

波尔斯比 – 波普尔法（Polsby-Popper Measure）：

（选区面积）/（和选区周长相同的圆的面积）

较小的波尔斯比 – 波普尔值表明区域不太紧凑。波尔斯比 – 波普尔值总是 ≤ 1。对于第 9 区，我们通过求解 $2\pi r=8$ 来找到与该选区周长相同的圆的半径 r。这个圆的面积是 $\pi \times r^2$=5.09。那么，波尔斯比 – 波普尔值是 4/5.09=0.79。我们发现，正如预期的那样，第 12 区的波尔斯比 – 波普尔值较小，为 0.31。

雷克法（Reock Measure）：

（选区面积）/（包围该区域的最小圆面积）

雷克值越小表示紧凑度越低，因为越伸展的区域越需要一个半径相对较大的外接圆。对于第 9 区，外接圆的半径长度等于 1×1 正方形的对角线长度，即 $\sqrt{2}$。该圆的面积为 $\pi \times (\sqrt{2})^2$=6.28。那么，第 9 区的雷克值是 4/6.28=0.64。正如预期的那样，第 12 区的雷克值较小，为 0.21，表明第 12 区不太紧凑。

如果在所有地区中，一张地图的紧凑性低于另一张地图，并且所有其他标准都相同，那么紧凑性较低的地图被选中的概率就较小。

各区之间的人口均等性

假设北卡罗来纳州有 1300 万人口。13 个选区，根据一人一票的原则，应该保证每个区的选民尽可能接近 100 万人。图 16–5 显示了实现此目标的一种方法（参见工作簿 GerrymanderIndex.xlsx 的工作表 EqualPop）。对于每个选区，你可以计算：

$$[(选区的选民人数 / 理想人数) - 1]^2$$

将所有选区的该值相加，并取总和的平方根。如图 16–5 所示，地图 1 在 13 个地区中的 12 个地区有 10% 的偏差，而地图 2 在 13 个地区中的 12 个地区的偏差为 20%。我们发现地图 2 在人口均等性方面的得分是地图 1 的两倍，这种差异会降低地图 2 被选中的概率。

	D	E	F	G	H	I	J
3				不利情况1	不利情况2		
4				0.35	0.69		
5	选区	地图1	地图2	地图1的贡献	地图2的贡献		
6	1	0.9	0.8	0.01	0.04	=(E6-1)^2	=(F6-1)^2
7	2	1.1	1.2	0.01	0.04	=(E7-1)^2	=(F7-1)^2
8	3	0.9	0.8	0.01	0.04	=(E8-1)^2	=(F8-1)^2
9	4	1.1	1.2	0.01	0.04	=(E9-1)^2	=(F9-1)^2
10	5	0.9	0.8	0.01	0.04	=(E10-1)^2	=(F10-1)^2
11	6	1.1	1.2	0.01	0.04	=(E11-1)^2	=(F11-1)^2
12	7	0.9	0.8	0.01	0.04	=(E12-1)^2	=(F12-1)^2
13	8	1.1	1.2	0.01	0.04	=(E13-1)^2	=(F13-1)^2
14	9	0.9	0.8	0.01	0.04	=(E14-1)^2	=(F14-1)^2
15	10	1.1	1.2	0.01	0.04	=(E15-1)^2	=(F15-1)^2
16	11	0.9	0.8	0.01	0.04	=(E16-1)^2	=(F16-1)^2
17	12	1.1	1.2	0.01	0.04	=(E17-1)^2	=(F17-1)^2
18	13	1	1	0	0	=(E18-1)^2	=(F18-1)^2

图 16–5 人口均等

县的最小划分

拆分县被认为是不可取的。在北卡罗来纳州，韦克县（罗利县）和梅克伦堡县（夏洛特县）都必须分开，因为它们拥有北卡罗来纳州 1/13 以上的人口。拆分更多不必要的县会降低该地图被选中的概率。此外，两个县之间的人口是 50%：50%，被认为比 95%：5% 极端的拆分方式更糟糕。

种族划分的"格里蝾螈"现象的限制

非裔美国人占北卡罗来纳州人口的 20%，因此，1965 年的《投票权法案》暗示了在任何选区计划中，非裔美国人应该能够从至少 0.2 × 13=2.6 个地区选举代表，（因无法补足三个区）取整数为两个区。一个复杂的公式包含了非裔美国人比例最高的两个地区中的非裔美国人占比，会使那些非裔美国人控制两名代表选举结果的可能性微乎其微的地图处于不利地位。

卡根法官在她的异议中提到的 3000 张地图是根据这些限制筛选生成的。例如，如果地图1在紧凑性和人口均等上得分更高，没有不必要的县的划分，并且满足种族划分的"格里蝾螈"现象的限制，而地图2的紧凑性要低得多，在人口均等上得分更差，划分了几个县，并且未能满足种族划分的"格里蝾螈"现象的限制，那么在用于生成3000张地图的选择过程中，地图2被选中的概率比地图1小得多。

众所周知，有因必有果。美国人需要意识到，由于普遍存在的"格里蝾螈"现象，他们在人口普查年度的州议会选举中投出的选票，在很大程度上决定了未来10年间众议院的性质。希望本章能帮助读者理解国会选区边界设置背后的复杂性。

第 17 章 循证医学

美国杰出的统计学家 W. 爱德华兹·戴明（W. Edwards Deming，1900—1993）曾经说过："我们相信上帝所说的——所有人都需要数据。"循证医学（evidence-based medicine, EBM）尝试使用精心设计的研究数据来帮助医疗保健专业人员做出更好的医疗决策。在本章中，我们将描述循证医学的三个例子：

- 詹姆斯·林德（James Lind）在 18 世纪发现柑橘类水果可以治愈维生素 C 缺乏病；
- 英国 1946 年的随机对照临床实验表明链霉素对治疗结核病有效；
- 20 世纪后期关于激素替代能否改善更年期妇女健康的争议。

詹姆斯·林德和维生素 C 缺乏病：循证医学的诞生

在 17 和 18 世纪，英国和其他欧洲国家开始了许多长途航行探险（包括环游地球），但许多水手不幸死于维生素 C 缺乏病。在 1740—1744 年的一次环球旅行中，超过一半的水手死于维生素 C 缺乏病。维生素 C 缺乏病有许多痛苦的症状，包括牙龈出血、瘀伤和关节肿胀。死因常常是感染、出血或心力衰竭。

1754 年，苏格兰外科医生詹姆斯·林德在英国皇家海军索尔兹伯里号（HMS Salisbury）上挑选了 12 名患有维生素 C 缺乏病的水手，他认为他们的健康（或不健康）状况相同且年龄相当。他将 12 名水手分成六组，每组两名。六组水手每天接受以下治疗：

- 第 1 组：苹果酒；
- 第 2 组：浓硫酸；
- 第 3 组：醋；

- 第 4 组：海水；
- 第 5 组：橙子和柠檬；
- 第 6 组：大蒜、萝卜、香脂和没药（myrrh）。

在六天内，服下柑橘类水果的两名水手（第 5 组）情况好转，其他 10 名水手都没有好转。

这个过程花了一段时间，但在 1770 年，著名的詹姆斯·库克（James Cook）船长在他的环球航行中给水手配的餐是柠檬、酸橙和橙子，而他的船员只出现了一例死亡。到 1795 年，大多数英国水手都喝柠檬汁，维生素 C 缺乏病变得罕见了。许多英国历史学家认为，柠檬是纳尔逊勋爵 1805 年在特拉法尔加（Trafalgar）击败拿破仑·波拿巴（Napoleon Bonaparte）的一个重要因素。

林德工作的一个关键环节是（尽其所能）控制他的"临床试验"保持其他因素不变，以便六组水手之间唯一不同的变量是接受的治疗方式不同。林德选择了年龄和症状相似的水手，让他们待在船上的同一位置，其余的饮食保持不变。

正如你很快就会看到的，循证医学的黄金标准是随机对照临床试验。在该试验中，人们被随机分配到几组中。每组接受不同的临床干预，其中一组作为对照组，会经常食用安慰剂。人们被随机分配接受不同的干预措施，这就保证了影响参与者健康的唯一差异就是不同的临床干预措施。基于维生素 C 缺乏病试验，林德通常被认为是循证医学的鼻祖。

我们注意到，最近有学者质疑林德是否真的在索尔兹伯里号进行了临床试验。然而，我们将假设大多数消息来源试验已进行。

我们能否创建一个简单的数学模型来评估林德发现的柑橘类水果治疗维生素 C 缺乏病的证据的有效性？让我们从假设开始，假设以上六种物质治疗维生素 C 缺乏病的概率相同（未知值）。我们知道 12 名水手中有 2 人治愈。鉴于我们的假设，2 名治愈的水手都是被喂食柑橘类水果的 2 人的概率有多大？有（12×11）/2=66 种方法可以从 12 名水手中选择 2 名水手。这是因为第一名水手可以是 12 名中的一名，下一名水手可以是 11 名中的一名。我们除以 2，因为选择顺序相反的组合相同，例如，先选水手 1 然后选水手 2，与先选水手 2 然后选水手 1 的组合相同。假设六种治疗中的每一种都同样有效并且已知两名水手均被治愈，只有 1/66（很小）的概率证明两名被治愈的水手都是得到柑橘类水果的水手。

如果你对循证医学的历史感兴趣，请查看插图精美的网站 www.jameslindlibrary.org。

随机链霉素结核病试验

在 20 世纪初期，结核病是欧洲和北美年轻人死亡的主要原因。青霉素于 1928 年问世，经证实它对治疗许多疾病都有疗效，但对结核病无效。20 世纪 40 年代，一种新的抗生素链霉素被研制出来，英国医学研究委员会（MRC）的医学统计学教授奥斯汀·布拉德福德·希尔（Austin Bradford Hill）设立了一项随机临床试验，以确定链霉素是否能有效治疗急性结核病。1946 年，所有年龄在 15~30 岁的急性结核病患者都参加了这项研究。通过抛硬币，患者被分配到两组中的一组。第 1 组接受标准治疗并卧床休息，而第 2 组卧床休息并接受链霉素治疗。参与该研究的患者在人口统计和临床症状方面表现相似，因此将结果差异归因于链霉素的出现似乎是合理的。6 个月后，链霉素组 55 例中有 4 例死亡，卧床休息组 52 例中有 15 例死亡。如果我们假设卧床休息+链霉素并不比仅仅卧床休息好，那么只有 0.3% 的概率链霉素能起到同样的效果。

你可能认为不给许多患者使用链霉素是不道德的。由于制造链霉素的费用和难度，该药物供应有限，因此患者希望试验能证明该药物有效，并有更多资源被分配用来生产该药物。

许多患者对链霉素有耐药性或过敏症状，研究者很快发现链霉素与氨基水杨酸（PAS）组合起来对治疗肺结核更有效。

除了治疗结核病之外，MRC 的研究也很重要，因为克罗夫顿（Crofton）和其他参与者在许多国家谈论了如何进行随机对照临床试验。正如罗伊·波特（Roy Porter）所述，随机对照临床试验是"所有此类研究的黄金标准"。当然，MRC 研究为随机对照临床试验数量的激增铺平了道路。

激素替代：好还是坏

20世纪八九十年代发表的许多研究声称，为更年期女性提供激素替代疗法可使女性的心血管疾病降低约50%。伊丽莎白·巴雷特-康纳（Elizabeth Barrett-Connor）和特鲁迪·布什（Trudy Bush）在《美国医学会杂志》（Journal of the American Medical Association）上发表的《女性的雌激素和冠心病》（Estrogen and Coronary Heart Disease in Women）一文中对这些研究进行了总结。这些研究是观察性研究，研究中注意到使用雌激素和孕激素的更年期妇女心血管疾病的发病率降低。没有证据表明这些研究中观察到的女性与一般人群相似。甚至上述论文的作者也指出，使用激素替代疗法观察到的女性更有可能是白人，收入更高且受教育程度更高。仅这些因素就肯定会降低患心血管疾病的风险。

当然，需要的是一项随机对照临床试验，在该试验中，更年期妇女服用安慰剂或激素替代品的可能性是相同的。2002年，一篇发表在《美国医学会杂志》上的题为《妇女健康倡议》（Women's Health Initiative）的文章报告了一项涉及161 809名妇女的研究结果。作者发现接受安慰剂和激素替代治疗的女性的人口统计特征几乎相同，因此，健康结果的任何差异都可以归因于激素替代。五年后，作者发现接受激素替代治疗的女性有以下表现（相对于接受安慰剂的女性）：

- 心脏病发病率增加29%；
- 中风发病率增加41%；
- 静脉血栓栓塞发病率增加一倍；
- 乳腺癌发病率增加26%；
- 髋部骨折发病率降低34%。

这项随机试验的结果似乎表明激素替代对女性健康有重大的不利影响，随机试验与观察性研究完全矛盾。在该研究中，观察组可能在健康和人口统计特征方面存在着显著差异。

然而，2002 年的研究并不是故事的结局。2017 年，妇女健康倡议随机试验组更新了研究结果，通过将随机试验持续到 2014 年来更新 2002 年的研究。共有 27 347 名美国 50~79 岁的绝经女性参与了该研究。共有 16 608 名有子宫的女性被随机分配接受安慰剂或雌激素 + 黄体酮（CEE+MPA 组），10 739 名接受子宫切除术的女性被随机分配接受安慰剂或雌激素（CEE）。

正如一项大型随机试验所预期的那样，在每个队列中，安慰剂组和激素替代组在任何人口统计特征、收入和健康特征方面都没有显著差异。作者发现，CEE+MPA 组或仅 CEE 激素替代组导致的总体死亡率、癌症死亡率和心血管疾病死亡率与安慰剂组相同。

关于乳腺癌死亡率，作者的最佳估计是：与安慰剂组相比，有子宫 CEE+MPA 组的女性乳腺癌死亡率增加了 44%；但与安慰剂组相比，接受子宫切除术的女性，CEE 组的乳腺癌死亡率降低了 45%。谁也不知道未来的研究会显示什么！

第 18 章　如何比较医院的优劣

假如你或你爱的人生病了,你想要给他最好的治疗。许多医院的评级都是可信的。在评级者评级(Rating the Raters,RTR)中,医学专家评估了四大医院评级系统:

- 医疗保险和医疗补助服务中心(CMS);
- 健康评级;
- 《美国新闻与世界报道》(U. S. News & World Report);
- 跳蛙(Leapfrog)。

RTR 发现四个评级系统都存在严重缺陷,只有《美国新闻与世界报道》获得了 B 级评级。在本章中,我们简要总结了评级者是如何得出他们的评级的。

评级标准

在对医院(或学院/大学、商学院、医学院等)进行评级时,你需要确定你认为重要的质量衡量标准。RTR 确定了用于评估医院质量评级系统的六个标准:

- 医院绩效错误分类的可能性;
- 重要性/影响;
- 科学可接受性;
- 迭代改进;
- 透明度;
- 有效性。

医院绩效错误分类的可能性

所有四个评级系统都将患者安全指标（patient safty indicators，PSIs）作为衡量医院质量的一个标准。引用 PSI 的一个例子，我们考虑 PSI12，即术后恢复时期发生术后静脉血栓栓塞（VTE）的风险。进行更多诊断成像的医院在 PSI12 上的表现往往更差，即使它们的患者实际上遭受术后 VTE 的比例并不更高。与 PSI12 一样，其他 PSI 可能无法与更好的质量挂钩，并可能导致排名系统对医院进行错误分类。

所有四个评级系统都从 CMS 获取大部分数据。这些数据大部分是针对 60 岁或 60 岁以上的患者，那么我们如何知道 CMS 的数据表明的表现是否适用于年轻患者？

如果医院在 30 天内的患者再入院率高于平均水平，则 CMS 会对医院进行处罚。评级服务将较高的 30 天再入院率作为评定医院质量较差的指标之一。正如杰瑞·穆勒（Jerry Muller）在他的优秀著作《指标陷阱》（The Tyranny of Metrics）中指出的那样，许多医院将需要再入院的患者的观察状态标记为住院患者送到急诊室，并借此将他们归类为门诊患者来戏弄这个系统。在 CMS 开始对医院进行 30 天的再入院率进行处罚后，这种观察入院然后送往急诊的情况增加了 96%。就像一些 PSI 一样，30 天再入院率并不总是准确衡量医院质量的指标。此外，30 天再入院规则很容易通过在患者出院 31 天后（对患者病情不利）重新入院来打破，而本来他们应该早些入院。这是古德哈特定律（Goodhart's law）的一个例子，它指出"当一项措施成为目标时，它就不再是一个好的措施了"。

正如 RTR 所指出的，评估者使用的大部分数据都是医院自行报告的，这为医院伪造数据创造了巨大的诱因。因此，RTR 建议对医院自行报告的数据进行审计。

重要性 / 影响

RTR 认为评级系统必须具有能引起患者和信息提供者共鸣的特征。例如，需要接受结肠癌手术的患者应该能够轻松评估其所在地区所有医院在结肠癌手术方面的表现。尽管 RTR 具有一个典型优势——CMS 的庞大规模（所有加入 CMS 的人），但它们也有短板，即它们在重要性/影响方面有点含糊不清，并且未能在许多可选择的程序上对医院进行评级。

科学可接受性

至关重要的是，需要根据医院的患者结构对死亡率等质量指标进行风险调整。《美国新闻与世界报道》基于以下因素调整了死亡率等指标。

- 入院年龄。
- 性别。
- 入院年份（医院质量随着时间的推移趋于改善）。
- 收入水平。
- 并发症：根据其他患者疾病调整死亡率。例如，患有糖尿病和有心脏病史的患者在结肠癌中存活的可能性更小。

对风险调整举一个简单的示例，让我们比较两家医院的心内直视手术的表现：急诊室（Emergency Room，ER）和芝加哥希望医院（Chicago Hope，CH）。文件 Hospital.xlsx 包含了 403 名患者进行手术的医院信息、患者是生是死以及患者是高风险患者还是低风险患者。使用数据透视表，我们可以先查看每家医院的总体存活率。如图 18-1 所示，两家医院的总体存活率几乎相同。然而，当我们比较两家医院每个风险等级的存活率时，就会出现不同的情况。对于高风险患者，80% 的患者在 ER 的救助下得以存活，而 CH 的高风险患者存活率只有 68%；对于低风险患者，在 ER 的存活率为 93%，而 CH 的低风险患者存活率只有 85%。在调整风险后，这表明 ER 对于每种类型的患者来说都是更好的医院。如图 18-1 所示，ER 接收了 160 名高风险患者，而 CH 只接收了 22 名，CH 接收的低风险患者远多于 ER 接收的。这就是相对而言 CH 总体存活率较高的原因。

第 18 章　如何比较医院的优劣

	I	J	K	L	M	N	O	P	Q
6	行标签	死亡	存活						
7	CH	16.75%	83.25%						
8	ER	17.50%	82.50%						
9									
10									
11									
12	结果计数	列标签				结果计数	列标签		
13	行标签	死亡	存活	总计		行标签	死亡	存活	总计
14	高风险组的病人统计	21.43%	78.57%	100.00%		高风险组的病人统计	39	143	182
15	CH	31.82%	68.18%	100.00%		CH	7	15	22
16	ER	20.00%	80.00%	100.00%		ER	32	128	160
17	低风险组的病人统计	13.57%	86.43%	100.00%		低风险组的病人统计	30	191	221
18	CH	14.92%	85.08%	100.00%		CH	27	154	181
19	ER	7.50%	92.50%	100.00%		ER	3	37	40
20	总计	17.12%	82.88%	100.00%		总计	69	334	403

图 18-1　急诊室（ER）比普通病房（CH）更好

迭代改进

该标准仅指评级系统整合反馈并使用此反馈创建一个循环，从而促进评级系统持续改进的能力。

透明度

为了保证透明度，医院评级必须明确其方法。评级系统还必须使用公开可用的数据，以便可以复制结果。

有效性

评级系统易于使用对患者来说是很重要的。例如，居住在印第安纳州布卢明顿的一名正在考虑进行髋关节或膝关节置换手术的患者可以使用医院比较工具（hospital compare tool）快速找到有关髋关节和膝关节并发症的信息。如图 18-2 所示，对于所有类别，布卢明顿医院的评分均与全国评分无异。医院也可以根据不同的统计数据被划分为高于全国评分或低于全国评分。

	印第安纳大学布卢明顿医院	全国评分
髋关节/膝关节置换患者并发症发生率	与全国发生率无差异	2.5%
严重并发症（来自PSI）	与全国值无差异	1.00
手术后有可治疗的严重并发症患者的死亡率（来自PSI）	与全国死亡率无差异	153.01

图 18-2　印第安纳州布卢明顿医院髋关节和膝关节置换手术的表现

医院比较工具还通过计算医院在表 18-1 所示的七个方面的表现加权平均值将每家医院评为 1~5 星级医院（见图 18-3）。

表 18-1　　　　　　　　　　医疗保健星级评分权重

衡量类别	权重
死亡率	22%
医疗安全	22%
再次入院率	22%
患者体验	22%
医疗效果	4%
医疗及时性	4%
医学影像的高效使用	4%

在所有类别中，高于全国平均水平表示表现更好

类别	与全国平均水平对比 印第安纳大学布卢明顿医院
死亡率	与全国平均水平相同
医疗安全	高于全国平均水平
再次入院率	高于全国平均水平
患者体验	低于全国平均水平
医疗效果	与全国平均水平相同
医疗及时性	与全国平均水平相同
医学影像的高效利用	高于全国平均水平

图 18-3　印第安纳州布卢明顿医院评分

星级评分的分布如表 18–2 所示。

表 18–2　　　　　　　　　Medicare.gov 星级评分的分布

评分	获得该评分的医院比例
五星	6%
四星	24%
三星	28%
二星	17%
一星	6%
无评分	19%

结论

对从事不同业务活动的医院进行准确评级非常重要。正如 RTR 所指出的，不存在 A 级评级，需要谨慎解释当前的评级。正如《指标陷阱》一书所指出的那样，风险调整非常困难，为病情较重、收入较低的患者群提供服务的医院最有可能在评级系统中受到惩罚。

你可能会认为，在某个指标成为医院评级的重要组成部分后，医院会在该指标上有所改进。又错了！同样的道理，正如《指标陷阱》中所指出的，自从 CMS 开始报告死亡率以来，死亡率并没有降低。

当然，也有许多使用指标来改善医疗保健的成功案例，例如，植入中心线。中心线是用于为患者提供所需药物的管子，但它们通常会导致感染。在植入中心线时，遵循一个简单的五步清单就可以将感染降低 66%！

希望更好的医院评级和更好的护理到来！

第19章　美国最严重的医疗健康问题是什么

著名作家奥古斯丁·伯勒斯（Augusten Burroughs）曾说过："当你拥有健康时，你就拥有了一切。"直到20世纪90年代，我们还无法比较世界不同地区的人们的健康状况，也无法衡量特定健康问题（心脏病、腰痛等）对一个国家国民健康的影响程度。很大程度上，由于艾伦·默里（Alan Murray）博士的惊人努力，我们现在可以比较不同国家国民的"健康"状况并了解不同的疾病如何影响一个国家国民的健康水平。如果你想了解如何衡量全世界的健康水平，以及世界不同地区的"不健康"有何不同，请阅读克里斯托弗·默里（Christopher Murray）等人发表在《柳叶刀》（*The Lancet*）上的一篇文章——《21个地区291种疾病和伤害的伤残调整生命年》（*Disability-Adjusted Life Years（DALYs）for 291 Diseases and Injuries in 21 Regions*）。我们经常使用缩写DALY2012来指代这篇文章。

伤残调整生命年

默里的关键指标是伤残调整生命年（DALY）。DALY是指因早逝而损失的生命年数（YLL）和因残疾而损失的生命年数（YLD）之和。

YLL是根据预期寿命最长的国家的平均预期寿命计算的（日本排名第1，美国排名第31）。日本女性的预期寿命为87岁。如果一名女性在75岁时死于癌症，那么癌症会导致87−75=12YLL。日本男性的平均预期寿命为81岁，因此在25岁时死于车祸的男性将遭受81−25=56YLL。

YLD要复杂得多。如果我们要确定一位患了精神分裂症10年的患者的YLD，我们需要对患者因患有精神分裂症而每年损失的"健康"进行加权（在本章的稍后部分，我们将讨论用于确定不同疾病的残疾权重的方法）。专家给精神分裂症一年的权重是 0.53 年的残疾损失。因此，一位患了精神分裂症 10 年的人失去了 10×0.53=5.3 年的寿命。表 19-1 给出了世界卫生组织（WHO）2010 年使用的残疾权重。

表 19-1　　　　　　　　　　2010 年残疾权重

疾病	残疾权重
精神分裂症	0.53
由于青光眼导致的失明	0.60
阿尔茨海默病	0.67
失聪	0.23
未接受抗逆转录病毒治疗（ART）的艾滋病病毒感染者	0.51
接受抗逆转录病毒治疗（ART）的艾滋病病毒感染者	0.17
背痛	0.66

如果你感兴趣，那你可能想花一些时间使用 DALY 计算器。使用这种计算器，你可以输入一个人的健康信息并计算他们对一个国家的 DALY 的贡献。

残疾权重的确定

残疾权重的确定是一个有争议的问题。当默里首次提出 DALY 时，残疾权重由医疗保健专业人员确定。从 2010 年开始，残疾权重由公众调查确定。随机选择孟加拉国、坦桑尼亚、印度尼西亚、秘鲁和美国的居民参加调查，作为世界文化、语言和社会经济多样性的代表。调查的参与者会被问及与配对比较和配对等价相关的两类问题。

配对比较

参与者需要根据要求对最多 15 对健康状态进行配对比较，选出其中两个（共 220 个）健康状态中哪一个更严重。例如，可能会询问参与者下列哪种情况更严重：

- 情况 1：惯用右手的人手臂骨折，手臂打石膏六周，然后康复；
- 情况 2：一个人脚部骨折并打石膏六周，然后康复。

使用一些高级数学方法，配对比较可用于对这些健康状况的严重程度进行排名。由于我们知道哪些健康状态与疾病有关，因此该信息可用于对疾病的相对严重程度进行排名。

配对等价

参与者还被问及诸如以下填空语句之类的问题。空白处应填入使两个项目在健康贡献方面相等的数字。

考虑下面两个健康计划：计划 1 将防止 1000 人患上导致快速死亡的疾病。计划 2 是使_____名患有终生心绞痛的人立即得到治愈（所提供的选项为 1500、2000、3000 和 10 000）。

显而易见，这种类型的问题称为配对等价。假设一位参与者对这个问题的回答是 3000，使 DWA= 此人对轻度心绞痛的残疾权重的看法。如果 EL= 特定人的预期剩余寿命，则计划 1 可挽回 1000×EL 年损失的寿命，并挽回 3000（EL×DWA）年残疾年数。我们的参与者这样回答暗示着她相信：

$$1000 \times EL = 3000 \times EL \times DWA，或 DWA = 1/3$$

汇总来自配对比较和配对等价的信息，DALY2012 中使用基于公众意见的残疾权重来计算 DYL。在我们讨论 DALY2012 中包含的有关世界健康的重要信息之前，我们需要探讨默里和公司在 DALY2012 中解决的两个技术问题。

取年龄权重还是折现，这是一个问题

在计算 DALY 之前，我们必须解决另外两个技术问题。

- **年龄加权**：一个人一生中的每一年赋予的权重一样吗？例如，在 79 岁而不是 80 岁死亡是否应该与在 29 岁而不是 30 岁或在 9 岁而不是 10 岁死亡对 DALY 产生相同的贡献？
- **折现**：当公司对当前和未来现金流进行估值时，它们通常根据加权平均资本成本（WACC）对未来现金流进行折现。例如，WACC 为 10%（典型值）意味着从现在起一年后收到的现金流相当于现在的现金流 1/1.10 美元；从现在起两年后的现金流相当于从现在起两年后的现金流 1/1.10² 美元；等等。

我们现在简要讨论如何在 2010 年之前进行年龄加权和折现。2010 年以来，我们已不再使用年龄加权和折现。

年龄加权

在 2010 年之前，给损失一年生命或残疾一年（相对于平均值 1）赋予的权重记为 W，可表示为：

$$W = 0.1658 \times Y \times e^{-0.04Y}$$

其中 Y 是因残疾而损失寿命发生时的年龄，图 19-1 描绘了这个函数。与 20~50 岁的人相比，非常年轻和非常年长的人的生命价值权重较小。权重基于的是年龄如何影响经济生产力。选择常数 0.1658 使平均权重等于 1。从 2010 年开始，年龄权重下降（实际上，对于任何年龄，$W=1$）。

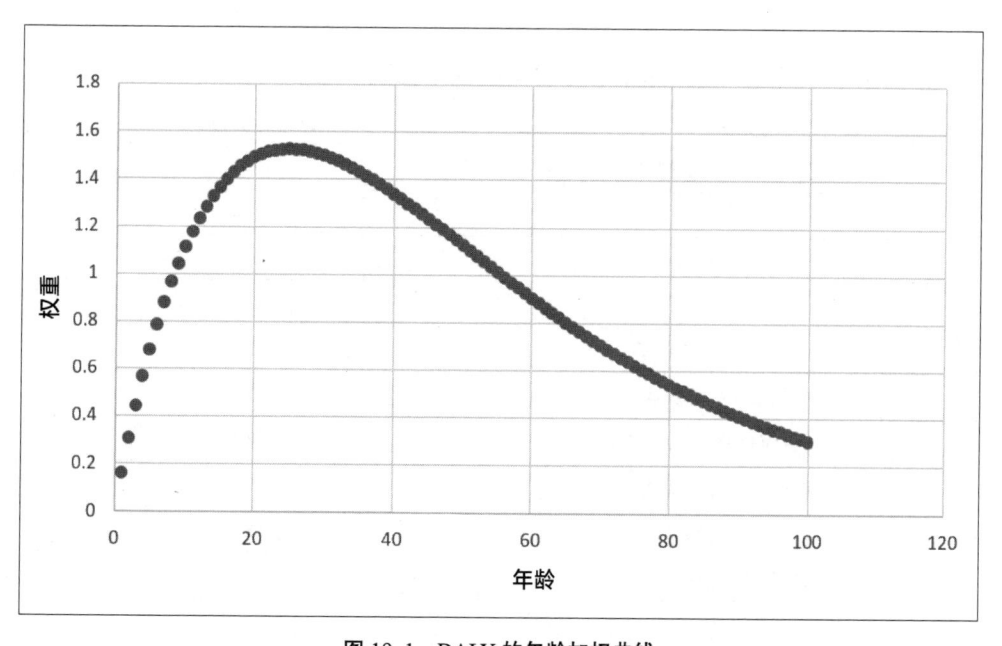

图 19-1　DALY 的年龄加权曲线

折现

在 2010 年之前，未来损失的寿命或因患残疾损失的年数以每年 3% 的比例折现。因此，五年后损失一年寿命的价值是现在损失一年寿命的 $1/1.03^5$ 倍。过去，DALYs 的折现方法与卫生保健计划成本折现的通常做法是一致的。

有关"社会折现"的利弊的详细讨论的文章讨论了未来气候变化潜在的影响该如何折现处理。

再次重申，我们注意到当前的 DALYs 计算忽略了年龄加权和折现。

关于世界健康的关键事实

现在我们了解了 DALYs 的基础知识，我们可以总结一下 DALY2012 中包含的有关世界健康的一些重要见解。

2010 年，每 1000 人有 361 人有 DALY。表 19–2 列出了主要原因造成的 DALYs 的百分比的细目。

表 19–2　　　　2010 年 DALYs 百分比（按主要病因分类）

病因	DALYs 百分比
心血管和循环系统疾病	12%
损伤（如车祸）	11%
新生儿疾病	8%
癌症	8%
精神和行为健康疾病	7%
慢性呼吸系统疾病	5%
肌肉骨骼疾病（如背痛）	7%
糖尿病和肾脏疾病	5%
下呼吸道感染	5%
慢性呼吸道疾病	5%
艾滋病毒	3%
疟疾	3%

第 19 章 美国最严重的医疗健康问题是什么

华盛顿大学健康指标与评估研究所（IHME）网站给出了2004年按地区划分的DALY的细目，分为YLL和YLD两部分（见图19-2）。这个数字清楚地表明，非洲每1000人的YLL远高于其他任何地区。

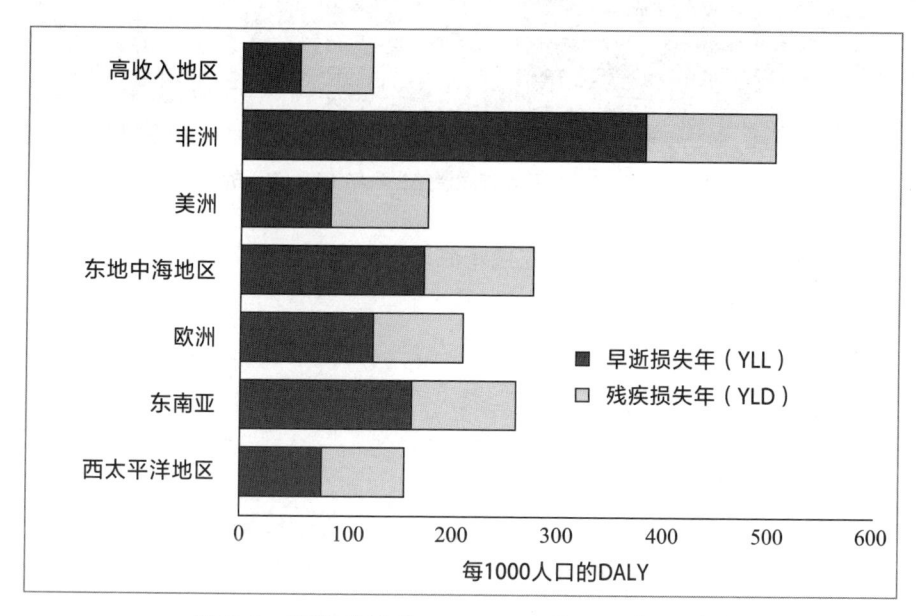

图 19-2　按地区划分的 DALY、YLL 和 YLD（2004 年）

造成 DALYs 的原因因地区而异。例如，心脏病在高收入水平的北美和整个欧洲排名第 1 位，但在撒哈拉以南的非洲任何地区排名都不超过第 14 位。另一方面，艾滋病在撒哈拉以南的非洲所有地区均排名前 5，但在北美高收入地区排名第 37 位。可悲的是，人际暴力是拉丁美洲中部地区 DALY 的主要原因。

在 IHME 网站上，你可以创建数以千计的可视化图形来比较许多地区 DALY、YLL 和 YLD 的形成原因。例如，图 19-3 显示了 2017 年根据萨尔瓦多各个原因绘制的 DALYs 百分比可视化图形（在树状图或马赛克图中）。你可以看到，在萨尔瓦多，暴力是造成 DALYs 的主要原因。难怪很多人想离开萨尔瓦多。

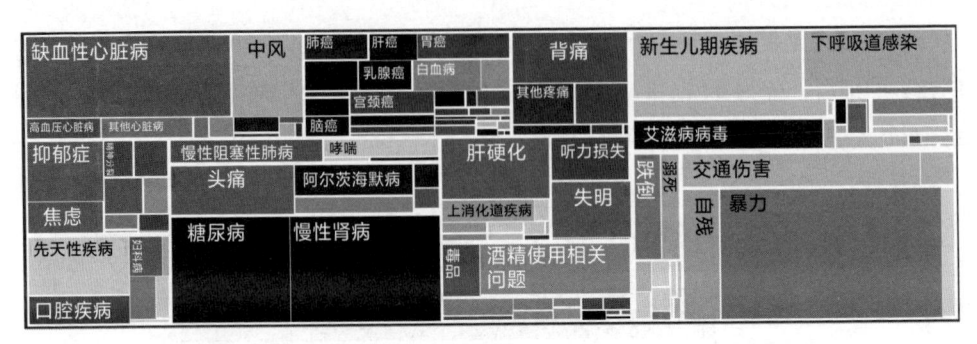

图 19-3　2017 年萨尔瓦多伤残调整生命年（DALY）的原因

我希望你能花几个小时时间研究这些惊人的可视化图形，并更好地了解世界不同地区 DALYs 的成因。

第二部分

将会发生什么

ANALYTICS STORIES

第 20 章 通过共同基金过去的表现可以预测其未来的表现吗

在生活的很多方面,我们都希望可以通过某件事情过去的表现来洞察未来,而有时过去的表现并不能帮助我们准确预测未来。

- 2019 年 10 月 19 日,西部大十区(伊利诺伊州)排名最后的足球队击败了不败战神威斯康星州队(24:23)。赔率制定者曾预测威斯康星州将以 31 分的优势赢得比赛。
- 2007 年 11 月,巴拉克·奥巴马赢得 2008 年总统大选的概率仅为 8%,后来的事就不用赘述了。
- 2007 年底,国际货币基金组织(IMF)预测 2008 年世界经济增长 4.75%。众所周知,自 1929 年以来最严重的金融危机始于 2008 年。
- 2000 年,新英格兰爱国者队四分卫汤姆·布雷迪在 NFL 选秀中排名第 199 位。我认为在布雷迪之前的 198 名球员中没有人的职业生涯比布雷迪更优秀。根据职业成功衡量标准(职业生涯的近似值),NFL 历史上没有谁的职业生涯比布雷迪的更优秀!
- 1980 年,著名咨询公司麦肯锡预测,到 2000 年,美国将有 90 万名移动电话用户。2000 年,实际移动电话用户达到 1.09 亿。

在本章中,我们将探讨晨星(Morningstar)公司知名且备受推崇的共同基金评级是否有助于预测未来共同基金表现的问题。我们首先提供一些关于共同基金的背景知识。

共同基金基础知识

共同基金从投资者那里筹集资金,然后将资金投资于可用的金融工具,例如股票（美国及其他国际股票）、债券、房地产和商品。2018 年，美国共同基金投资了 17.71 万亿美元。在主动管理型投资基金中，基金的管理团队决定如何投资基金。2017 年，主动管理型基金年平均费用为投资基金的 0.78%。在被动管理型基金中，会自动选择投资以匹配相关的某个指数。先锋 500 指数基金（VFIAX）是一个被动管理型基金，它试图跟踪标准普尔指数。2019 年 9 月，VFIAX 投资了 4910 亿美元，收取 0.14% 的年费。

晨星评级

如果你在你最喜欢的搜索引擎中输入共同基金股票代码，你可以快速导航到提供所选基金信息的晨星页面。例如，我们选择了 MFS 国际内在价值 A 型基金（MGIAX）。

晨星将基金分类，以便它们可以比较同一类别的基金。我们看到 MGIAX 在外国呈现大涨趋势。图 20–1 显示了 2019 年 10 月 21 日出现在 MGIAX 晨星页面上的信息。

	E	F	G	H	I	J	K	L	M	N	O
16	年份	2009	2010	2011	2012	2013	2014	2015	2016	2017	2018
17	收益率	24.64	9.13	-1.96	15.81	27.35	1.28	6.48	3.93	26.83	-9.22
18	相对于同类别的表现	-13.38	-5.65	10.35	-1.89	8.76	5.2	5.53	6.07	-4.05	4.86
19	相对于市场指数的表现	-14.03	-5.33	12.25	-0.86	11.86	3.93	7.73	3.8	-5.18	5.21
20	四分位数	4	2	1	4	1	1	1	1	2	1
21	百分位排名	74	29	3	62	5	4	2	18	31	6
22	类别中的基金数量	266	261	251	250	278	341	361	363	399	439

图 20–1 MGIAX 的晨星页面数据

从图 20–1 中，我们可以看到以下内容。

- MGIAX 的类别中有 439 只基金。

- 2009 年，百分比为 74%，意味着 74% 的基金表现更好；2018 年，百分比为 6%，意味着只有 6% 的基金排名靠前。

- 在每一年中，据 1= 前 25%、2=26%~50%、3=51%~75%、4=76%~100%，分配四分位数评级。因此，较低的四分位数评级表示更好的表现。

- 2018 年，MGIAX 的收益率为 –9.22%。这比同类基金的平均水平高 4.86%，比市场指数高 5.21%。

风险调整后的基金收益

晨星给位于同类别前 10% 的基金打五颗星，接下来的 22.5% 打四颗星，接下来的 35% 打三颗星、接下来的 22.5% 打两颗星和底部 10% 的打一颗星。在为基金评定星级之前，晨星会根据风险调整每个基金的月度收益。要了解为什么需要进行风险调整，请考虑以下两个虚拟基金：

- 基金 1：该基金每年的投资资本收益率为 5%；
- 基金 2：该基金在奇数年的收益率为 80%，在偶数年的收益率为 –50%。

基金 2 的平均年收益率为 15%（为 0.80 和 –0.50 的平均值），而基金 1 的年收益率显然为 5%。然而，每两年，投资基金 2 的 1 美元将变成 1 美元 × 1.8 × 0.5=90 美分，因此从长远来看，你对基金 2 的初始投资将消失，而你对基金 1 的初始投资将继续增长！基本上，基金 2 的高风险或波动性会最终抵消平均收益高的优势。

我们现在讨论晨星在风险调整基金收益时所考虑的几个指标。为了说明这些方法的计算过程，我们将使用复兴大奖章基金（renaissance medallion fund，RMF）1990—2018 年期间的年收益率，该基金被广泛认为是最成功的投资基金。我们的工作请看工作簿 Chapter22.xlsx 的工作表 Renaissance。我们将使用的一些数据如图 20–2 所示。

我们将讨论以下五个统计量：

- 标准差；
- 索提诺比率（Sortino ratio）；
- Beta；
- 拟合度 vs. 标准指数；
- Alpha。

第 20 章　通过共同基金过去的表现可以预测其未来的表现吗

	A	B	C	D	E	F	G	H	I
1					平均收益率	0.171915	0.088861		
2				年份	RMF收益率	股票市场收益率	国债收益率	RMF的超额收益率	股票市场的超额收益率
3				1990	56.00%	-0.0306	0.0624	49.76%	-9.30%
4				1991	39.40%	0.3023	0.15	24.40%	-15.23%
5	Beta	-0.56	=SLOPE(E3:E31,F3:F31)	1992	34.00%	0.0749	0.0936	24.64%	1.87%
6	Alpha	0.36	=INTERCEPT(H3:H31,I3:I31)	1993	39.10%	0.0997	0.1421	24.89%	4.24%
7	决定系数（R^2）	0.19	=RSQ(E3:E31,F3:F31)	1994	70.10%	0.0133	-0.0804	78.14%	-9.37%
8	相关系数	-0.44	=CORREL(E3:E31,F3:F31)	1995	38.30%	0.372	0.2348	14.82%	-13.72%
9				1996	31.50%	0.2268	0.0143	30.07%	-21.25%
10	平均RMF收益率	0.41	=AVERAGE(E3:E31)	1997	21.20%	0.331	0.0994	11.26%	-23.16%
11	平均国债收益率	0.06	=AVERAGE(G3:G31)	1998	41.50%	0.2834	0.1492	26.58%	-13.42%
12	标准差（衡量基金收益的波动性）	0.22	=STDEV(E3:E31)	1999	24.50%	0.2089	-0.0825	32.75%	-29.14%
13	夏普比率	1.60	=(B10-B11)/B12	2000	98.50%	-0.0903	0.1666	81.84%	25.69%

图 20–2　2000—2018 年 RMF 的数据

标准差

在第 1 章中，我们讨论了标准差的概念，它是一个总结均值分布情况的指标。如图 20–2 所示，1990—2018 年 RMF 收益的标准差为 22%。作为对比，同期股票年收益标准差为 17%，90 天国债年收益标准差为 9%。只看标准差，你会得出结论，RMF 比股票或国债的风险高得多。然而，RMF 的大部分风险是上行风险，这是好事，并不是坏事。当我们讨论索提诺比率时，你会看到在正确衡量下行风险后，RMF 的风险微乎其微。

索提诺比率

我们在第 5 章中讨论麦道夫诈骗时，将投资的夏普比率定义为：

（年平均收益 – 无风险收益）/（年收益的标准差）

夏普比率的问题在于标准差对上行风险和下行风险赋予的权重相等，只有下行风险才是坏的。为了计算索提诺比率，我们需要为我们的投资定义一个目标收益。让我们设定一个乐观的目标，年收益率为 20%。接下来，对于每一年，如果投资收益超过 20%，我们将当年的下行风险计为 0；如果投资收益低于 20%，我们将其计为 0.20。例如，15% 的年收益率会产生 5% 的下行风险，而 22% 的年收益率则不会产生下行风险。然后，投资的索提诺比率由如下公式计算得出：

$$年平均收益 - 目标年收益 / 平均下行风险$$

本质上，索提诺比率衡量的是每单位下行风险超过目标的收益，因此，显而易见，索提诺比率更大比更小要好。在工作表 Sortino 中，我们计算了 1990—2018 年 RMF、股票和国债收益的索提诺比率。如图 20-3 所示，我们使用 IF 公式计算每年的下行风险和 G~I 列中的投资额。例如，在单元格 G5 中，公式 =IF（D5<target,target-D5,0）将 1990 年的 RMF 收益与 20% 进行比较并返回输出 0，因为 1990 年的收益超过 20%。在单元格 H5 中，公式 =IF（E5<target,target-E5,0）输出的收益率 23.06%，因为 1990 年的股票收益率为 –3.1%，比我们 20% 的目标年收益率低 23.1%。

	C	D	E	F	G	H	I	J
1	索提诺比率	37.9042	-0.771	-0.991				
2	平均下行风险	0.00561	0.1213	0.14				
3	平均值	41.28%	10.65%	6.15%	0.56%	12.13%	13.97%	
4	年份	RMF的收益率	股票市场收益率	国债收益率	RMF的下行风险	股票市场的下行风险	国债的下行风险	
5	1990	56.00%	-0.031	0.062	0.00%	23.06%	13.76%	=IF(D5<target,target-D5,0)
6	1991	39.40%	0.3023	0.15	0.00%	0.00%	5.00%	
7	1992	34.00%	0.0749	0.094	0.00%	12.51%	10.64%	
8	1993	39.10%	0.0997	0.142	0.00%	10.03%	5.79%	
9	1994	70.10%	0.0133	-0.08	0.00%	18.67%	28.04%	
10	1995	38.30%	0.372	0.235	0.00%	0.00%	0.00%	
11	1996	31.50%	0.2268	0.014	0.00%	0.00%	18.57%	
12	1997	21.20%	0.331	0.099	0.00%	0.00%	10.06%	

图 20-3 索提诺比率的计算

在单元格 G3:I3 中，我们计算每项投资的平均年下行风险，在 D3:F3 中，我们计算每项投资的平均年收益。最后，在单元格 D1:F1 中，我们计算每项投资的索提诺比率。例如，股票的索提诺比率为（0.1065–0.20）/0.1213= –0.77。RMF 的索提诺比率为 37.90，国债的索提诺比率为 –0.99。

Beta

如果我们定义 Y= 某个时间段（通常是一个月）内的投资回报，X= 该时间段内的市场指数收益，则该笔投资的 beta 值就是最佳拟合线的斜率。基本上，股票的 beta 值衡量股票收益对市场变动的敏感性。例如，beta 值为 2 意味着市场收益增加 1% 导致投资收益平均增加 2%，而 beta 值为 0.5 意味着市场收益增加 1% 导致平均投资收益仅增加 0.5%。当然，市场的 beta 值为 1。如图 20–2 的单元格 B5 所示，公式 =SLOPE（E3:E31,F3:F31）表明 RMF 的 beta 值为 –0.56（基于年收益）。这意味着，平均而言，市场上涨 1%，RMF 就会蒙受损失。这是因为 RMF 是一家试图降低对市场走势的敏感度的对冲基金。我们将在第 45 章中进一步讨论对冲基金。

顺便说一句，如果你有 Office 365（最近改名为 Microsoft 365），那你很容易找到任意一家公司的 beta 值。如工作表 Beta 所示（见图 20–4），我们在单元格 F5 中输入 "Microsoft"，在单元格 F6 中输入 IBM，在单元格 F7 中输入美国西南航空公司的股票代码（LUV）。选择范围 F5:F7 后，我们转到 "数据" 选项卡并选择 "股票"。然后，将公式 =F5.Beta 从 G5 复制到 G6:G7，会输出每只股票的 Beta 值（截至 2019 年 10 月 22 日）。你可以看到西南航空公司（beta 值为 1.48）对市场走势最为敏感。如果你选择 F5:F7 并从 "数据" 选项卡中选择 "全部刷新"，那么你的 beta 值将自动更新。

	F	G	H
5	微软公司（纳斯达克股票代码：MSFT）	1.23	=F5.Beta
6	国际商业机器公司（纽约证券交易所代码：IBM）	1.36	=F6.Beta
7	西南航空公司（纽约证券交易所代码：LUV）	1.48	=F7.Beta

图 20–4　使用 Office 365 获取股票 Beta 值

拟合度 vs. 标准指数

主动管理型共同基金比被动管理型遵循指数的基金收取的费率更高。因此，投资者更关注市场对基金收益的解释程度。毕竟，如果基金只是跟随市场，那为什么要支付更高的费用？晨星着眼于基金超额收益（超过国债利率）的波动中市场指数可以解释的程度。如果我们将股票视为市场指数，那么如图 20–2 的单元格 B7 所示，我们可以使用 Excel 的 RSQ 函数在公式 =RSQ（F3:F31,G3:G31）中发现市场指数的变化仅解释了 19%RMF 的年收益。如单元格 B8 所示，RMF 年收益与股票年收益的相关性为 –0.44。如果你对两个变量之间的相关性进行平方，你将得到 R^2 值［注意（–0.44）^{2}=0.19］。这些计算表明市场变化对 RMF 收益影响并不大。

Alpha

与任何从事投资工作的人交谈，他们都会告诉你，他们的目标之一是 Alpha 值最大化。本质上，投资的 Alpha 值是调整投资 beta 值后的超额平均收益（超过 90 天国债的收益）。要找到 RMF 的 Alpha 值，只需使用 Y=RMF 的年收益 –90 天国债的年收益和 X= 股票市场的年收益 –90 天国债的年收益，找到最佳拟合线的截距即可。如图 20–2 所示，在单元格 B6 中，我们使用公式 =INTERCEPT（H3:H31,I3:I31）计算 RMF 的 Alpha 值，得出 RMF 的 Alpha 值为 0.36，这意味着在调整 RMF 的 beta 值后，在近 30 年的时间段内，RMF 的年收益比预期高 36%。从这个角度来看，在 2018 年底，具有最佳三年 Alpha 值的共同基金是另类风格溢价基金，其 Alpha 值为 10.68%，不到近 30 年来 RMF Alpha 值的三分之一！

晨星评级如何预测基金的未来表现

我们预期晨星五星评级通常表示该只基金的未来表现会很出色，而晨星一星评级则表示该只基金未来表现不佳。2017 年 10 月，《华尔街日报》（*Wall Street Journal*）研究了晨星基金评级的预测能力。表 20–1 显示了一到五星基金在 10 年后的平均评级。此表假设已从分析中删除了并购基金。

表 20–1　　　　　　　　十年后的晨星评级平均评级

评级	十年后的平均评级
五星	3.1

续前表

评级	十年后的平均评级
四星	2.9
三星	2.6
二星	2.3
一星	1.9

因此，我们看到，10年后，高评级的五星级基金平均会变成三星级基金，而评级低的一星级基金平均变成二星级基金。这似乎是均值回归的经典示例。基本上，当衡量一个指标（例如，基金的星级评级）随着时间的变化时，均值回归表明衡量该标准的极值（例如，五星级晨星评级）随着时间的推移在后续衡量中往往会更接近平均值。

图20-5显示了对于基金的每个评级，该基金在三年内会获得评级、被合并或被清算的可能性。该数字显示，三年内27%的五星级基金成为一星级或二星级基金。此外，在三年内，14%的一星级基金变成了四星级或五星级基金。然而，该数字确实表明，三年后，一星级基金比五星级基金更有可能被合并或被清算（从34%至5%）。

			三年内评级					
		5	4	3	2	1	清算比例	合并比例
	5	14.00%	25.00%	29.00%	17.00%	10.00%	3.00%	2.00%
	4	9.00%	23.00%	34.00%	17.00%	8.00%	5.00%	4.00%
当前	3	6.00%	17.00%	33.00%	22.00%	7.00%	9.00%	6.00%
星级评级	2	4.00%	12.00%	25.00%	24.00%	11.00%	15.00%	9.00%
	1	5.00%	9.00%	17.00%	20.00%	15.00%	20.00%	14.00%

图20-5 三年内的晨星评级

尽管缺乏预测能力，但晨星评级对投资者的行为有着巨大的影响。《华尔街日报》每三年都会从两个维度对基金进行分类：

- 三年期间的平均星级；

- 根据基金在三年间的表现，其应得的星级。

对于在这些数量中每种可能的组合，图 20-6（参见工作表 Outflows）显示了在三年期间的资金净流出比例。

		三年期末的评级				
		1	2	3	4	5
三年间的平均评级	1	85%	81%	78%	78%	77%
	2	83%	79%	73%	69%	60%
	3	76%	71%	62%	56%	48%
	4	61%	54%	47%	41%	34%
	5	45%	38%	31%	27%	20%

图 20-6　资金净流出比例

例如，我们发现 77% 的基金在三年内平均评级为一星，而最终评级为五星的基金都伴随着资金的净流出。由此可见，投资者在三年期间的行为受基金平均星级偏低的影响大于基金在三年期间的实际表现的影响。

费用比率对长期表现的影响

正如我们之前所指出的，主动管理型基金比被动管理型基金收取更高比例的投资资金。考虑一个投资者，他在 30 年间的每个月的月初向一只共同基金投资 500 美元，该基金每年产生 10% 的年收益（在扣除费用之前）。图 20-7（参见工作表 Expense Ratio）显示了期末现金对年费用比率的依赖度。例如，如果年费用比率为 0.10%，期末现金头寸为 1 019 653.69 美元；而当年费率为 1.5% 时，期末现金头寸为 779 175.04 美元。

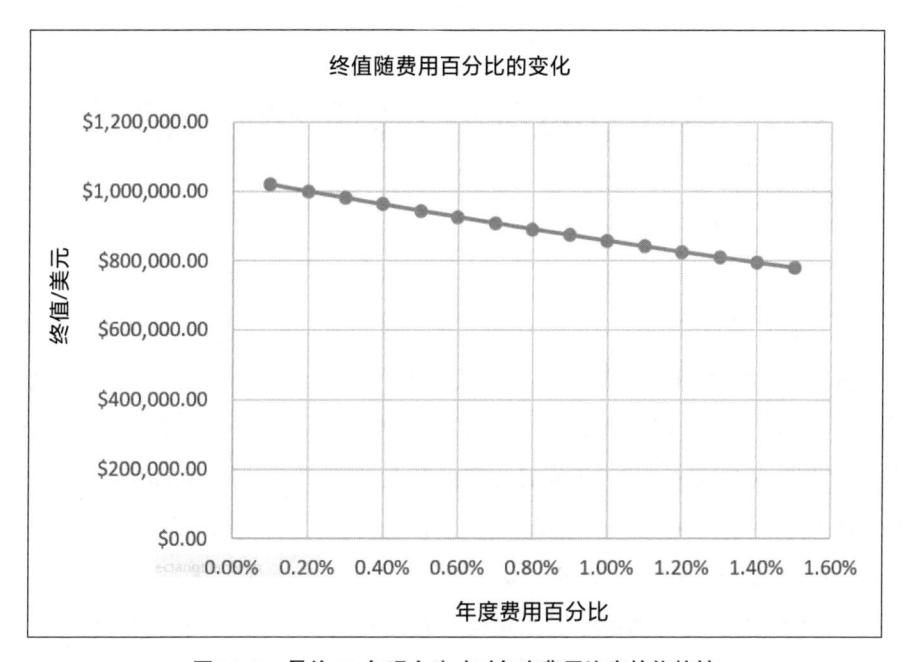

第 20 章 通过共同基金过去的表现可以预测其未来的表现吗

图 20-7 最终 30 年现金头寸对年度费用比率的依赖性

第21章 我的新员工会是个好员工吗

一个组织的雇员质量是这个组织成功的关键。在本章中，我们将研究如何使用潜在雇员的各种属性来帮助预测员工的工作表现。我们的讨论主要基于弗兰克·L.施密特（Frank L.Schmidt）2016年的论文《人才心理学中选择方法的有效性和实用性：从100年研究结果中总结出的实践和理论意义》(The Validity and Utility of Selection Methods in Personnel Psychology: Practical and Theoretical Implications of 100 Years of Research Findings)。该论文是一项Meta分析，结合了有关该主题的许多研究结果。对探索Meta分析细节感兴趣的读者应阅读由迈克尔·博伦斯坦（Michael Borenstein）、拉里·V.赫奇斯（Larry V. Hedges）、朱利安·P. T.希金斯（Julian P. T. Higgins）和汉娜·R.罗思坦（Hannah R. Rothstein）合著的《Meta分析导论》(Introduction to Meta-Analysis)。

举个Meta分析的简单例子，假设一种癌症的过往治疗结果是10%的存活率。五家医院对100名患者提供了新的治疗方法，每家医院100名患者中有13名存活。新的治疗方法是否明显优于以前的治疗方法？如果我们查看任何一家医院，你都可以发现，如果新的治疗方法有10%的存活率，那么在一家医院有19%的概率有13名或更多的患者存活。我们结合了所有五家医院的结果，如果新的治疗方法只有10%的存活率，500名患者中至少65人存活的概率只有2%，我们可以得出结论——新的治疗方法明显优于旧的治疗方法。

我们需要哪些数据来确定最能预测员工表现的属性

第一个问题是，我们使用什么指标来衡量员工的工作表现？施密特引用的大多数研究都使用主管评级作为工作表现的衡量标准。有些使用职务等级，例如军事人员的等级。

下一个问题是，哪些属性可能对预测员工表现有用？施密特发现了 31 个业界考虑过的属性。大多数结果证明这些属性几乎没有预测能力。在本章中，我们将把注意力集中在七个属性上：

- 一般心智能力（general mental ability，GMA）测试；
- 诚信测试；
- 员工访谈；
- 背景调查；
- 履历；
- 基于个性和能力的情商；
- 大学平均绩点（GPA）。

你很快就会看到，GMA 测试是迄今为止预测员工表现最有用的工具。我们现在对这些属性进行简要的说明。

GMA 测试

找出一个能够测量智力的 g 因子的想法可以追溯到 1904 年，当时英国心理学家查尔斯·斯皮尔曼（Charles Spearman）首次提出了可以测量的一般智力的概念。我们大多数人都通过参加智商测试接触过 g 因子。IQ（智商）一词是由德国心理学家威廉·斯特恩（William Stern）于 1912 年创造的。许多研究人员都利用过美国政府庞大的 GMA 分数数据库，这一数据库主要基于以下两项测试。

通用能力倾向测验（the general aptitude test battery，GATB）。该测试可供高中、工会和州政府用于职业咨询。以下是在 GATB 上提出的问题类型的一些示例。

- 问题 1：502 乘以 3 等于多少？（答案：1506）
- 问题 2：哪两个词的意思相同：高兴、悲伤、喜悦、高大？（答案：高兴和喜悦）

- 问题3：如果一加仑罐中有两夸脱[①]汽油，那么这个容器有多满？（答案：50%）

陆军通用分类测试（the army general classification test, AGCT）和**军队职业能力倾向测试**（the armed services vocational aptitude battery test, ASVAB）。这些测试用于确定是否适合入伍和是否适合不同的工作类别，如航空技术员或特种部队候选人。

诚信测试

诚信测试可预测潜在员工是否会从事不良行为，例如吸毒、偷窃、破坏、打架或伪造旷工。

员工访谈

施密特评估了结构化和非结构化面对面访谈以及结构化电话访谈的预测价值。你很快就会发现，按照潜在员工的 GMA 校正过后，面试并不是很有用。

背景调查

雇主经常检查员工背景。在 20 世纪七八十年代，前雇员可以起诉提供负面信息的雇主。当然，这种可能性会影响背景材料的真实性。到 2000 年，已有 36 个州通过了法律，免除了前雇主因不利推荐信息而承担的法律责任。正如你将看到的，经过 GMA 的调整，背景调查并没有那么有用。

履历

履历数据包括有关课外活动、爱好、家庭教养性质等的数据。同样，你将看到按 GMA 校正过后，履历数据对于预测工作表现几乎没有价值。

---

① 1 夸脱 =1/4 加仑。——译者注

情商

根据《牛津词典》(*The Oxford Dictionary*)的解释，情商是"一种意识到、控制和表达自己情感的能力，以及明智地、富有同情心地处理人际关系的能力"。在1995年丹尼尔·戈尔曼的著作《情商：为什么情商比智商更重要》(*Emotional Intelligence: Why It Can Matter More than IQ*)出版后，情商的概念开始流行起来。施密特在他们的工作表现研究的Meta分析中，考虑了两种类型的情商（基于个性的测量和基于能力的测量）对工作表现的影响。

作者描述了基于个性的情商的四个方面：

- 气质：包括诸如内向或外向的程度以及情绪或焦虑的易感性等属性；
- 信息处理：包括对面部表情或其他外部情绪线索做出反应的能力；
- 情绪调节：包括你看待自己能力和情绪管理策略发展的稳定性；
- 情感知识和技能：包括在情境中识别情况并以可接受的方式做出反应的能力。

J. D. 迈耶（J. D. Mayer）、P. 萨洛维（P. Salovey）、D. R. 卡鲁索（D. R. Caruso）和 G. 希塔雷尼奥斯（G. Sitarenios）在《用MSCEIT测量情商（第2版）》(*Measuring Emotional Intelligence with the MSCEIT V.2.0*)中解释了基于能力的情商测量。作者的测试评估了一个人感知、理解和管理情绪的能力。他们的测试还测量了个人使用情绪来传达感受和改善认知过程的能力。

在研究工作表现的决定因素之前，我确信情商将是工作表现的有用预测指标。正如你将看到的，在调整GMA后，结果（令人惊讶地）发现，情商几乎没有预测价值。

GPA

这仅适用于大学毕业生，代表学生的本科或研究生平均绩点。

值域限制性问题

试着确定GMA是如何影响工作表现的。假设一家公司使用GMA测试，其中分数在 200~800 之间作为招聘的唯一标准，他们只雇用分数至少在 500 分以上的申请者。你可能认为你可以通过观察员工的 GMA 和他们的工作表现之间的相关性来评估 GMA 对工作表现的影响。问题在于，这种方法忽略了未被聘用的求职者的数据。如果 GMA 测试有一些预测价值，那么，GMA 得分低于 500 分的申请者如果被雇用后，应该在总体上比其他被雇用的申请者表现更差。为了说明这一思想，请查看文件 RestrictedRange.xlsx（见图 21–1）。假设过去已经雇用了分数在 400~500 之间的应聘者。该文件包含 790 个虚构的求职者的 GMA 分数和工作表现评级。我们假设得分超过 500 的人都被雇用了。图 21–1 显示了每个 50 点 GMA 范围的平均工作表现评级。该数据清楚地表明，GMA 分数低于 500 分的申请者的平均表现大幅下滑。当然，如果研究人员在设定 500 分的上限后开始收集数据，他们是不会知道这一点的。使用 Excel 的 CORREL 函数，我们发现 GMA 分数与 GMA 至少 500 分的申请者的工作评级之间的相关性为 0.45；当我们把 GMA 得分低于 500 的过去雇员的数据加进来时，相关性显著增加到 0.84。

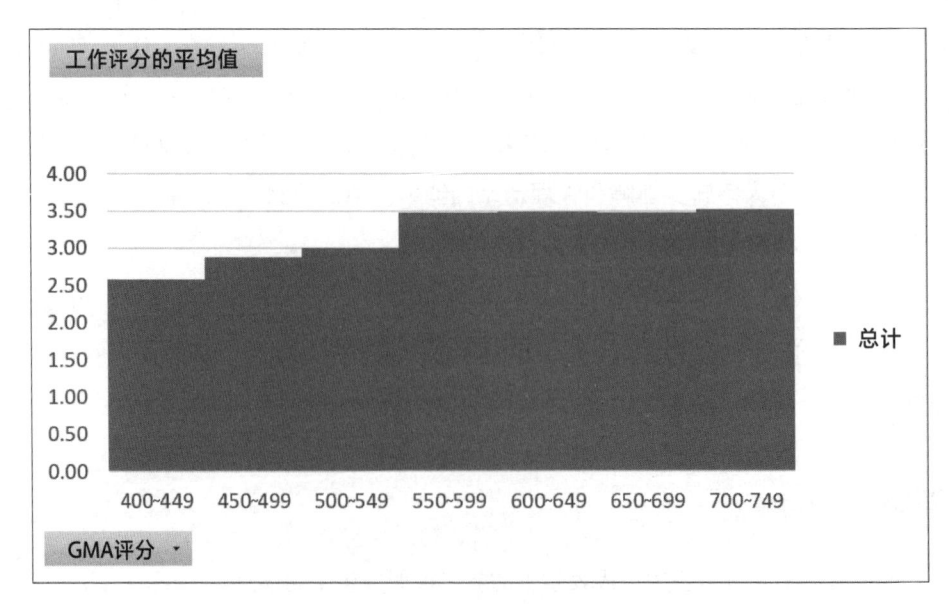

图 21–1　值域限制性问题

这个例子说明了值域限制性问题。当样本的分数范围有限（例如，在我们的示例中，至少为 500 分）时，分数与产出衡量指标（例如，工作表现）之间的相关性将低估如果包含所有分数会发现的相关性。约翰·E. 亨特（John E. Hunter）、弗兰克·L. 施密特和休伊·勒（Huy Le）开发了一种纠正值域限制性问题的方法（超出本章范围）。施密特在他的 Meta 分析中纳入了对值域限制性问题的修正。我们现在来描述他的结果。

除了 GMA，其他因素对工作表现影响不大

施密特的论文结合了许多研究的数据，评估了 31 种选拔程序与工作表现之间的相关性。他还给出了当其他属性与 GMA 一起使用来预测工作表现时的相关性增益（与仅使用 GMA 来预测工作表现相比）。我们在表 21–1 中显示了相关数据。

表 21–1　　各种选拔程序与工作表现之间的相关性

选拔程序	与工作表现的相关性	当选拔程序添加到包含 GMA 的回归模型中时相关性的增益
GMA 测试	0.65	不相关
诚信测试	0.46	0.13
结构化面对面面试	0.58	0.12
非结构化面对面面试	0.58	0.09
结构化电话面试	0.46	0.09
背景调查	0.26	0.08
个人数据	0.35	0.06
基于人格的情商	0.32	0.05
基于能力的情商	0.23	0.004
大学 GPA	0.34	0.009

例如，GMA 测试结果与工作表现之间的相关性为 0.65，与专业和管理工作的相关性为 0.74，而与非技术工作的相关性仅为 0.39。此外，诚信测试结果与工作表现之间的相关性为 0.46，但在加入了员工的 GMA 后，诚信测试结果的相关性增加了 0.13。更具体地说，施密特发现，如果同时使用 GMA 和诚信测试来预测工作表现，你的预测与员工的工作表现的相关性为 0.78。

令人震惊的是，一旦你知道员工的 GMA，那么对他们的情商（EI）的了解并不能帮助你预测员工的工作表现。畅销书作者、沃顿商学院教授亚当·格兰特（Adam Grant）就此问题发表了一篇很棒的文章。格兰特与优化聘用补充金项目的黛娜·巴恩斯（Dana Barnes）一起对数百名销售人员进行了情商和 GMA 测试。格兰特和巴恩斯统计了销售人员的年收入，发现 GMA 的预测价值是情商的五倍多。对于为什么一旦你知道 GMA，情商就无法在预测工作表现方面提升重要价值，格兰特提到了两个可能的原因：

- 也许当前的情商测试无法准确测量情商，需要更好的情商测试；
- 情商与 GMA 密切相关，所以一旦你知道一个人的 GMA，情商的预测能力几乎不会提升。

在他论文的最后一段，施密特指出，许多公司的招聘流程并不理想，因为它们过分强调 EI 和（信不信由你）笔迹学或笔迹分析等属性。笔迹学与工作表现的相关性微乎其微，只有 0.02，并且在了解一个人的 GMA 后，不会增加任何预测价值。尽管如此，以色列、法国和其他国家的公司通常将笔迹分析作为招聘过程中的一个重要因素。

第 22 章　我应该去宾州州立大学还是普林斯顿大学

在河谷中学（Riverdale High）读高三那年的 4 月份，阿奇·安德鲁斯（Archie Andrews）被普林斯顿大学和宾夕法尼亚州立大学（以下简称宾州州立大学）录取。他知道普林斯顿大学在 2020 年美国新闻学院排名中排名第一，而宾州州立大学排名第 57。聪明的阿奇发现，毕业 10 年后，普林斯顿大学的毕业生比宾州州立大学的毕业生赚的钱多得多。阿奇的父母并不富有，所以他不知道该怎么办。已故的普林斯顿大学经济学教授艾伦·克鲁格和数学政策研究中心（Mathematica Policy Research）的数学家斯泰西·戴尔（Stacy Dale）进行了一些出色的研究，可能有助于阿奇做出明智的决定。克鲁格和戴尔发现，在根据名校学生的高质量（以 SAT 成绩衡量）进行调整后，名校的价值并没有显著增加。在本章中，我们将分析一个虚构的数据集，它将帮助你理解"戴尔-克鲁格研究"的本质。我们将用普林斯顿大学代表名校，用宾州州立大学代表普通学校。

根据 2020 年《美国新闻与世界报道最佳大学排名报告》，普林斯顿大学排名在 25%~75% 范围内学生的数学和语言 SAT 成绩平均为 720~785 之间，而宾州州立大学的平均成绩则在 580~680 之间。如果你想知道普林斯顿大学是否比宾州州立大学给学生带来更多的价值，那么最好屏蔽普林斯顿大学优异的 SAT 分数的影响。克鲁格和戴尔的独到之处是研究同时被普林斯顿大学和宾州州立大学录取的学生。因为他们被普林斯顿大学录取了，所以他们的 SAT 分数可能很高。研究这组在普林斯顿大学和宾州州立大学就读的学生平均收入的差异，我们排除了学生质量上的差异（假设 SAT 是一种衡量学生质量的方法），而观察到的平均工资差异，可以很好地衡量普林斯顿大学相对于宾州州立大学而言的财务增值。作者发现，这一差异与 0 没有显著差异。因此，如果阿奇只关心未来的收入，宾州州立大学可能是一个更好的决定。

现在让我们对虚构的数据集进行分析。当然，非名校较低的学费会使人们更倾向于选择非名校。

分析普林斯顿大学 vs. 宾州州立大学

阿奇在美国大学预修课程（AP）中的统计学成绩是 A+，因此他急于分析文件 Princeton.xlsx 中的数据。此文件包含有关 20 000 名大学申请者的以下（虚构）信息：

- 每个学生的数学和语言 SAT 平均成绩；
- 学生毕业后 10 年的年收入；
- 学生是否被普林斯顿大学、宾州州立大学录取，或被两所学校都录取（1= 被录取，0= 不被录取）；
- 学生就读的学校。

图 22-1 显示了一个数据示例。例如，我们看到 1 号学生被宾州州立大学和普林斯顿大学录取并就读于普林斯顿大学。她的数学和语言 SAT 平均分是 564，毕业 10 年后，她的年薪是 14.2 万美元。许多学生至少被其中一所学校录取。

学生	美国高考分数（SAT分数）	收入	就读普林斯顿大学	就读宾夕法尼亚州立大学	同时就读两校	就读学校
1	564	$142000	1	1	1	普林斯顿大学
2	646	$123000	0	0	0	无
3	783	$155500	0	0	0	无
4	642	$91000	0	1	0	宾州州立大学
5	536	$26000	0	0	0	无
6	728	$128000	0	0	0	无
7	559	$25500	0	1	0	宾州州立大学
8	654	$133000	0	0	0	无
9	518	$71000	0	1	0	宾州州立大学
10	736	$198000	1	1	1	普林斯顿大学
11	588	$142000	0	1	0	宾州州立大学
12	763	$223500	0	0	0	无
13	535	$91500	0	1	0	宾州州立大学

图 22-1　同时被普林斯顿大学和宾州州立大学录取的毕业生的数据

对阿奇来说幸运的是，他的 AP 统计课程涵盖了数据透视表。阿奇通过计算从普林斯顿大学或宾州州立大学毕业 10 年后的学生的平均收入从而对数据进行分析（见图 22-2）。阿奇还计算了每所学校毕业生的 SAT 平均分。普林斯顿大学毕业生的平均收入比宾州州立大学毕业生高出近 24 000 美元，普林斯顿大学毕业生的 SAT 平均分也比宾州州立大学毕业生高 43 分。

	K	L	M
10	行标签	平均收入	SAT分数的平均值
11	普林斯顿大学	$152,822.16	699.36
12	宾夕法尼亚州立大学	$128,957.55	656.19

图 22-2　宾州州立大学和普林斯顿大学毕业生的平均收入和 SAT 分数平均值

阿奇现在做了一个重要的观察：也许普林斯顿大学的毕业生赚的钱更多是因为他们有更多的天赋，而不是因为普林斯顿大学使他们增加了更多价值。为了验证这一想法，阿奇决定查看同时被宾州州立大学和普林斯顿大学录取的学生的 SAT 平均分和收入。

他创建了一个数据透视表，用于计算被两所学校录取并就读于宾州州立大学或普林斯顿大学的学生的平均收入和 SAT 分数（见图 22-3）。阿奇发现，每所学校学生的平均 SAT 分数几乎相同，宾州州立大学毕业生的收入略高于普林斯顿大学毕业生。因此，被两所学校录取的学生在整体能力上相似，但普林斯顿大学对这些学生的价值略低于宾州州立大学！这个简单的分析表明，普林斯顿大学毕业生的高薪主要是因为学生本身的因素，而不是学校的增值。

	K	L	M	N
16	行标签	平均收入	就读学校	SAT分数的平均值
17	1			
18	普林斯顿大学	$152,822.16	2103	699.36
19	宾夕法尼亚州立大学	$154,194.19	878	691.52

图 22-3　同时被宾州州立大学和普林斯顿大学录取的毕业生的平均收入和 SAT 分数平均值

当然，我们的例子简化了戴尔－克鲁格论文中复杂的分析，但重点是，当你根据学生本身的质量因素进行调整时，就读更好的学校的财务增值与 0 没有显著差异。然而，戴尔和克鲁格确实发现，名校确实为黑人和西班牙裔学生以及父母没有大学文凭的学生带来了显著的价值。

第 23 章　我最喜欢的运动队明年会有很棒的表现吗

2015 年，美国 NFL 亚利桑那红雀队（Arizona Cardinals）迎来了一个优秀的赛季。他们在 16 场比赛中赢了 13 场，但在 NFC 冠军赛中输了。球迷们可能对 2016 赛季寄予厚望。不幸的是，对于红雀队球迷来说，2016 年，红雀队的表现一落千丈，打出了一个"7 胜 8 平 1 负"的平庸赛季。这种从卓越跌落到平庸的现象并不罕见。在 2016 年或 2017 年的 16 场比赛中至少赢了 12 场的 8 支球队在第二年平均只有 9.5 场胜利。另一方面，在 2016 年或 2017 年赢得 4 场或更少比赛的 6 支球队在下个赛季平均赢了 5.9 场比赛。这说明，一支好球队明年可能比平均水平好，但不如去年好，而一支糟糕的球队可能明年比平均水平差，但没有去年那么差。这是回归均值的一个显著例子。

弗朗西斯·高尔顿和回归均值

弗朗西斯·高尔顿（Francis Galton，1822—1911）是一位才华横溢的英国人，他在统计学、气象学、心理学和地理学等诸多领域都做出了重要贡献。高尔顿因创造了相关性和回归的概念而受到赞誉，"先天与后天"的说法也首先由他提出。高尔顿收集了 898 名儿童的以下数据（参见文件 Galton.xlsx）：

- 父母身高；
- 孩子身高。

回忆第 8 章，两个数据集之间的相关性始终在 –1 和 +1 之间。高尔顿观察到，比平均身高高的父母所生的孩子也比平均身高高，但没有父母高。高尔顿还观察到，比平均身高矮的父母所生的孩子也比平均身高矮，但不如父母矮。

高尔顿发现的父母和孩子身高之间的相关性如图 23-1 所示。

	J	K	L M N O P
2	相关性	父母与子女	
3	0.39	男孩与父亲的相关性	{=CORREL(IF(male=1,father,""),IF(male=1,height,""))}
4	0.46	女孩与父亲的相关性	{=CORREL(IF(male=0,father,""),IF(male=0,height,""))}
5	0.33	男孩与母亲的相关性	{=CORREL(IF(male=1,mother,""),IF(male=1,height,""))}
6	0.31	女孩与母亲的相关性	{=CORREL(IF(male=0,mother,""),IF(male=0,height,""))}

图 23-1　高尔顿的相关性分析

例如，高尔顿发现父亲身高与女儿身高之间的相关系数为 0.46。

为了正式解释回归均值的想法，假设你尝试从自变量 X（父亲的身高）预测因变量 Y（女儿的身高）。如果 $r=X$ 和 Y 之间的相关性，并且 X 高于平均值 k 个标准差，那么我们对 Y 的最佳预测将是高于 Y 平均值的 $k \times r$ 个标准差。由于 r 在 -1 和 $+1$ 之间，我们知道我们对 Y 的预测比 X 更接近平均值。对变量（例如明年的胜利场次）的预测将比去年的胜利场次更接近平均值的事实解释了球队表现回归到 NFL 的 8 胜和 NBA 的 41 胜的原因。

高尔顿研究的父女身高相关系数为 0.46，这意味着，对于父亲来说，比平均值高 2 个标准差（大约 74 英寸高），我们可以预测女儿的身高为 $2 \times 0.46=0.92$，表示比平均值高 0.92 个标准差。女儿的平均身高是 64.1 英寸，标准差是 2.4 英寸，所以对于身高比平均值高 2 个标准差的父亲，我们预测女儿的身高是 $64.1+0.92 \times (2.4)=66.3$ 英寸。

NFL 和 NBA 回归均值

文件 TeamStandings.xlsx 包含每个 NFL 球队在 2016—2018 赛季的胜场数，每个 NBA 球队在 2016—2017 和 2017—2018 赛季的胜场数以及下一个赛季的胜场数。对于 NFL，我们把平局算作半胜。我们发现了将去年的球队获胜数与明年的获胜数联系起来的最佳拟合线（以及相关关系）（见图 23-2 和图 23-3）。

NFL向均值的回归

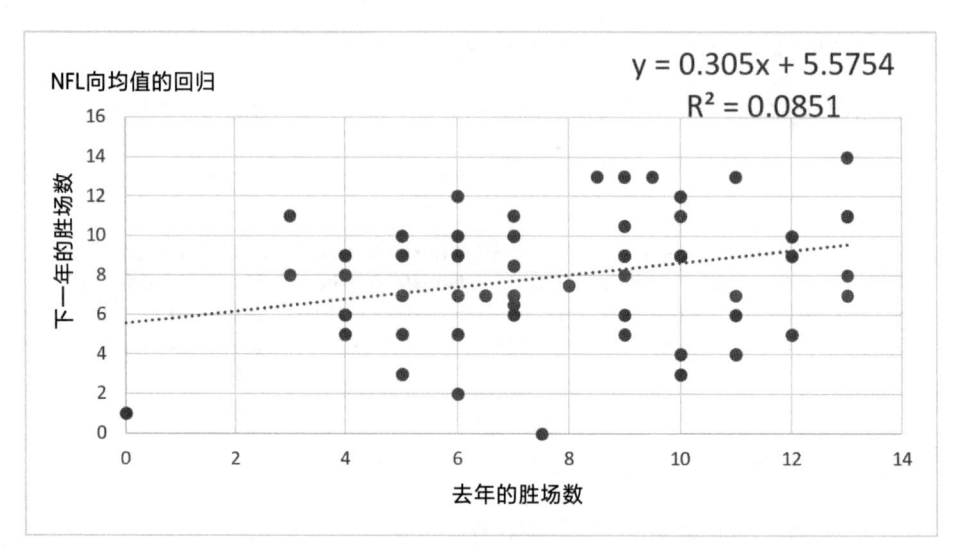

$y = 0.305x + 5.5754$
$R^2 = 0.0851$

图 23-2　NFL 回归均值

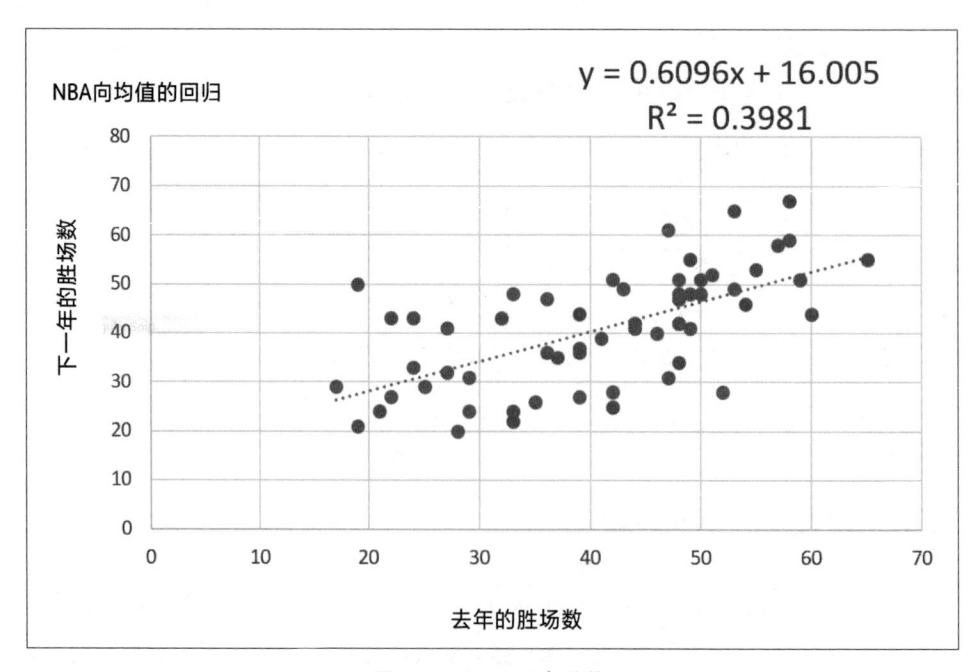

NBA向均值的回归

$y = 0.6096x + 16.005$
$R^2 = 0.3981$

图 23-3　NBA 回归均值

对于 NFL，我们基于去年的胜利预测明年的胜利（在 16 场比赛中）是

第 23 章 我最喜欢的运动队明年会有很棒的表现吗

$$\text{明年胜利场数} = 5.5754 + 0.305 \times \text{去年胜利场数}$$

例如，去年战绩为 12 胜 4 负的球队预计明年将赢得 5.5754+0.305×12=9.2354 场比赛。去年的胜利和明年的胜利之间的相关性是 $\sqrt{0.085}$ =0.29。

对于 NBA，我们基于去年的胜利预测明年的胜利（82 场比赛）是

$$\text{明年胜利场数} = 16.005 + 0.6096 \times \text{去年胜利场数}$$

例如，一支去年战绩为 60 胜 22 负的 NBA 球队预计将赢得 16.005+0.6096×60=52.581 场比赛。去年的胜利和明年的胜利之间的相关性远高于我们在 NFL 中发现的相关性： $\sqrt{0.3981}$ =0.63。

为什么 NBA 去年和明年的胜利之间的相关性比 NFL 强得多？以下是一些可能的原因。

- 赢得分区冠军的 NFL 球队明年的赛程将比分区垫底的球队更加艰难。
- 我不知道确切的研究结果，但我相信 NFL 选拔比 NBA 选拔更能起到平衡作用。撇开交易不谈，球队的选拔是按照输赢记录的相反顺序进行的。这意味着在给定年份表现较差的团队有更好的机会提高他们的团队。在 NFL 的选拔中，每队有 7 次选择机会，而在 NBA 的选拔中，每队有 2 次机会。据我所知，还没有研究分析哪个选拔能更好地促进球队之间的平等，但在我的 Twitter 粉丝（其中很多人都是体育分析方面的专家）中，57% 的受访者认为 NFL 选拔比 NBA 选拔对联盟平等性的贡献更大。这与 NFL 球队的表现比 NBA 表现更倾向于回归均值的事实是一致的。
- NBA 更像是一个明星驱动的联盟。如果一支顶级的 NBA 球队能够留住他们的两名球星，那么他们很可能会继续取得成功。在美国 NFL 中，拥有一个明星四分卫（当然是职业运动中最重要的位置）是至关重要的，但除非你保持良好的进攻线，否则即使是明星四分卫也只能取得有限的成功。因此，在 NBA 中留住关键人才似乎比在 NFL 中更容易。
- 在 2017—2018 赛季，NBA 球队因伤病损失了约 20% 的收入。FootballOutsiders.com 估计，在 2018 年 NFL 赛季期间，球队因伤输掉了大约 22% 的比赛。如果我们假设伤病是由（坏）运气造成的，那么在 NFL 中，伤病对回归均值的贡献会比在 NBA 中略多。

第 24 章　中央银行家们为何未能预测 2008 年的金融危机

如果你读过迈克尔·刘易斯（Michael Lewis）的杰作（或看过电影）《大空头》（The Big Short），那你就会知道许多投资者成功预测了 2008 年的严重金融危机主要是由房价泡沫造成的。美国审计总署（The Government Accounting Office，GAO）估计，2008 年的金融危机使美国经济损失了 22 万亿美元，即人均损失超过 60 000 美元。令人难以置信的是，美联储主席本·伯南克（Ben Bernanke）和财政部长亨利·保尔森（Henry Paulson）并没有预见到金融危机的到来。2008 年 2 月 14 日，两人告诉参议院银行委员会，他们预计 2008 年美国国民生产总值将增长 1.8%。总统经济顾问委员会更为乐观，预测 2008 年国民生产总值将增长 2.7%。

2008 年 9 月 15 日，雷曼兄弟申请破产，经济深度下滑加速。令人难以置信的是，正如美联储 2008 年 9 月 16 日会议纪要第 6 页所述，美联储表示："工作人员继续预计，2008 年第四季度实际 GDP 将缓慢增长，2009 年增长速度更快。"

在本章中，我们将讨论三种可以预测严重金融危机的数据驱动技术。

- 收益率曲线倒挂。从 2006 年 8 月开始，10 年期债券的收益率低于 90 天期国债的收益率。
- 经济学家克劳迪娅·萨姆（Claudia Sahm）发现，如果过去 3 个月的平均失业率比过去 12 个月的最低失业率至少高出 0.50 个百分点，那么经济已经陷入危机。美国政府于 2008 年 12 月正式宣布经济陷入危机，而失业率指标表明 2008 年 1 月经济已开始出现危机。
- 将统计过程控制（statistical process control，SPC）的简单思想应用于美国房价变化与租金变化之比的月度变化，表明 2006 年 2 月房价开始下降。

倒挂的收益率曲线

当人们借钱 10 年时,他们支付的利率通常高于短期借款(例如 90 天)。毕竟,如果贷方将他们的资金占用更长的时间,他们应该得到更多的补偿。当 90 天期国债利率大于 10 年期国债利率时,被称为收益率曲线倒挂。由于金融危机通常会导致较低的利率,因此可以合理地假设收益率曲线倒挂能够表征投资者预期利率下降或经济增长放缓,这意味着危机即将来临。在文件 Inverted.xlsx 中,我们从圣路易斯联邦储备银行网站下载了 1962—2019 年期间的 10 年期和 90 天期国债每日利率。在 B 列中,我们计算了价差 =10 年期利率 –90 天期国债利率。我们使用条件格式(conditional formatting)突出显示价差小于 0 的所有日子。表 24–1 总结了收益率曲线倒挂的月份以及随之而来的经济衰退开始的月份。请注意,每次衰退之前都会出现倒挂的收益率曲线。

请注意,2006 年 8 月倒挂的收益率曲线预示着金融危机。

表 24–1   发出衰退信号的收益率曲线倒挂

收益率曲线倒挂的月份	衰退开始的月份
1973 年 6 月	1973 年 11 月
1979 年 11 月	1980 年 1 月
1980 年 11 月	1981 年 7 月
1989 年 6 月	1990 年 7 月
2000 年 8 月	2001 年 3 月
2006 年 8 月	2007 年 12 月

衰退日期数据来源:Wikipedia.com

萨姆法则:金融危机的预警信号

正如我们在 2008 年看到的那样,联邦政府通常在大部分损害已经发生之前不承认金融危机。布鲁金斯学会的经济学家克劳迪娅·萨姆提出了一个简单而巧妙的准则,以确定经济是否处于衰退中。如果过去 3 个月的平均失业率比过去 12 个月的最低失业率至少高出 0.50 个百分点,那么经济已经陷入衰退。萨姆提议,当符合这条准则时，政府应该开始主动采取刺激经济措施以缓解经济危机。在文件 Sahm.xlsx 的 C 列中，我们计算了过去 3 个月的平均失业率和过去 12 个月的最低失业率之差。根据萨姆法则，当这个数字第一次达到至少 0.5% 时，经济衰退已经开始。如表 24–2 所示，自 1970 年以来，萨姆法则在发现衰退方面有着完美的记录，并且总是在政府宣布经济衰退之前就预测到了经济衰退。条件格式用于突出显示满足萨姆法则的月份。

表 24–2　　　　　　　　萨姆预测与衰退实际开始日期的比较

萨姆预测	政府宣布经济衰退的时间	衰退开始日期
1974 年 3 月	没有公开宣布	1973 年 11 月
1980 年 2 月	1980 年 6 月	1980 年 1 月
1981 年 11 月	1982 年 1 月	1981 年 7 月
1990 年 9 月	1991 年 4 月	1990 年 7 月
2001 年 6 月	2003 年 7 月	2001 年 3 月
2008 年 1 月	2008 年 12 月	2007 年 12 月

控制图和房价 / 租金比率

控制图是在 20 世纪 20 年代由贝尔实验室的沃尔特·休哈特（Walter Shewhart，1891—1967）开发的。从那时起，无数组织使用控制图来确定制造或业务流程是否稳定或受控。受控过程会表现出"正态"变化。休哈特的绝妙想法是找到一种简单的方法来确定流程是否发生了变化。

我们分析的过程是房屋价格指数（2000 年 1 月 =100）与租金价格指数（1982—1984=100）之比的每月比率变化。从内容丰富的 FRED 网站，我们提取了 1987—2019 年期间的月度房价和租金指数。我们的分析显示在工作簿 HousingNew.xlsx 中。

工作簿 HousingNew.xlsx 包含月房价指数和月租金指数（1982—1984=100）。数据的子集如图 24–1 所示。1987—2019 年期间，美国每月租金与房价之间的相关性为 0.93，这表明房价和租金往往会同方向波动。

第 24 章　中央银行家们为何未能预测 2008 年的金融危机

	A	B	C	D	E
10	频率：按月				
11	观察日期	房价指数（非季节性调整）	租金	房价/租金比率	变化率
12	1987-01-01	63.75500000000000	121.3	0.525597692	
13	1987-02-01	64.15500000000000	121.7	0.527156943	0.16%
14	1987-03-01	64.49000000000000	121.8	0.529474548	0.23%
15	1987-04-01	64.99500000000000	122	0.532745902	0.33%
16	1987-05-01	65.56900000000000	122.3	0.536132461	0.34%
17	1987-06-01	66.23800000000000	122.3	0.541602617	0.55%
18	1987-07-01	66.80200000000000	123	0.543105691	0.15%
19	1987-08-01	67.28300000000000	123.8	0.543481422	0.04%
20	1987-09-01	67.63700000000000	124.4	0.543705788	0.02%
21	1987-10-01	67.91600000000000	124.8	0.544198718	0.05%
22	1987-11-01	68.10700000000000	124.8	0.545729167	0.15%
23	1987-12-01	68.35900000000000	125.6	0.544259554	-0.15%
24	1988-01-01	68.59800000000000	126	0.544428571	0.02%
25	1988-02-01	68.93100000000000	126.3	0.545771971	0.13%
26	1988-03-01	69.33800000000000	126.4	0.548560127	0.28%
27	1988-04-01	69.80000000000000	126.6	0.551342812	0.28%
28	1988-05-01	70.41900000000000	126.9	0.554917258	0.36%

图 24-1　1987 年的住房和租金比率

　　控制图按时间顺序对流程的观察数据进行绘制，并尝试发现流程中的变化。对于每个月，我们将计算房价与租金的比值并分析该比值的变化。例如，1987 年 1 月，住房指数与租金指数的比值（我们将这个比值缩写为 HRR）为 63.76/121=0.5256。1987 年 2 月，HRR 增加到 64.16/122=0.5272。因此，在 1987 年 2 月，如单元格 E13 所示，HRR 增加了 0.5272–0.5256=0.16%。如果房价和租金一起变动，那么 HRR 应该保持不变。为了表明这一点，假设 H= 某月的住房指数，R= 同月的租金指数，那么 HRR=H/R。如果下个月 H 和 R 都增加 1%，则 HRR 变为 1.01H/1.01R=H/R，与上月相同。因此，如果房价上涨快于租金，那么 HRR 的变化将趋于正值；而如果房价上涨速度低于租金，HRR 的变化将趋于负值。

　　我们现在可以描述如何确定每月 HRR 时间序列何时"失控"。我们从 1989 年 1 月的那一行开始分析。

　　我们从单元格区域 E36:E402 开始，计算每个月的 HRR 变化。这是我们将检查的"过程"，以确定过程是处于控制状态（无变化）还是失控状态（发生了变化）。接下来在 F36:G402 中，我们计算（基于所有之前的月份）平均 HRR（称为 XBAR），以及 HRR 的标准差（称为 S）。平均 HRR 是控制图的"中心线"。

　　休哈特将位于平均值三个标准差以内的所有观察结果划分为六个区域：

151

- 上 A 区：平均值 + 两个标准差和平均值 + 三个标准差之间；
- 下 A 区：平均值 – 三个标准差和平均值 – 两个标准差之间；
- 上 B 区：平均值 + 一个标准差和平均值 + 两个标准差之间；
- 下 B 区：平均值 – 两个标准差和平均值 – 一个标准差之间；
- 上 C 区：平均值和平均值 + 一个标准差之间；
- 下 C 区：平均值 – 一个标准差和平均值之间。

休哈特对过程均值变化（或过程均值失控）的检验基于这样一个假设：观察值遵循一个正态随机变量，如果过程均值没有移动，那么大多数点将靠近中心线。更准确地说，大约 68% 的点将在中心线的一个标准差范围内，大约 95% 的点在中心线的两个标准差范围内，以及大约 99.7% 的点在中心线的三个标准差范围内。基于此假设，如果满足表 24–3 中所示的任何检验标准，休哈特就会将过程归类为失控。该表给出了在过程均值没有变化的情况下达到每个检验标准的概率，以及在达到检验标准的情况下所指示的结论。

表 24–3　　　　　　　　　　失控过程的测试

检验标准	概率	结论
超过中心线以上 3 个标准差	0.00135	过程平均值增加
超过中心线以下 3 个标准差	0.00135	过程平均值减少
最近 3 个点中至少 2 个在上 A 区或以上	0.001354	过程平均值增加
最近 3 个点中至少 2 个在下 A 区或以下	0.001354	过程平均值减少
最近 5 个点中至少 4 个在上 B 区或以上	0.002766	过程平均值增加
最近 5 个点中至少 4 个在下 B 区或以下	0.002766	过程平均值减少
最近 7 个点在中心线上方	0.007813	过程平均值增加
最近 7 个点在中心线下方	0.007813	过程平均值减少

为了将控制图应用于 *HRR* 过程，我们使用条件格式以灰色突出显示每个月的 *HRR* 表示过程平均值增加，并以红色突出显示每个月过程平均值减少。首先，我们从 1989 年 1 月开始计算每个月 *HRR* 的 Z 值。观察值的 Z 值告诉我们每个观察值的标准差数量，标准差与其平均值之间的差异。例如，在 1989 年 1 月，先前 *HRR* 的平均值和标准差均为 0.16（巧合）。1989 年 1 月的 *HRR* 为 0.08，因此 1989 年 1 月的

Z 值为（0.08–0.16）/0.16= –0.5。

从 2002 年 6 月开始（见图 24–2），我们看到许多月份满足检验，表明过程平均值增加，也表明了房价相对于租金的上涨速度比历史模式显示的要快得多。例如：

- 2002 年 6 月表明过程平均值增加，因为过去 3 个月中有 2 个月在上 A 区或以上。
- 2002 年 7 月表明过程平均值增加，因为过去 3 个月中有 2 个月在上 A 区或以上。
- 2002 年 8 月表明过程平均值增加，因为过去 5 个月都在上 B 区或以下。
- 2002 年 9 月表明过程平均值增加，因为过去 5 个月都在上 B 区或以下。
- 2002 年 10 月表明过程平均值增加，因为过去 7 个月都在中心线之上。

	A	F	G	H
34	1988-11-01			
35	1988-12-01	Z值	平均值	标准差（σ）
191	2001-12-01	-1.79	0.17%	0.19%
192	2002-01-01	-0.78	0.17%	0.20%
193	2002-02-01	-0.64	0.16%	0.20%
194	2002-03-01	1.09	0.15%	0.20%
195	2002-04-01	2.20	0.14%	0.19%
196	2002-05-01	2.92	0.14%	0.19%
197	2002-06-01	2.18	0.15%	0.21%
198	2002-07-01	1.50	0.17%	0.24%
199	2002-08-01	0.87	0.18%	0.25%
200	2002-09-01	0.12	0.20%	0.25%
201	2002-10-01	-0.28	0.20%	0.25%
202	2002-11-01	-0.69	0.20%	0.25%
203	2002-12-01	-0.44	0.20%	0.25%

图 24–2　2002 年 6 至 10 月的房价租金比率揭示房价泡沫

正如美联储前主席威廉·麦克切斯尼·马丁（William McChesney Martin）在 1955 年所说的那样："美联储应该表现得像一个监护人，在派对真正开始升温的时候，命令撤掉酒杯。"2002 年，美联储显然没有拿走这杯酒，因为到 2005 年底，还有 12 个月的时间表明 HRR 平均值有所增加。

我们的控制表还显示房地产泡沫在 2006 年 2 月开始收缩。从 2006 年 2 月开始，连续 27 个月表明 HRR 过程平均值下降。

美联储以拥有复杂的计量经济学（非常复杂的回归模型的另一种说法）模型而

自豪，这些模型可以让美联储对经济走向有一些了解。在本章中，我们展示了三个相对简单的分析模型，它们表明危机在 2008 年金融危机之前就已经开始酝酿。如果美联储早点意识到经济寒冬即将来临，也许 900 万人就不会失去家园，而美国 22 万亿美元的经济损失中的一部分本来也是可以避免的。

第 25 章　塔吉特百货如何知道你怀孕了

我漂亮的妻子维维安喜欢去塔吉特（Target）百货购物。她每周至少去一次，每年在塔吉特百货的花费超过 5000 美元。她熟知所有东西在商场摆放的位置，经常一大早就去，那时的商场还不拥挤。每隔一周她就会带着一套非常称心的衣服回家。我相信塔吉特百货对维维安的客户生命周期价值（customer lifetime value, CLV）有一个合理的估计。塔吉特百货知道，一旦像维维安这样的购物者选择塔吉特百货而不是像沃尔玛（Walmart）、好市多（Costco）或科尔士（Kohls）这样的竞争对手，塔吉特百货可能会在很长时间里让他们成为忠实客户。吸引顾客选择塔吉特百货作为他们的首选商店对于提高塔吉特百货的利润至关重要。

使某人成为忠实客户的最佳时机是在女性（尤其是第一次）怀孕期间。如果塔吉特百货能够让这位女性顾客认为塔吉特百货正合所需，那么她在未来为不断壮大的家庭添置物品时，能够为塔吉特百货带来持续多年的利润。查尔斯·都希格（Charles Duhigg）在其畅销书《习惯的力量》（The Power of Habit）一书中描述了塔吉特百货用于识别可能处于妊娠中期的女性的方法。在本章中，我们描述了塔吉特百货的识别方法以及他们遇到的意想不到的挑战。

哪些可用数据可用于识别孕妇

塔吉特百货可以从塔吉特百货信用卡和其他来源获得许多客户的购买历史记录（购买的物品和购买日期）。塔吉特百货也可以从婴儿淋浴登记处得到许多孕妇的预产期。在塔吉特百货统计学家安德鲁·波尔（Andrew Pole）的带领下，塔吉特百货的数据科学团队将孕妇的预产期和她们最近的购买历史放在一起。塔吉特百货的分析师从预产期开始倒推，发现孕妇在怀孕的前 20 周内倾向于购买大量维生素和矿物质补充剂。在妊娠中期，孕妇往往会购买大量无香乳液（含添加剂的护肤品可能会伤害婴儿）和大量棉球（棉球可用于卸妆，而无须使用可能有害的卸妆产品）。根据女性过去的购买历史，塔吉特百货根据最近 25 种产品的购买历史，对一名女性的怀孕可能性进行了评分。在本章的稍后部分，我们将提供一个简化的示例，说明用于创建妊娠评分的方法。

如果一位女士的评分表明她可能处于妊娠中期，那么塔吉特百货会发送无香乳液、棉球、婴儿床、婴儿服装和尿布等产品的优惠券。当然，塔吉特百货希望这些优惠券能够增加这位女士（及其家人）成为塔吉特百货长期忠实客户的概率。

问题出现

一天，一位住在明尼阿波利斯郊区的父亲打开了一封寄给他十几岁女儿的邮件，发现了塔吉特百货婴儿服装和婴儿床的优惠券。他非常生气，并向商店经理投诉，他觉得塔吉特百货是在试图鼓励他的女儿怀孕。后来他发现女儿真的怀孕了，就向商店经理道了歉。尽管如此，这个故事对塔吉特百货来说仍旧造成了负面影响。

向客户发送对孕妇有吸引力的产品的优惠券可能会被视为对女性的监视。为了缓解这一问题，塔吉特百货将对孕妇没有太大吸引力的产品（例如酒杯、清洁产品和割草机）的优惠券与婴儿相关产品的优惠券混合在一起。正如都希格指出的那样，这一招会增加女性光顾塔吉特百货的概率，以及将其提升转化为忠实的目标客户的概率。

妊娠预测评分案例

当试图预测一个二元因变量（一个只能假设两个值的变量）时，数据分析师不能使用普通回归。通常，逻辑回归（logistic regression）用于从一个或多个自变量的值推导出每个结果的概率。一些逻辑回归的例子如表 25–1 所示。

第25章 塔吉特百货如何知道你怀孕了

表25-1 逻辑回归示例

因变量	自变量
射门成功或不成功	射门距离
顾客是否订阅《时尚》(Vogue)	年龄、性别、收入、居住地点
公司在下一年是否破产	财务比率，如流动资产/流动负债
个人在下一年是否发生心脏病	年龄、性别、体重指数（BMI）、血糖水平、胆固醇、血压、酒精使用、吸烟
育龄妇女是否怀孕	年龄和近期产品购买记录

塔吉特百货需要逻辑回归，因为他们需要在任何随机日期预测女性处于妊娠中期的概率。工作簿 Target.xlsx 的 Logit 工作表包含一个简化的（虚构的）示例，在该示例中，我们尝试确定一个公式，该公式根据在过去三个月里每个月购买的无香乳液的数量来估计妇女处于妊娠中期的概率。我们假设塔吉特百货选择了一个随机日期（比如，2021年1月1日）作为用于校准数据的日期。从婴儿淋浴登记处，他们提取了2021年1月1日处于妊娠中期的4186名妇女的第4~4189行数据。该文件还包含塔吉特百货认为2021年1月1日未处于妊娠中期的4814名育龄妇女的数据，数据集子集如图25-1所示。对于每位女性，可获得以下数据。

	E	F	G	H	I	J	K	L	M
1	日期	1/1/2021							
2	10.00	11.00	12.00						
3	10月	11月	12月	怀孕	购买1	金额1	购买2	金额2	预产期
4	0	4	0	1	11	1	11	3	5/28/2021
5	0	6	0	1	11	4	11	0	5/15/2021
6	0	0	2	1	12	2	12	0	4/15/2021
7	4	0	0	1	11	0	10	4	6/20/2021
8	0	0	3	1	12	3	12	0	5/24/2021
1194	0	0	8	1	12	4	12	4	5/13/2021
1195	0	5	4	1	12	4	11	5	4/7/2021
1196	0	0	4	1	12	2	12	2	6/7/2021
1197	0	0	0	1	11	0	11	0	5/28/2021
1198	0	3	3	1	12	3	11	3	5/15/2021
1199	0	10	0	1	11	6	11	4	6/15/2021
1200	3	0	0	1	10	3	10	0	6/16/2021

图25-1 虚构的塔吉特百货数据集的子集

- H列表示该妇女是否处于妊娠中期（1=处于妊娠中期，0=不处于妊娠中期）。对于妊娠中期的女性，M 列给出了女性的预计预产期。

- 我们假设在 2021 年 1 月 1 日之前的三个月内最多有两个日期，该女性购买了无香乳液。E 至 G 列给出了每位女性在这三个月内购买的无香乳液瓶数。

从图 25-1 中，我们看到第四排的女士是在妊娠中期，2021 年 5 月 28 日是预产期。2020 年 11 月，她买了四瓶无香乳液，10 月和 12 月都没有买。

如果我们想使用普通多元线性回归，利用过去三个月中每个月购买的无香乳液瓶数来预测每个女性处于妊娠中期的概率，我们可能想要找到系数 B_0、B_1、B_2 和 B_3，使用公式：

$$B_0 + B_1 \times [（10 月购买瓶数）+ B_2 \times（11 月购买瓶数）+ B_3 \times（12 月购买瓶数）]$$

以便最好地预测 H 列并使用上述公式的结果作为女性处于妊娠中期的概率的估计值。这种方法存在很多问题，一个明显的问题是：上述公式的预测可能为负或大于 1，这意味着该预测不能用作概率。

二元因变量的逻辑回归的预测思路是定义：

$$评分 = B_0 + B_1 \times [（10 月购买瓶数）+ B_2 \times（11 月购买瓶数）+ B_3 \times（12 月购买瓶数）]$$

并通过逻辑公式 $e^{评分}/(1+e^{评分})$ 估计女性处于妊娠中期的概率。请注意，逻辑公式将始终产生介于 0 和 1 之间的概率。

使用温斯顿在 2014 年讨论的最大似然法（maximum likelihood），我们发现：

$$评分 = -3.71 + 1.05 \times（10 月购买瓶数）+ 1.16 \times（11 月购买瓶数）+ 1.13 \times（12 月购买瓶数）$$

这个评分是都希格在 2012 年提到的怀孕评分的一个例子。

工作表分析显示了基于每个女性处于妊娠中期的逻辑公式的估计概率（见图 25-2）。例如，第 5 行记录的第二位女性的数据，2020 年 11 月购买了 6 瓶无香乳液，我们估计她怀孕的概率为 $e^{-3.71+6\times1.16}/(1+e^{-3.71+6\times1.16}) = 0.963$。

	E	F	G	H	I	J	K	L
1	日期	1/1/2021					常数	-3.711206
2	1.05	1.16	1.13					
3	10月	11月	12月	怀孕	预产期	得分	概率	似然值
4	0	4	0	1	5/28/2021	0.9	0.72	0.718356
5	0	6	0	1	5/15/2021	3.3	0.96	0.963034
6	0	0	2	1	4/15/2021	-1.4	0.19	0.190082
7	4	0	0	1	6/20/2021	0.5	0.62	0.623571
8	0	0	3	1	5/24/2021	-0.3	0.42	0.421013
9	1	0	0	1	5/24/2021	-2.7	0.07	0.065545
10	0	4	0	1	6/17/2021	0.9	0.72	0.718356
11	0	0	5	1	6/8/2021	1.9	0.87	0.874694
12	6	0	0	1	4/9/2021	2.6	0.93	0.931675

图 25–2 女性处于妊娠中期的逻辑预测

图 25–3 所示的数据透视表显示了逻辑预测的准确性。

	O	P	Q	R
7	怀孕计数			
8		0	1	总计
9	0-0.1	95.97%	4.03%	100.00%
10	0.1-0.2	76.29%	23.71%	100.00%
11	0.3-0.4	75.07%	24.93%	100.00%
12	0.4-0.5	66.03%	33.97%	100.00%
13	0.6-0.7	26.36%	73.64%	100.00%
14	0.7-0.8	19.74%	80.26%	100.00%
15	0.8-0.9	13.71%	86.29%	100.00%
16	0.9-1	1.99%	98.01%	100.00%
17	总计	53.49%	46.51%	100.00%

图 25–3 女性处于妊娠中期概率的逻辑预测

我们发现，例如，当妊娠中期的逻辑预测在 90%~100% 之间时，98% 的女性确实处于妊娠中期。根据此数据集，如果塔吉特百货向预测处于妊娠中期至少为 90% 的女性发送了孕期和婴儿相关产品的优惠券，则他们可以确信这些优惠券很少会发给未处于妊娠中期的女性。当然，塔吉特百货的分析要复杂得多，部分原因是它涉及购买的 125 种不同的产品。此外，塔吉特百货的分析可能涉及比逻辑回归更复杂的方法。

第 26 章　奈飞如何向我们推荐电影和电视节目

在现代社会，我们在闲暇时间有许多放松的选择。要读什么书、应该租什么电影、手机上要下载哪首热门新歌等，不一而足。"协同过滤"（collaborative filtering）是一个流行词，是一种使用其他人选择产品的集体智慧来"过滤"选择的方法。互联网使得存储消费者的购买历史和购买偏好变得很容易。问题是如何利用这些数据向你推荐你会喜欢但你并不知道自己想要的商品。如果你曾经看过奈飞（Netflix）推荐的电影，买过亚马逊网站推荐的书，或者用 iTunes 的 GENIUS（猜你喜欢）功能推荐的歌曲列表中下载过歌曲，那么你已经用过协同过滤算法生成的结果做决策了。

在本章中，我们将用简单的例子来说明协同过滤算法中使用的关键概念。我们将讨论基于用户的和基于项目的协同过滤算法。为了说明这两种方法的不同，假设我们没有看过电影《波西米亚狂想曲》（*Bohemian Rhapsody*），并且想知道我们是否会喜欢它。在基于用户的协同过滤中，我们寻找那些对看过的电影的评分和我们最为相似的观众。在给看过《波西米亚狂想曲》的评分最相似的电影观众一个更大的权重后，我们可以用他们的评分来估计我们对《波西米亚狂想曲》的喜爱程度。在基于项目的协同过滤中（亚马逊首次使用这种方法），我们首先要确定我们看过的所有电影与《波西米亚狂想曲》有多相似。然后，我们通过给予和《波西米亚狂想曲》最相似的电影更大的权重，来对《波西米亚狂想曲》评分。

基于用户的协同过滤算法

巴德鲁尔·萨瓦尔（Badrul Sarwar）、乔治·卡里皮斯（George Karypis）、约瑟夫·康斯坦（Joseph Konstan）和约翰·里德尔（John Riedl）详细讨论了基于用户的协同过滤算法。我们将使用如下简单示例来说明基于用户的协同过滤的原理。假设 7 个人，拉娜、乔治、曼纽尔、查尔斯、诺埃尔、詹姆斯和特雷莎在六部电影中即

《第六感》(Sixth Sense)、《萨利机长》(Sully)、《依然爱丽丝》(Still Alice)、《超人》(Superman)、《疯狂躲避球》(DodgeBall)和《寄生虫》(Parasite)的一个子集上按1~5个等级给每部电影打分。图26-1(见文件FinalUserBase.xlsx)展示了每个人对这六部电影的评分。

	B	C	D	E	F	G	H	I	J
7			《第六感》	《萨利机长》	《依然爱丽丝》	《超人》	《疯狂躲避球》	《寄生虫》	平均值
8		拉娜	2.5	3.5	3	3.5	2.5		3.00
9		乔治	3	3.5	1.5	5	3.5	3	3.25
10		曼纽尔	2.5	3		3.5		4	3.25
11		查尔斯		3.5	3	4	2.5	4.5	3.50
12		诺埃尔	3	4	2	3	2	3	2.83
13		詹姆斯	3	4		5	3.5	3	3.70
14		特雷莎		4.5		4	1		3.17
15			1	2	3	4	5	6	
16	人员1	拉娜	2.5	3.5	3	3.5	2.5	0	
17	人员2	特雷莎	0	4.5	0	4	1	0	
18		拉娜	_	3.5	_	3.5	2.5	_	
19		特雷莎	_	4.5	_	4	1	_	
20				拉娜 特雷莎					
21			相关系数	0.99	=CORREL(D18:I18,D19:I19)				

图 26-1 电影评分

假设特雷莎还没看过赚人眼泪的电影《依然爱丽丝》,我们想预测特雷莎对这部电影的评分。为了对特雷莎对《依然爱丽丝》的评分生成合理的、基于其他人评分结果的预测,我们将进行如下操作。

- 确定特雷莎看过的所有电影的平均评分。
- 确定哪些人的电影评分和特雷莎最相似。
- 用每个看过《依然爱丽丝》的人的评分来调整特雷莎的平均评分。对其他电影的评分与特雷莎的评分越相似的人,我们给予他评分的权重越大。

评估用户相似度

有很多计算方法可以用来衡量用户评分的相似度。我们将两个人看过的所有电影的评分之间的相关性定义为两个用户之间的相似度。回想一下,如果两个人的评

分相关性接近 +1，其中一个人对电影的评分高于平均水平，那么另一个人对电影的评分就更有可能高于平均水平；如果一个人对电影的评分低于平均水平，那么另一个人对电影的评分就更有可能低于平均水平。另一方面，如果两个人的评分相关性接近 –1，其中一个人对电影的评分高于平均水平，那么另一个人对电影的评分就更有可能低于平均水平；如果一个人对电影的评分低于平均水平，那么另一个人对电影的评分就更有可能高于平均水平。

Excel 的 CORREL 函数可以用来衡量两组数据之间的相关性。例如，第 18 行和第 19 行给出了拉娜和特雷莎看过的电影的评分。在 E21 单元格中，CORREL 函数的计算结果为 0.99，说明她们的评分相关性极高。这意味着拉娜和特雷莎对他们各自评分的电影有相似的看法。图 26-2 展示了每组两个人对电影评分的相关性计算结果。

	H	I	J	K	L	M	N	O
22	相关系数							
23	0.99124071	拉娜	乔治	曼纽尔	查尔斯	诺埃尔	詹姆斯	特雷莎
24	拉娜	1.00	0.40	0.87	0.94	0.60	0.85	0.99
25	乔治	0.40	1.00	0.20	0.31	0.41	0.96	0.38
26	曼纽尔	0.87	0.20	1.00	1.00	-0.26	0.13	-1.00
27	查尔斯	0.94	0.31	1.00	1.00	0.57	0.03	0.89
28	诺埃尔	0.60	0.41	-0.26	0.57	1.00	0.21	0.92
29	詹姆斯	0.85	0.96	0.13	0.03	0.21	1.00	0.66
30	特雷莎	0.99	0.38	-1.00	0.89	0.92	0.66	1.00

图 26-2　用户相似度

估计特雷莎对《依然爱丽丝》的评分

现在我们将使用以下公式来估计特雷莎对《依然爱丽丝》的评分。所有的加和都基于看过《依然爱丽丝》的观众。

$$\text{特雷莎对《依然爱丽丝》的评分的估计值} = （\text{特雷莎的平均评分}）+ \frac{\sum_{\text{其他观众}}（\text{该观众和特雷莎的相似度}）\times \begin{pmatrix}\text{该观众对《依然爱丽丝》的评分}\\ -\text{该观众的平均评分}\end{pmatrix}}{\sum_{\text{所有观众}}|\text{观众与特雷莎的相似度的绝对值加和}|}$$

（公式 1）

为了得到我们对特雷莎对《依然爱丽丝》评分的估计值，我们从特雷莎对所有电影的平均评分开始，并利用以下类型的观众来提高我们对特雷莎对《依然爱丽丝》评分的估计值。

- 用户相似度和特雷莎正相关，相比其他电影更喜欢《依然爱丽丝》的人。
- 用户相似度和特雷莎负相关，对《依然爱丽丝》的喜欢程度不如其他电影的人。

我们利用以下类型的观众来降低我们对特雷莎对《依然爱丽丝》评分的估计值。

- 用户相似度和特雷莎正相关，对《依然爱丽丝》的喜欢程度不如其他电影的人。
- 用户相似度和特雷莎负相关，相比其他电影更喜欢《依然爱丽丝》的人。

公式1的分母确保赋予每位观众的权重的绝对值之和为1。如图26–3所示，我们估算出特雷莎对《依然爱丽丝》的评分如下：

$$3.17 + \frac{0.99（3–3）+0.38（1.5–3.25）+0.89（3–3.5）+0.92（2–2.83）}{0.99+0.38+0.89+0.92} = 2.58$$

乔治、查尔斯和诺埃尔都看了《依然爱丽丝》，他们给这部电影的评分低于他们给所有电影的平均评分。此外，乔治、查尔斯和诺埃尔与特雷莎的用户相似度为正相关。因此，他们每个人都降低了我们对特雷莎的《依然爱丽丝》评分的估计值。

	H	I	J	N	O	P	Q	R	S
33	对《依然爱丽丝》	人员			平均值	相似度	电影评分	调整值	相关系数
34	的预测评分	特雷莎	3.17	拉娜	3.00	0.99	3.00	0.00	0.99
35				乔治	3.25	0.38	1.50	-1.75	0.38
36				曼纽尔	3.25	-1.00	0.00	0.00	0.00
37				查尔斯	3.50	0.89	3.00	-0.50	0.89
38				诺埃尔	2.83	0.92	2.00	-0.83	0.92
39				詹姆斯	3.70	0.66	0.00	0.00	0.00
40				特雷莎	3.17	1.00	0.00	0.00	0.00
41									
42				总调整	-0.59				
43				最终评分	2.58				
44									

图26–3 基于用户的协同过滤算法估算特雷莎对《依然爱丽丝》的评分

基于项目的协同过滤算法

让我们再次假设我们想要估计特雷莎对《依然爱丽丝》的评分。为了在这种情况下应用基于项目的协同过滤算法,我们来看看特雷莎看过的每一部电影,并按照以下步骤进行。

- 对于特雷莎看过的每一部电影,我们使用其用户评分与《依然爱丽丝》评分的相关性来确定这些电影与未看过的电影《依然爱丽丝》的相似度。
- 用公式 2 估计特雷莎对《依然爱丽丝》的评分:

$$\text{特雷莎对《依然爱丽丝》的评分的估计值} = \text{特雷莎的平均评分} + \frac{\sum_{\text{特雷莎看过的每一部电影}} (\text{这部电影和《依然爱丽丝》的相关性}) \times \left(\begin{array}{c}\text{特雷莎对这部电影的评分}\\ -\text{特雷莎的平均评分}\end{array}\right)}{\sum_{\text{特雷莎看过的每一部电影}} |\text{每一部电影和《依然爱丽丝》相关性的绝对值}|}$$

(公式 2)

与公式 1 类似,公式 2 赋予特雷莎看过的与《依然爱丽丝》更相似(在绝对相关性的意义上)的电影更多的权重。对于那些与《依然爱丽丝》的相关性呈正相关的电影,如果特雷莎给这部电影的评分高于她的平均评分,就会提高我们的评分估计值;对于那些与《依然爱丽丝》的评分呈正相关的电影,如果特雷莎给这部电影的评分低于她的平均评分,就会降低我们的评分估计值。文件 FinalItem-Based.xlsx 包含我们对特雷莎对《依然爱丽丝》的评分的估计值计算过程(见图 26–4 和图 26–5)。图 26–4 给出了每两部电影之间用户评分的相关性。

	N	O	P	Q	R	S	T
21	-0.485661864	《第六感》	《萨利机长》	《依然爱丽丝》	《超人》	《疯狂躲避球》	《寄生虫》
22	《第六感》	1.00	0.76	-0.94	0.49	0.33	-1.00
23	《萨利机长》	0.76	1.00	-0.33	0.16	-0.07	-0.63
24	《依然爱丽丝》	-0.94	-0.33	1.00	-0.42	-0.49	0.94
25	《超人》	0.49	0.16	-0.42	1.00	0.98	-0.30
26	《疯狂躲避球》	0.33	-0.07	-0.49	0.98	1.00	-0.33
27	《寄生虫》	-1.00	-0.63	0.94	-0.30	-0.33	1.00

图 26–4 项目相关性

使用图 26–4 和图 26–5 中的信息，我们根据公式 2 计算特雷莎对《依然爱丽丝》评分的估计值为：

$$3.17+\frac{(4.5-3.17)+0.33(4-3.17)\times(-0.42)(1-3.17)\times(-0.49)}{0.33+0.42+0.49}=3.37$$

	B	C	D	E	F	G	H
25			个人平均值				
26	人员	特雷莎		3.17			
27	电影名		《依然爱丽丝》				
28				评分	相似度	电影评分-平均值	绝对相似度
29		1	《第六感》	0	0.00	0.00	0.00
30		2	《萨利机长》	4.5	-0.33	1.33	0.33
31		3	《依然爱丽丝》	0	0.00	0.00	0.00
32		4	《超人》	4	-0.42	0.83	0.42
33		5	《疯狂躲避球》	1	-0.49	-2.17	0.49
34		6	《寄生虫》	0	0.00	0.00	0.00
35							
36		调整		0.21	=SUMPRODUCT(G29:G34,F29:F34)/SUM(H29:H34)		
37		最终评分估计		3.37	=D26+D36		

图 26–5　基于项目的协同过滤算法计算特雷莎对电影《依然爱丽丝》的评分

我们讨论的基于项目的协同过滤算法在萨瓦尔、卡里皮斯、康斯坦和里德尔 2001 年的研究中有描述。像亚马逊这样拥有众多用户的公司更喜欢基于项目的协同过滤算法而不是基于用户的协同过滤算法，是因为基于项目的评分相关性矩阵比基于用户的评分相关性矩阵更稳定，需要更新的频率更低。

奈飞举办的竞赛

最著名的协同过滤算法例子是 2006 年 10 月开始的奈飞大奖赛（Netflix Prize）。奈飞为参赛者提供超过 1 亿的电影评分数据（训练集），而保留 140 万份电影评分数据（测试集）不提供给参赛者，以备检验算法效果。预测算法的精度通过均方根误差（RMSE）来衡量。假设 $N=$ 测试集中的评分数，均方根误差的计算公式为：

$$\text{RMSE}=\sqrt{\sum_{\text{所有测试集的分数}}\frac{(\text{实际分数}-\text{预测分数})^2}{N}}$$

奈飞自己的算法均方根误差为 0.9514。奈飞为第一个将均方根误差提高 10% 的参赛作品提供 100 万美元的奖金。2009 年 6 月，贝尔克尔·帕拉格玛提克·凯奥斯（BellKor Pragmatic Chaos）团队成为第一个将均方根误差提高 10% 的团队，因比第二名早 20 分钟提交，从而赢得了比赛！这个获奖推荐系统实际上是 100 多种算法的组合。

奈飞如何挑选节目

2013 年，奈飞推出了热播剧《纸牌屋》（House of Cards）（这也开启了我的流媒体的大门）。从那以后，奈飞、亚马逊金牌会员、迪士尼+、葫芦网（Hulu）等网站的流媒体服务加速发展，到 2018 年，近 60% 的美国家庭加入了流媒体的浪潮。

奈飞对《纸牌屋》投入了 1 亿美元，它们相信这部剧一定会大热。奈飞通过分析用户的视频历史播放记录发现，喜欢导演大卫·芬奇（David Fincher）的电影 [如《社交网络》（The Social Network）]、凯文·史派西（Kevin Spacey）的电影 [如《美国丽人》（American Beauty）] 的用户有大量重合，基于这一信息，奈飞相信，由史派西主演、大卫·芬奇执导，改编自英国同名小说的《纸牌屋》一定会拥有相当数量的观众。他们希望通过这些铁杆粉丝观众的口口相传来吸引更多的观众。在最后一季（凯文·史派西缺席的第六季）播出的第一周，有 287.5 万名订阅者在电视上观看了第一集。2013 年《纸牌屋》首播时，奈飞的股价是 25 美元。2019 年，奈飞的股价达到了 421 美元的峰值！我敢肯定，《纸牌屋》开播后受热捧是奈飞股价惊人上涨的主要原因。例如，2019 年夏天，约 6400 万家庭在该季《纸牌屋》开播的前四周观看了《怪奇物语》（Stranger Things）第三季；2020 年，在奈飞推出该系列剧的前 30 天内，有 6400 万家庭观看了《养虎为患》（Tiger King）。

第 27 章　我们能实时预测心脏病发作吗

在美国，四分之一的死亡是由心脏病发作引起的。我们的智能手表会发现你属于心脏病发作高风险人群，并在心脏病发作前发短信让你去医院吗？不幸的是，截至 2020 年 4 月，我们离这一目标的实现还远得很。在本章中，我们将讨论苹果公司的心脏研究，（但愿）这是不久的将来，准确预测被试心脏病发作（如果没有得到及时治疗）可能性的第一步。

苹果手表等智能手表有一个光学心脏传感器，可以持续监测用户的心率及其变化。每隔几个小时，手表就会生成一个展示心跳间隔时间的图表。从 WatchOS 5.1.2 开始，手表的拥有者可以报名参加苹果公司的心脏研究，如果最后 6 个心率记录仪中有 5 个显示心跳不规则，就会收到潜在心律失常的通知。心房颤动和心房扑动（AF）是两种不规则的心跳类型。心房颤动和心房扑动的存在会增加 500% 的中风风险，据估计有 70 万人患有心房颤动和心房扑动，但他们自己并不知道。考虑到这些现实情况，苹果公司和斯坦福大学合作开展了苹果公司心脏研究，试图向可能患有心房颤动和心房扑动的参与者发送早期预警信息。这项研究有超过 400 000 名参与者注册。正如密歇根大学的闻克·默西（Venk Murthy）教授指出的那样，这项研究目前尚未取得成功。为了理解默西教授出色的分析过程，我们需要讨论一些医学分析中的重要术语：后验概率（posterior probability）、敏感度（sensitivity）、特异度（specificity）和被试操作特征（receiver operating characteristic，ROC）曲线。

后验概率

假设一种疾病的检验有两种结果：阳性（+）和阴性（-）。我们假设，随机挑选一个人，观察到他的检验结果为阳性，医生认为此人有较大的可能性患该病；而在观察到检验结果为阴性时，医生认为此人患病的可能性较小。我们感兴趣的是后验概率（此处，"后验"意味着"之后"），即观察到检验结果后，此人确实患有该疾病的概率。为了说明后验概率的概念，让我们假设，有 1% 的人患有某种疾病，而我们有一个准确率为 95% 的检验。也就是说，对于 95% 患有该疾病的人，检验结果为阳性，而对于 95% 的未患该疾病的人，检验结果表明这些人未患该疾病。如果一个人的检验结果呈阳性，那么这个人患这种疾病的后验概率是多少？

为了回答这个问题，让我们看看 10 000 人在给定概率下的情况。表 27–1（称为 2×2 列联表）展示了四类情况。

表 27–1　　　　　　　假设疾病检验 2×2 列联表

健康状态	测试阳性（+）	测试阴性（−）
患病	10 000 × 0.01 × 0.95=95	10 000 × 0.01 × 0.05=5
健康	10 000 × 0.99 × 0.05=495	10 000 × 0.99 × 0.95=9405

如果我们定义 P（患病|检验结果为阳性+）为一个检验结果为阳性的人患病的后验概率，我们发现答案是 95/（95+495）=16.1%。即使检验的准确率达到 95%，一个阳性检验结果将随机选择的人患此病的概率从 1% 增加到仅 16.1%。这是因为大多数人没有这种疾病，所以即使是非常准确的检验也会导致许多假阳性（在这种情况下，有 495 个假阳性）。我们用一个简单的例子说明了贝叶斯定理（Bayes's theorem），它是快速发展的贝叶斯统计学的基础。当贝叶斯学派试图估计一个概率时，他们会将他们先前的经验与观察到的数据结合起来。关于贝叶斯统计学的优秀历史，我们推荐你阅读莎伦·伯奇·麦格雷恩（Sharon Bertsch McGrayne）的《不会消亡的理论》（*The Theory That Would Not Die*）。

敏感度和特异度

在评价一种疾病的医学检验结果时，了解患有该疾病且检验结果呈阳性的人数比例是很重要的。这就是检验的敏感度。从表 27–1 中我们发现，正如预期的那样，在 100 名患者中，有 95 人的检验呈阳性。因此，该检验的敏感度为 95/（95+5）=95%。

我们还对未患病且检验结果呈阴性的人的比例感兴趣。这就是检验的特异度。由表27-1可知，在9500名健康人士中，有9405名检验为阴性，因此该检验的特异度为9405/（9405+495）=95%。

由检验的2×2列联表，我们可以用以下公式计算敏感度和特异度：

$$敏感度 = \frac{患有该疾病且检验结果为阳性的人数}{患有该疾病的人数}$$

$$特异度 = \frac{未患该疾病且检验结果为阴性的人数}{健康的人数}$$

当然，问题是如何定义检验结果是阳性还是阴性。例如，在前列腺癌的PSA检验中，通常至少得4分才会被定义为阳性检验结果。正如你将看到的，敏感度和特异度之间存在权衡，你不可能总是得到你想要的。提高定义阳性PSA结果的临界值会降低敏感度（也就是说你会错过更多的前列腺癌患者），但会增加特异度（也就是说你得到的假阳性会更少）。敏感度和特异度之间的权衡通常用检验的ROC曲线来描述。

ROC 曲线

对于任何检验，ROC展示了敏感度和特异度之间的权衡。对于不同的临界值，我们定义一个阳性（+）和阴性（-）检验结果，我们定义 x 轴为1-特异度=阴性检验结果被视为假阳性的概率，y 轴为敏感度。

图27-1展示了三种假设的ROC曲线。ROC曲线下的面积能够取到的最大值为1，曲线下的面积越大，说明检验效果越好。图27-1所示的对角线下的面积为0.5，表示该检验无效。例如，线上的点（0.6, 0.6）表示检验结果呈阳性的人中，60%患有该疾病，检验结果呈阴性的人中有60%也患有该疾病。根据埃里克·托普（Eric Topol）的优秀著作《深度医疗》（*Deep Medicine*），ROC曲线下的面积为0.7~0.8说明效果优良，0.8~0.9说明效果很好。在图27-1中，最上面的曲线下面积为0.82，其他曲线下面积为0.71。假设你随机选择一位患者和一名健康人士，ROC曲线下的面积就可以告诉你，患者的测试分比健康人更异常的概率有多大。

169

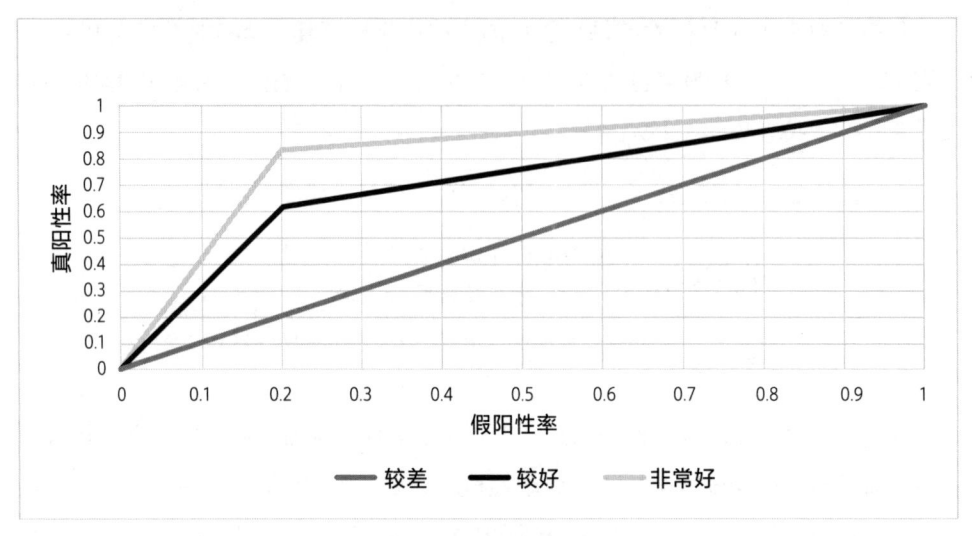

图 27–1　ROC 曲线示例

图 27–2 显示了根据罗伯特·里芬伯格（Robert Riffenburgh）的杰出著作《医学统计学》（Statistics in Medicine）中讨论的数据构建的 PSA 检验的 ROC 曲线。文件 ROC.xlsx 包含了这些数据，图 27–3 显示了这些数据的一个子集。

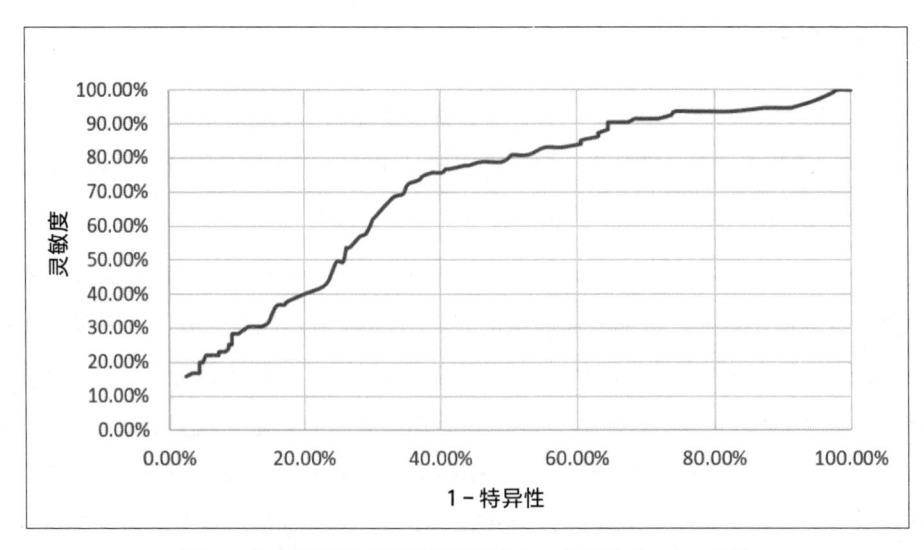

图 27–2　前列腺特异度抗原检测（PSA 检测）的 ROC 曲线

	D	E	F	G	H	I	J	K
4	截止值	被判定为患病但实际健康	被判定为健康但实际患病	被判定为患病且实际患病	被判定为健康且实际健康	灵敏度	特异度	1-特异度
15	1	184	5	90	22	0.95	0.11	0.89
25	2	152	7	88	54	0.93	0.26	0.74
35	3	137	9	86	69	0.91	0.33	0.67
45	4	130	13	82	76	0.86	0.37	0.63
55	5	95	20	75	111	0.79	0.54	0.46
65	6	76	25	70	130	0.74	0.63	0.37
75	7	58	41	54	148	0.57	0.72	0.28

图 27–3　PSA 数据子集

例如，如果 PSA 值至少为 7，被认为是阳性检验结果，那么 95 个被归类为患者的人中有 51 个是真的生病了，所以 7 的临界值对应的敏感度为 51/95=0.54。在 206 个被分类为健康的人中，总共有 148 人实际上是健康的，所以 7 的临界值对应的特异度为 148/206=0.72，1- 特异度 =0.28。因此，点（0.28，0.54）在 ROC 曲线上。医学界选择的临界值取决于将健康的人归类为生病的费用与将健康的人归类为生病的假阳性费用的比率。

苹果公司的心脏研究

简要涉猎了医学统计学后，现在我们回到默西对苹果公司心脏研究的分析。2019 年 11 月，苹果公司和佩雷兹（Perez）等人报告了心脏研究的初步结果，但未对结果进行大量分析。苹果公司承认，这项研究的"准确性与传统的目前正在使用的监测技术相比仍有很大差距。这只是对未来的一瞥，但我们还有很长的路要走"。默西使用苹果公司的检验结果来讨论这项研究的有效性。

我们现在总结一下默西的分析。

- 共有 419 297 人参与了这项研究。
- 2162 名被试（占比 0.52%）收到了脉搏不规律的通知。

- 在这2162名被试中，有450人发回了心电图（ECG）贴片，研究人员对这些贴片进行分析，以确定是否存在心房颤动。
- 153名（占比34%）送回心电图贴片的患者（平均13天之后）存在心房颤动。
- 默西指出，这些人中有450–153=297人没有心房颤动。
- 默西现在尝试填写2×2列联表，类似表27–1。我们现在知道

    297= 假阳性 + 检测结果为阴性的健康人

- 450名收到脉搏不规律的通知的患者中，有86人还佩戴了心电图贴片；72人存在心房颤动，14人没有。这意味着存在14个假阳性。现在结果告诉我们，有283名健康人的检验结果为阴性。

我们现在知道表27–2所示的2×2列联表中的所有数字，除了心房颤动检测结果为阴性的单元格。由于总共有450人，我们可以确定心房颤动检验阴性的人数 =450–283–14–72=81。

表27–2　　　　　　　　苹果公司心脏研究2×2列联表

疾病状态	测试阳性（+）	测试阴性（-）
患有房颤	72	81
未患房颤	14	283

鉴于检验结果呈阳性，我们现在可以确定患有心房颤动的敏感度、特异度和后验概率：

- 敏感度 =72/（72+81）=47%；
- 特异度 =283/（283+14）=95%；
- 后验概率（心房颤动 + 检验结果）=72/（72+14）=84%。

为了帮助我们更好地看待苹果公司心脏研究的敏感度和特异度，表27–3展示了三个重要医学检验的敏感度和特异度。

表27–3　　　　　　　　敏感度和特异度示例

疾病	敏感度	特异度
PSA 测试检测前列腺癌	67%~80%	60%~70%

续前表

疾病	敏感度	特异度
血糖测试检测糖尿病	64%	75%
针对40岁以下女性的乳房X光检查检测乳腺癌	77%	87%

我们发现苹果公司的心房颤动检验与其他检验的敏感度都非常低（我经常这么做），因此，这项研究还需要很大的改进。

医疗设备公司AliveCor销售的Kardiaband

2018年3月，克利夫兰医学中心报道称，医疗设备公司AliveCor销售的Kardiaband可以检验心房颤动，敏感度为90%，特异度为93%。2019年8月，AliveCor公司将KardiaBand下架。

AliveCor公司表示："这是由于苹果手表操作系统发生了我们无法控制的变化，导致SmartRhythm技术未能达到我们的质量标准。"

第 28 章　主动警务是否有效

警察会对犯罪行为做出迅速出警反应，但他们也制定了一些策略（通常被称为主动警务）来预防犯罪行为发生，而不是对已发生的犯罪行为做出反应。在本章中，我们将讨论有关以下主动警务有效性的证据。

- 热点警务——向已知的高犯罪率地区增派警力。
- 预测警务——使用回归等方法预测特定时间和地点的犯罪，并根据预测的犯罪水平分配警力资源。
- 监控摄像（Closed Circuit TV, CCTV）——使用摄像头监控高犯罪率地区。
- 拦截和搜身——当警察合理地怀疑某人（见 1968 年美国最高法院对特里诉俄亥俄案的判决）已经犯罪或即将犯罪时，警察会拦截并搜身。拦截和搜身通常被称为 SQF（拦截、询问和搜身）。
- 破窗理论——基于"社会混乱会导致犯罪"的观点，警方增加了因打破窗户等轻罪而被捕的人数。

下面的大部分讨论来自《主动警务》(*Proactive Policing*)。

热点警务

向高犯罪率地区分配更多警力可能会显著减少犯罪行为的发生，这听起来似乎是合理的。在第 17 章中，我们说明了如何使用随机对照试验（RCT）来确定药物治疗是否有效。劳伦斯·舍曼（Lawrence Sherman）和戴维·韦斯伯德（David Weisburd）在明尼阿波利斯市应用随机对照试验方法，表明在热点地区加强治安可以显著减少犯罪。

根据基准年的犯罪率，作者确定了明尼阿波利斯市 110 个不同的高犯罪率地区为热点地区。110 个区域被随机分为两组：实验组和对照组。在基准年之后的一年内，被列为实验组的区域，警察巡逻人数大约是对照组的两到三倍。随机分组排除了分配给实验组和对照组的热点之间的差异。然后，作者记录了这 110 个地区中每个地区在基准年之后的一年中相对于基准年的犯罪率的百分比变化。如果实验组犯罪率的平均变化明显小于对照组犯罪率的平均变化，那么作者可以得出结论，分配给对照组的更多的警务资源显著地减少了犯罪率。

图 28-1 和文件 hotspots.xlsx 展示了 110 个热点地区中，每个热点地区的犯罪率变化的数据子集（虚构的数据）。例如，在第一个警力巡逻资源较多的地点，犯罪率下降了 2.25%，而在第一个没有接收警力资源的地点，犯罪率下降了 0.82%。实验组地点的犯罪行为平均下降 6%，而对照组地点的犯罪行为平均下降 1%。问题是这种差异在统计上是否显著？因此，我们想利用随机对照试验的结果来看以下两种假设哪一种成立：

- 零假设（null hypothesis）：实验组的平均犯罪率变化 − 对照组的平均犯罪率变化 ≥ 0；
- 备择假设（alternative hypothesis）：实验组的平均犯罪率变化 − 对照组的平均犯罪率变化 <0。

地点	实验组	对照组			
1	-2.25%	-0.82%	Z 检验：双样本均值		
2	1.39%	-8.04%			
3	-9.54%	-11.34%		实验组	对照组
4	5.47%	12.50%	平均值	-0.06	-0.01
5	-0.06%	-27.74%	已知方差	0.01	0.01
6	9.50%	-5.07%	观测值	55.00	55.00
7	-5.55%	-1.89%	假设的均值差异	0.00	
8	-15.70%	-2.92%	z 值	-2.56	
9	-7.17%	6.21%	单侧检验 P（Z≤z）	0.005	
10	-12.91%	2.68%	单侧临界值 z	1.64	
11	3.63%	-2.01%	双侧检验 P（Z≤z）	0.01	
12	-24.93%	-10.91%	双侧临界值 z	1.96	
13	-14.20%	-20.20%			

图 28-1　犯罪率热点变化

预测警务

许多城市与数据分析服务提供商会构建预测分析模型（通常使用多元线性回归），用来预测任何时间这座城市哪里最有可能发生犯罪行为，然后将额外的警力资源分配到犯罪可能性最大的地区。预测犯罪率的自变量包括：

- 该地区可能发生犯罪行为的地点类别（如购物中心）；
- 罪犯容易逃脱的路线（如公共交通）；
- 附近可能有犯罪分子潜伏的地点（酒吧、成人零售店等）；
- 一周中最有可能发生犯罪行为的一天和一天中最有可能发生犯罪行为的时间；
- 发工资的时间；
- 月相［英文中"疯子"（lunatic）一词的使用是有原因的；满月的时候的确会发生更多的犯罪行为］。

巴赫纳（Bachner）在报告中提到了加州圣克鲁兹的一个预测警务实施的例子。圣克鲁兹项目选出了 15 个 150 米 × 150 米的区域，预测结果反映这些区域被认为犯罪率最高。警察简要了解了这些地点，并被鼓励花更多的时间巡逻这些区域。

正如《主动警务》所指出的，没有足够的证据表明预测警务是有效的。大多数研究都是销售预测警务算法的供应商做出的，而不是由公正的学者做出的。此外，很难区分热点警务和预测警务这两种分析方法。

监控摄像

B. C. 韦尔什（B. C. Welsh）和 D. P. 法林顿（D. P. Farrington）对一个增加监控摄像的高犯罪率地区的随机对照实验结果进行了 Meta 分析，发现监控摄像在减少犯罪方面有显著的效果，在减少停车场的车辆犯罪方面效果最好。埃里克·L. 皮萨（Eric L. Pizza）、乔尔·卡普兰（Joel Caplan）、莱斯利·W. 肯尼迪（Leslie W. Kennedy）和安德鲁·M. 吉尔克里斯特（Andrew M. Gilchrist）研究了新泽西州纽瓦克市的一项随机对照试验，在这项试验中，实验组培训操作员对监控摄像机的录像进行实时监控,并在发现可疑事件时立即联系巡逻车。对照组通过计算机调度系统向巡逻车报告可疑事件,作者发现实验组的暴力犯罪事件减少了40%~49%,其p值小于10%。

拦截和搜身

警察会对认为已经犯罪或即将犯罪的人进行扣留和拦截。在2003—2013年间,纽约市警察每年拦截超过10万次。拦截搜身一直备受争议。在担任纽约市市长期间,布隆伯格(Bloomberg)为拦截搜身辩护,但在参加2020年民主党总统竞选后,布隆伯格就拦截搜身机制对黑人和西班牙裔造成的过大影响表示道歉。

关于拦截搜身对犯罪的影响的研究取得了好坏参半的结果。理想情况下,随机对照检验应该在纽约进行,以评估拦截、询问和搜身(SQF)这个机制的有效性,但我找不到这样的研究。在没有随机对照实验的情况下,很难确定犯罪减少是由于SQF机制还是其他因素,如城市人口年龄结构的变化(年轻男性犯罪最多)或城市整体社会经济地位的改善。

在费城,拉特克利夫(Ratcliffe)等人的一项随机对照试验在60个犯罪热点地区实施了拦截、询问和搜身,在控制其他变量后,犯罪率降低了23%。

确定黑人和西班牙裔是否受到SQF机制的不公平对待是一个很重要的问题。非裔美国人哈佛大学教授罗兰·弗赖尔(Roland Fryer)对这个问题做了明确的研究。弗赖尔分析了2003—2013年纽约市发生的500万起SQF事件。

在弗赖尔分析的SQF事件中,56%涉及黑人,黑人占平民人口的25.5%。SQF的批评者经常使用这种差异作为SQF对黑人的不同影响的证据。一个粗略的分析可以计算出,黑人被拦截的次数是他们总人口的56/25.5=2.2倍,非黑人被拦截的次数是其人口总数的44/74.5=0.59倍。因此,粗略估计SQF机制对黑人的差异影响为2.1/0.58=3.62,其中大于1的数字表示对黑人的差异影响。更正式地说,我们可以把对黑人(相对于白人)的差异影响定义为:

$$\text{SQF 机制对黑人（相对于非黑色人种）的差异} = \frac{\text{被拦截询问和搜身过的黑人数量} / \text{黑人人口数}}{\text{被拦截询问和搜身过的白人数量} / \text{白人人口数}}$$

弗赖尔指出，按人均计算，黑人比白人涉及更多的违法行为。例如，2016年，黑人参与了71%的枪支暴力事件，白人参与了2%的枪击事件。考虑到这一点，弗赖尔对77个选出的区域进行了逐区分析，使用回归方法来估计当黑人在人口中的百分比因非法行为而变化时，SQF机制对黑人的不同影响。结果如表28–1所示。

表28–1　基于不同人口定义的SQF对黑人造成的差异性影响

人口定义	差异性影响
18~34岁黑人和白人的平民男性比例	4.23
黑人和白人犯下的10种重罪和轻罪的比例	1.43
黑人和白人犯下的6种最严重重罪的比例	1.03
黑人和白人犯下的抢劫罪的比例	0.55

例如，如果我们考虑到犯六项重罪的黑人与白人的数量相等，那么黑人受到的差异性影响要比白人多3%。令人惊讶的是，如果我们考虑到犯抢劫罪的黑人与白人数量相等，那么黑人被拦截的频率比白人人均少45%。

弗赖尔还利用逻辑回归来估计（调整一些变量，如警官是穿制服还是便装，在高犯罪率地区或者在犯罪率高发的时间）黑人被逮捕的可能性比白人多多少或少多少。弗赖尔发现，在对这些变量进行调整后，黑人在拦截、询问和搜身后被逮捕的可能性要高出8%。这表明，在当前决定拦截的决策过程中，对黑人加强拦截比对白人更有效（就逮捕而言）；另一方面，在调整了相同的自变量后，拦截、询问和搜身一个黑人比拦截一个白人发现违禁品或武器的可能性要低22%。这表明，在当前决定拦截的决策过程中，对黑人加强拦截（在寻找违禁品或武器方面）比对白人的效率要低，这表明了对黑人的偏见。

破窗理论

破窗理论认为，如果政府减少社会混乱，那么更严重的犯罪事件将大大减少。减少社会混乱的方法是对危害小的犯罪行为管控更加严格，如地铁逃票、公共场合小便、在地铁上涂鸦等，这样将大大降低更严重的犯罪行为的发生。从1993年开始，纽约市市长鲁迪·朱利亚尼（Rudy Giuliani）开始按照破窗理论进行管控，纽约市的犯罪率确实大幅下降。例如，在 20 世纪 90 年代，纽约市的暴力犯罪率下降了 56%，而整个美国的犯罪率下降了 28%。

另一种减少社会混乱的方法是通过清理空地、改善垃圾回收的方式和减少废弃建筑数量等活动来改善一个区域的外在环境。

尽管 20 世纪 90 年代纽约市的犯罪率大幅下降，但大量的研究认为，20 世纪 90 年代，因轻罪被捕的人数增加了 70%，这并不是纽约市犯罪率大幅下降的主要原因。纽约市警察人数增加了 35%、失业率大幅下降、20 世纪 90 年代的经济繁荣、18~34 岁人群数量的大幅下降，这些因素肯定促成了犯罪率的大幅下降。

另一方面，保障居住可以减少社会混乱，如提高经济适用房的质量和数量，确实能显著减少犯罪。

第 29 章　猜猜晚餐会有多少顾客

　　小企业需要预测每天会有多少客户光临，这有助于它们计划（使用在第 40 章中讨论的"排队理论"）日常的人员需求。在本章中，我们使用一家全国连锁餐厅四年半（2001 年 6 月到 2005 年底）的每日顾客数量的数据来开发一个简单的模型，用来预测每日晚餐顾客数量。我们将使用公式 1 预测每天的顾客数量。我们的工作在文件 Dinner.xlsx 中。

每日的顾客数量＝常数＋数据集中的第几日 × 日变化趋势＋一周中的第几日的影响＋一年中的第几周的影响＋特殊日期调整

（公式 1）

　　假设我们想预测 2002 年 2 月 3 日超级碗星期天的顾客数量。正如我们将看到的，这可能是餐厅一年中最不繁忙的一天。

- Day#＝第 219 日（2002 年 2 月 3 日是数据集中的第 219 日）。
- 一周中的第几日＝星期日。
- 一年中的第几周＝第 32 周。这家餐馆把 2001 年 6 月 28 日（星期四）起列为一年中的第一周。他们想避免部分周，所以将 2002 年 6 月 27 日（星期四）作为一年中的第一天；将 2003 年 6 月 26 日（星期四）作为新年的第一天；而在 2005 年，将 6 月 30 日（星期四）作为新年的第一天。这种分类结果在 2003 年有 53 周，2002 年 2 月 3 日是 2001 年的第 32 周。
- 特殊日期调整将等同于超级碗星期天的调整。

　　预测 2002 年超级碗星期天的顾客数量所需的参数如表 29-1 所示。本章的后面部分将向你展示我们是如何获得这些参数的。

表 29–1　　　　　　　　　预测超级碗星期天顾客数量所需的参数

参数	数值
常数	430.52
日趋势	–0.0380
一周中的天数效应	–1.23
一年中的周数效应	–5.30
超级星期天效应	–213.86

根据这些参数，我们预测的超级碗星期天的顾客数量为：

$$430.52+219\times(-0.0380)-1.23-5.30-213.86=202$$

实际上，有 229 名顾客来了，所以我们的误差是 229–202=27，这意味着比我们预测的多了 27 名顾客。现在我们来解释一下我们是如何找到使公式 1 拟合实际客户数量效果最好的参数的。

哪些参数必须估计

我们构建的简单模型要求估计出 71 个参数。于是我们建立一个多元线性回归模型，其中参数是 71 个自变量的系数，但 Excel 最多只能估计 15 个自变量的回归，所需参数如下。我们的参数估计结果都呈现在工作簿 Dinner.xlsx 的工作表 ALL IN 中。图 29–1 展示了我们最终的参数估计结果。

- 用于"锚定"我们的预测的常数。该参数在单元格 AB10 中。
- 一个表示一周七天中的每一天出现人数超过或少于平均人数的参数。例如，我们会发现周六的顾客比平时多 194.6 人。我们将工作日参数的平均值定为 0。那么，参数为负表示这一天比平时空闲，参数为正表示这一天比平时忙碌。这些参数在单元格 AB3:AB9 中。
- 一个表示每年 53 周每周出现的人数比平均人数多或少的参数。与一周中的第几天一样，我们将这 53 个参数的平均值定为 0。参数为负表示这一周比平均情况更空闲，参数为正表示这一周比平均情况更忙。我们发现，第 26 周（包括圣诞节和新年的那一周）是迄今为止最繁忙的，那一周的顾客比平时多 98 人。一年中的第几周的参数在单元格 AD3:AD55 中。

- 影响顾客数量的"节假日或特殊日期"的参数位于单元格 Z17:Z25 中。例如，我们发现，母亲节多了 346 名顾客，而超级碗星期天少了 214 名顾客。
- 日变化趋势的一个参数。我们对 Y14 单元格的趋势估计为 –0.0379，这意味着每天平均顾客数量减少近 4%。

	Y	Z	AA	AB	AC	AD
1						
2			工作日	1.3E-14	周	2.4E-10
3			1	-121.6	1	-3.7395
4	平均绝对偏差基础		2	-100.61	2	-27.046
5	112		3	-71.254	3	21.3909
6			4	-42.475	4	-15.665
7	平均绝对偏差		5	142.598	5	-12.686
8	43		6	194.573	6	7.151
9			7	-1.2271	7	-18.755
10			常数项	430.523	8	-5.6612
11					9	-34.91
12					10	-47.181
13	趋势				11	-33.551
14	-0.037903682				12	-32.057
15					13	-34.992
16	特殊事件				14	-17.384
17	美国独立日	-165.5			15	-25.89
18	新年	-32.404			16	14.3347
19	情人节	367.824			17	-32.614
20	母亲节	346.043			18	-21.331
21	跨年夜	270.286			19	-19.744
22	万圣节	-128.75			20	-10.425
23	超级碗	-213.86			21	13.0899
24	圣诞前夜	172.465			22	-4.8853
25	劳动节	134.151			23	-3.0518
26					24	39.098
27					25	44.7919
28					26	98.1347

图 29-1　晚餐预测参数的估计

所有这些参数都是在其他变量不变的情况下产生的，这意味着这些参数是我们在调整其他所有自变量后得到的最佳估计值。

数据

图 29-2（隐藏了许多列）展示了我们的基础数据和预测结果。

- I 列是日常顾客数量。例如，2001 年 6 月 28 日，共有 402 名顾客前来用餐。
- H 列包含了一周中的哪一天和一年中的哪一周两项信息。2001 年 6 月 28 日是这家餐厅一年中第一周的一个星期四。
- D-G 列分别包含月份、一个月中的第几天、一周中的哪一天和一年中的哪一周。
- C 列表示年份。
- B 列表示完整的年月日。
- A 列表示一年中的第几天，将 2001 年 6 月 28 日定为第 1 天，6 月 29 日定为第 2 天，以此类推。
- S 列给出了公式 1 计算得到的对当天顾客数量的预测结果。例如，单元格 S3 给出了预测结果 384。
- J-R 列（被隐藏）大多是 0，在特定日出现时是 1。例如，单元格 J9 = 1，因为第 9 行表示 2001 年 7 月 4 日（美国独立日）。
- T 列给出每日预测误差 = 实际来吃晚餐的顾客数量 − 预测值。例如，2001 年 6 月 28 日，实际顾客数量比预测的多 18 人，而在 2001 年 6 月 30 日，实际顾客数量比预测的少 57 人。

	A	B	C	D	E	F	G	H	I	S	T	U	V	W
2	天	日期	年	月	一个月中的第几天	星期几	周	星期几	晚餐顾客计数	预测	误差	平方误差	绝对预测误差	绝对基础误差
3	1	6/28/2001	2001	6	28	4	1	第 1 周星期四	402	384	18	314	18	1
4	2	6/29/2001	2001	6	29	5	1	第 1 周星期五	573	569	4	14	4	172
5	3	6/30/2001	2001	6	30	6	1	第 1 周星期六	564	621	-57	3277	57	163
6	4	7/1/2001	2001	7	1	7	1	第 1 周星期日	403	425	-22	502	22	2
7	5	7/2/2001	2001	7	2	1	1	第 1 周星期一	275	305	-30	899	30	126
8	6	7/3/2001	2001	7	3	2	1	第 1 周星期二	356	326	30	903	30	45
9	7	7/4/2001	2001	7	4	3	1	第 1 周星期三	248	190	58	3391	58	153
10	8	7/5/2001	2001	7	5	4	2	第 2 周星期四	271	361	-90	8046	90	130
11	9	7/6/2001	2001	7	6	5	2	第 2 周星期五	569	546	23	541	23	168
12	10	7/7/2001	2001	7	7	6	2	第 2 周星期六	542	598	-56	3099	56	141
13	11	7/8/2001	2001	7	8	7	2	第 2 周星期日	363	402	-39	1508	39	38
14	12	7/9/2001	2001	7	9	1	2	第 2 周星期一	326	281	45	1987	45	75
15	13	7/10/2001	2001	7	10	2	2	第 2 周星期二	313	302	11	113	11	88
16	14	7/11/2001	2001	7	11	3	2	第 2 周星期三	403	332	71	5085	71	2
17	15	7/12/2001	2001	7	12	4	3	第 3 周星期四	378	409	-31	953	31	23
18	16	7/13/2001	2001	7	13	5	3	第 3 周星期五	513	594	-81	6546	81	112

图 29-2 晚餐数据与预测结果

- V 列是每日预测误差的绝对值。
- 如果我们以 401.1 作为预测的每日顾客数量平均值,那么 W 列表示日绝对误差。

分析结果

图 29-1 中所示的参数是为了最小化预测误差的平方和。在单元格 I1 中,我们从预测中计算与预测实际每日顾客数量相关的 R^2 值。从单元格 I1 中显示的 R^2 值来看,我们发现公式 1 解释了 82% 的客户数量的每日变化,18% 的每日变化在模型中没有解释。

在单元格 Y5 中,我们发现如果我们简单地预测每天真实的顾客数量等于顾客数量的平均值(401.11),那么我们的每日预测和每日平均值相比,偏离 112(几乎是我们每日平均值的 28%)。在单元格 Y8 中,我们根据公式 1 的预测计算了我们每日绝对误差的平均值。我们的每日平均绝对误差(MAD)已经减少到 43 名顾客(约为我们每日平均误差的 11%)。我们的预测误差的标准差为 57.3,我们预计 95% 的预测精度在 2 × 57.3=114.6 范围内。

从图 29-1 中的参数估计中,我们可以快速了解到以下信息。

- 每年平均顾客数量减少 0.0379 × 365=14 人。
- 在一个普通的周六(非特殊节日),我们预计有近 600 名顾客,而在一个普通的周一(非特殊节日),我们预计只有 280 名顾客。
- 一年中的第 26 周(包括圣诞节和新年)的影响是一年中其他任何一周的两倍。
- 母亲节和情人节的顾客数量几乎是预期的两倍。在情人节这天,我们预计会有四倍于超级碗星期天的顾客。我敢打赌当地的比萨饼店的数字几乎是相反的!

哪个因素真正重要

在公式 1 中,每消除一个因素,看看我们的 R^2(我们的预测解释的实际顾客数量的变化百分比)和平均绝对误差的变化,是快速判断四个因素(趋势、一周中的第几天、一年中的第几周、特殊日期)的相对重要性的一种方法。表 29–2 总结了这些结果,它清楚地说明了一周中的第几天是我们预测的关键因素。虽然忽略特殊日期仅使 R^2 降低了 5%,但特殊日期这个参数对那些特殊日期的预测有很大的影响。

表 29–2　　　　　　　　　　　对预测影响最大的因素

移除的工作表和因素	决定系数（R^2）	平均绝对偏差
无趋势	0.81	45
星期几	0.13	105
无年份周数	0.79	46.8
无特殊日期	0.76	47.1

第 30 章　预测市场能预测未来吗

对未来，我们唯一可以确定的，就是它的不确定性。关于未来，我们可能需要回答以下几个问题。

- 民主党赢得下届美国总统选举的概率有多大？
- 对于制造企业，估计下个月每一种产品的销售数量的平均数和标准差？准确预测每一种产品的销售数量将有助于我们降低库存成本和减少缺货情况。
- 爱国者队赢得下一届超级碗的概率有多大？

在本章中，我们将探讨预测市场如何从许多人那里收集信息，并将这些信息转化为令人惊讶的对未来预测的准确信息。术语"群体的智慧"（wisdom of crowds）因詹姆斯·索罗维基（James Surowiecki）的《群体的智慧》（*The Wisdom of Crowds*）这本书而普及。该术语经常用来指代这样一个事实：合理地整合许多人的信息，用来回答问题或预测未来事件的不确定结果，其效果通常优于所谓的专家。

贸易合约事例

在预测市场中，参与者买卖合约，其回报与未来事件的结果有关。每个合约的价格有助于我们推算关于不确定数量的估计值，例如事件发生的概率或不确定数量的平均值或中位数。下面我们使用 2016 年英国脱欧公投的结果作为演示，表 30-1 展示了三种常见交易合约的例子。接下来，我们将解释为什么二元期权、指数期货和差价投注分别对事件发生的概率、不确定数量的平均值和不确定数量的中位数提供了合理的估计。

表 30-1　预测市场合约的示例

合约类型	示例	估计的参数
二元期权	如果英国脱欧获胜，合约支付 1 美元，成本为 P1 美元	P1 估计英国脱欧获胜的概率
指数期货	英国脱欧每获得一个百分点的选票，合约就支付 1 美元，成本为 P2 美元。例如，如果英国脱欧获得 55% 选票，那么合约支付 55 美元	P2 估计英国脱欧所获得的预期选票百分比
差价投注	合约成本为 1 美元，如果英国脱欧至少获得百分之 V 的选票，则支付 2 美元，否则支付 0 美元	V* 估计英国脱欧将获得的选票中位数。即有 50% 的机会英国脱欧将至少获得比例为 V 的选票

设 V 为英国脱欧所获得的实际选票份额的随机变量。然后定义：

- $Prob$ = 英国脱欧获胜的概率（$V>50$）；
- $E(V)$ = 预期获得的赞成英国脱欧的选票百分比；
- MEDIAN=V 的中位数，即 $Prob(V \geq$ 中位数 $=0.5)$；

我们现在证明，表 30-1 中描述的三个合约中的每一个都提供了所需参数的合理估计。每份合约的利润是一个随机变量。在每种情况下，合约的预期利润都等于 0，这意味着每个合约都是公平的。

P1 预测 *Prob*

如果二元期权支付 1 美元的概率是 $Prob$，二元期权支付 0 美元的概率是 $1-Prob$。如果

$$Prob \times (1-P) + (1-Prob) \times (-P) = 0$$

那么，二元期权的期望利润将等于 0。通过求解 $Prob$，我们发现 $Prob=P$，因此如果二元期权的价格等于英国脱欧获胜的真实概率，则二元期权是一个公平押注。

P2 预测英国脱欧投票平均值

设 v_i = 英国脱欧获得 1% 选票的概率。那么根据

$$\sum_{i=0}^{i=100} iv_i - P2 = 0$$

若 P2 等于英国脱欧所获得的预期投票份额，则指数期货将产生的预期利润为 0。

V* 预测英国脱欧投票的中位数

表 30–1 中所述的差价投注将产生为 0 的预期利润，V^* 满足

$$(2-1) \times Prob(V \geq V^*) + (-1) \times Prob(V<V^*) = 0$$

只有当 $Prob(V \geq V^*) = Prob(V<V^*) = 0.5$，或 V^* 等于 V 的中位数时，该公式才成立。

预测市场交易机制

斯蒂芬·勒克纳（Stefan Luckner）等人在其著作《预测市场》(*Prediction Markets*) 中描述了预测市场中使用的许多交易机制。我们现在以双重拍卖交易机制为例讲解，这是金融和预测市场最常见的交易机制。

让我们重新考虑一下英国脱欧二元期权，假设它目前的售价为 0.55 美元，而且所有参与者都拥有一些期权，如果脱欧成功支付 1 美元，如果脱欧失败支付 0 美元。现在用一个非常简单的例子来说明交易是如何运作的。假设今天有 11 个人对交易感兴趣，对于 53 到 63（含）之间的整数 v，有一个人感觉英国脱欧通过的概率为 $v\%$，每个人最多只对买卖一个二元期权感兴趣。假设这些人（根据他们对英国脱欧通过概率的看法进行标记）到达的顺序如下：63 号、53 号、62 号、54 号、61 号、55 号、60 号、56 号、59 号、57 号、58 号。每个人都会让交易员知道他们对英国脱欧的看法。

在我们的简单示例中，运行市场的组织（通常称为"做市商"）将根据当前价格和感知估值撮合潜在交易者。交易将按如下方式进行。

- 63 号将以目前 0.55 美元的价格从 53 号购买英国脱欧二元期权。基于他们对英国脱欧的看法，两个人都获得了满意的交易。

- 62 号将以目前 0.55 美元的价格从 54 号购买英国脱欧二元期权。基于他们对英国脱欧的看法，两个人都获得了满意的交易。
- 61 号将以目前 0.55 美元的价格从 55 号购买英国脱欧二元期权。基于他们对英国脱欧的看法，两个人都获得了满意的交易。
- 当 60 号和 56 号到达时，56 号不希望以当前的 0.55 美元的价格出售。因此，做市商可以将价格提高到 0.56 美元。那么，56 号将愿意向 60 号出售英国脱欧二元期权。
- 当 59 号和 57 号到达时，做市商需要将价格提高到 0.57 美元以方便交易。
- 最后，当 58 号到达时，他们需要等待另一个对合约估价小于或等于 0.58 美元的人。例如，如果一个估算合约价格为 57.50 美元的人到达，那么在 57.50 美元到 58.00 美元之间的任何市场价格的订单都将被清除。

观察一下，平均来看，每 11 名交易员参与交易会给英国脱欧带来 58% 的获胜概率。由于 0.58>0.55，做市商必须提高二元期权的价格，以确保执行的交易数量达到最大。

预测市场的准确性和群体的智慧

在许多情况下，预测市场或个人意见的简单汇总优于其他用于估计数量或预测未来事件结果的方法。

- 在美国版的英国节目《谁想成为百万富翁》(Who Wants to Be a Millionaire) 中，一个不确定答案的选手可以打电话给专家或向演播室的观众寻求指导。专家知道答案的概率是 65%，而演播室的观众得到正确答案的概率高达 92%。
- 好莱坞证券交易所（The Hollywood Stock Exchange，HSX）给出 200 万美元用于预测电影收入和奥斯卡获奖者的交易。我无法找到关于 HSX 电影预测准确性的细节，但许多工作室购买了 HSX 的电影预测。在 2009—2011 年期间，HSX 正确地预测了 83% 的奥斯卡获奖者。近年来，HSX 的表现优于《综艺》(Variety) 和《好莱坞报道》(Hollywood Reporter) 等行业报纸。
- 百思买（Best Buy）公司要求 190 名员工预测 2 月份的礼品卡销售情况。百思买公司的正常预测过程的偏差是 5%，而 190 名员工的平均预测过程的偏差仅为 1%。

- 艾奥瓦州电子市场（Iowa Electronic Markets，IEM）可能是最著名的预测市场。IEM利用像民意调查一样的预测市场来预测选举的结果。在596次选举中的451次，IEM的预测比美国的主要选举民调更准确。
- 惠普（HP）利用预测市场来预测8种不同型号的打印机销售情况。8项预测中的6项的预测市场比惠普的官方预测更准确。为了进行另一个对预测市场能力的测试，作者根据与最近50%的交易相关的预测创建了一个产品销售分布。如果有超过（低于）一半交易高于官方预测，那么惠普假设实际销售额将超过（低于）官方预测。根据这个标准，预测市场的预测为8∶8。

尽管取得了这些成功，但我们仍注意到，预测市场未能预测到2016年英国脱欧和特朗普的胜利。在下一章中，我们将讨论政治民调在这些选举中的表现。

预测市场可以用来预测很多事情，在未来，我们会看到更多预测未来的应用。

第 31 章 民意调查的基本知识

在 2016 年美国总统大选中，有 2.16 亿人达到了投票年龄，其中 55% 的人参与了总统投票。众所周知，唐纳德·特朗普最终当选（基于选举人团选举），但他在普选中以 1.9% 的差距输给了希拉里·克林顿（Hillary Clinton）。在主要的民调中，只有《洛杉矶时报》（LA Times）和南加州大学民调认为特朗普将赢得普选。Real Clear Politics 网站计算的 2016 年主要民调的未加权平均值显示，希拉里·克林顿以平均 3.2% 的优势获胜，这完全在误差范围之内（这个概念我们将在本章稍后部分讨论）。2016 年民调下降的地方预测了各州的总统选举结果，尤其是中西部各州。在本章中，我们试图让读者对民意调查涉及的问题有一个基本的理解，并回顾一些民意调查的重大失误。

为什么 1112 人足以代表美国选民

现在，让我们假设每个达到投票年龄的人都去投票，在所有的选举中，都是民主党人与共和党人竞争。一个民意测验专家想要预测在三场不同的选举中共和党的得票率：

- 在一个有 2 万人达到投票年龄的城市举行的市长选举；
- 在一个有 1000 万达到投票年龄人口的州举行的州长选举；
- 2.5 亿达到投票年龄的人参加的总统选举。

假设你想预测共和党的得票百分比，并且相信 95% 的概率，你的民意调查结果与实际的共和党的得票百分比相差在 3% 以内。令人惊讶的是，尽管在这三种假设的选举中有资格投票的人数各不相同，但对于每一次选举，抽样 1112 人就足够了。我们假设每个达到投票年龄的人都有相同的概率被纳入我们的样本。

定义：

- *PBAR*= 支持共和党的抽样选民的比例；
- *N*= 抽样选民人数；
- *P*= 达到投票年龄的民众中，支持共和党的实际比例。

每次民意测验者抽样 *N* 个选民，他们可以得到一个不同的 *PBAR* 值。结果表明，如果样本容量不超过达到投票年龄的人数的 10%，那么至少有 95% 的样本容量 *N*，实际支持共和党的达到投票年龄的人数占比为 *P*，*P* 值在 $PBAR-2\sqrt{1/4N}$ 和 $PBAR+2\sqrt{1/4N}$ 之间。

在我们的简化例子中，$2\sqrt{1/4N}$ 是抽样误差范围。

简单的代数运算（危险！）表明，对于 *N*=1111，抽样误差是 3%。文件 Polls.xlsx（见图 31-1）说明了这一点。在 C 列中使用 Excel 的 =RAND（）函数，我们生成了 1111 个独立的数字，同样可以假设 0 和 1 之间的任何值。

	A	B	C	D	E	F	G	H
1								
2								
3	人员	党派	随机数					
4	1	蓝	0.819					
5	2	蓝	0.822					
6	3	红	0.041				红	蓝
7	4	红	0.179				50.77%	49.23%
8	5	蓝	0.886		D4 公式			
9	6	红	0.496		=IF(C4<=0.5,"red","blue")			
10	7	蓝	0.719		共和党的比例			
11	8	蓝	0.779		=COUNTIF(Party,G6)/1111			
12	9	红	0.455		介于 47% 和 53% 之间			
13	10	蓝	0.545		95.15%			
14	11	红	0.273		=COUNTIFS(J7:J10006,">=.47",J7:J10006,"<=.53")/1000			
15	12	红	0.336					

图 31-1　展示政治民调

C 列的公式确保了如果 C 列生成的随机数小于或等于 0.5，说明该选民投票给共和党人；如果随机数大于 0.5，说明该选民投票给民主党人。因此，我们从无限多可能投票给共和党或民主党的选民中取样。单元格 G7 记录了投票给共和党的抽样选民的比例。按下 F9 将重新计算所有 RAND（）函数，并执行 1111 名投票人的采样 10 000 次。最后，单元格 E13 记录了我们样本中共和党选民的比例在 47%~53%。当然，这也是我们的样本估计的人口中共和党选民的比例在共和党选民真实比例（50%）的 3% 以内的比例。

如图 31-1 所示，我们发现 95.29% 的样本在真实百分比的误差范围（3%）内估计了共和党选民的百分比（如预期）。

为什么更大的人群不需要更大的样本量

乍一看，在一个 20 万达到投票年龄的城市中，对 1111 名选民进行抽样调查，其误差幅度将与总统竞选和市长竞选相同，这似乎是不正确的。我所见过的对这个观点最好的解释来自安东尼·萨尔万托（Anthony Salvanto）的优秀著作《你从哪里得到这个数字》(*Where Did You Get This Number?*）。假设你正在用一个锅制作 40 加仑的扁豆汤准备投喂 640 名饥饿的大学生。40 加仑的汤含有 30 720 茶匙的汤。如果你想确保整批汤的高质量，那你可以从汤容器中随机选择 1011 茶匙的汤，并确定每一茶匙的汤是否高质量。因为这 1011 茶匙的汤分散在一个 40 加仑的容器中，因此可以对整个 40 加仑的汤有一个很好的评估。现在假设你正在一个军事基地为 6400 名士兵做汤。你需要做 400 加仑的汤，但似乎合理的是，我们不需要尝超过 1011 茶匙的汤。基本上，如果样本足够大，你就能很好地了解总体情况。

以类似的方式，对少于 2000 名随机选择的选民进行抽样，可以让你很好地了解在一个人口为 5 万的城镇或一个人口为 3 亿的国家，选民对某个候选人的倾向。

那么，会出现什么问题呢

现在来看几个民意调查结果不能令人满意的例子。通过解释在这些示例中民意调查失败的原因，我们将了解创建一个成功的民意调查需要哪些要素。

兰登没能打败罗斯福

在1936年的美国总统选举中,民主党总统候选人富兰克林·德拉诺·罗斯福(Franklin Delano Roosevelt)与堪萨斯州共和党总统候选人阿尔夫·兰登(Alf Landon)竞争。这次选举发生在大萧条时期。《文学文摘》(The Literary Digest)周刊寄出了1000万张选票,根据240万张投票结果,预测兰登将以压倒性优势获胜,获得57%的普选选票。但实际上,罗斯福获得了61%的选票,在48个州中的46个州取得胜利,而兰登只在缅因州和佛蒙特州取得胜利。

一个大得多的样本怎么会导致预测结果如此糟糕?《文学文摘》发出的1000万张选票被发送给了《文学文摘》的订阅用户、有电话的人及有汽车的人。在大萧条时期,支持罗斯福的"被遗忘的民众"很少有人能得到这些选票,所以《文学文摘》回收的230万张选票根本无法代表选民的意愿。不到两年,《文学文摘》就倒闭了。

正如莫里斯·布赖森(Maurice Bryson)所指出的那样,《文学文摘》是回应偏差(response bias)的受害者,因为只有23%的选票被收回。回想起来,似乎很明显,反对罗斯福的选民(可能是收入较高的选民)比支持罗斯福的选民更有可能将选票返回。

有趣的是,尽管政治民调还处于起步阶段,盖洛普(Gallup Poll)民意调查基于5万份返回的结果,预测罗斯福将获得56%的选票,这与罗斯福实际获得的61%的支持率非常接近。

杜威没能打败杜鲁门

如果你曾经上过美国历史课,你肯定看到过哈里·杜鲁门(Harry Truman)自豪地拿着1948年11月5日《芝加哥论坛报》(Chicago Tribune's)的照片,该报上有篇题为《杜威击败杜鲁门》(Dewey Defeats Truman)的报道。著名的盖洛普民意调查预测杜威将以6%的优势获胜。实际上,杜鲁门以4.5%的优势击败杜威,盖洛普的预测偏离了10.5%,远远超出了预期误差范围。

盖洛普的失误通常有三个原因。

- 盖洛普在大选前两周就停止了民意调查，很可能错过了大选后期杜鲁门的支持者激增这一现象。
- 盖洛普采用配额抽样的方法。在配额抽样的过程中，民意调查人员试图确保抽样的个体能够反映投票人口。例如，如果12%的选民是农村的非裔美国人，那么每个采访者都有一个配额，以确保在总样本中，抽样的潜在选民将是12%的农村非裔美国人。只要每个采访者找到符合他们配额的人，那谁应该被采访就由他们来决定了。显然，这种方法并没有给每一个到投票年龄的人相同的机会被选为样本。
- 良好的民意调查需要准确估计每个被抽样的选民实际投票的概率，然后根据他们的估计投票概率来权衡选民的选择。在1948年，这种方法还不存在。

桑德斯没能打败克林顿

在美国总统初选中，选民投票率比11月大选时要低得多。例如，在竞争激烈的2016年初选中，只有29%的注册选民在初选中投票，而59%的注册选民在大选中投票。这表明，要准确预测初选的结果，民意测验专家的模型必须创建一个反映将在初选中投票的选民的样本，而不是反映合格选民的样本。2016年民主党密歇根州初选提供了一个教科书式的例子，即民意调查抽样的潜在选民并不代表去投票的实际选民。伯尼·桑德斯（Bernie Sanders）在初选中以1.5%的优势击败了希拉里·克林顿。在初选之前，《米切尔/福克斯2》(Mitchell/Fox 2)频道的民调预测希拉里·克林顿将以61%的支持率获胜，而桑德斯的支持率仅为34%。为了确定2016年初选的潜在选民，调查回到了2008年民主党初选。2012年，奥巴马正在谋求连任，所以初选没有什么意义。但是在2008年，奥巴马没有提交在密歇根州参选的文件，所以克林顿竞选的候选人名单还没有确定。这大大降低了2008年初选的投票率，使得2008年的选民在预测2016年初选的结果时几乎没有用处。在《米切尔/福克斯2》频道的民调中，大约75%的选民超过了50岁，但只有55%的实际选民超过了50岁。由于桑德斯在年轻选民中的支持率要高得多，因此这种差异是导致《米切尔/福克斯2》频道民调不准确的关键因素。

民调专家为何未能预测特朗普能够在"铁锈地带"逆袭

特朗普在"铁锈地带"宾夕法尼亚州、密歇根州和威斯康星州以不到 10 万张选票的微弱优势赢得了民调，这令民调专家十分惊讶。以下是民调机构未能预测特朗普出人意料地在"铁锈地带"逆袭的几个原因。

- 特朗普在未就读过大学的白人选民中以 67%：29% 击败了希拉里。在"铁锈地带"宾夕法尼亚州，未就读过大学的白人的投票率显著增加。例如，在宾夕法尼亚州，未就读过大学的白人投票率上升了 4.3%。由于投票率模型必须基于过去的数据，民调人员无法预测未就读过大学的白人投票率的增长。支持克林顿的非裔美国人投票率在 2016 年也有所下降。
- 许多民调机构通过拨打随机选择的电话号码来联系选民。与其他投票群体相比，未就读过大学的白人不太可能接听电话，所以这一事实可能导致特朗普最强大的支持者在许多民调中没有得到充分体现。
- 即使是在 2016 年，民调专家也很难捕捉到一名候选人在竞选后期出现的支持者激增。在关键州，最后的决胜选举倒向了特朗普。在晚决定的民众中，在宾夕法尼亚州，特朗普以 17% 的优势获胜；在密歇根州，特朗普以 11% 的优势获胜；在威斯康星州，特朗普以 29% 的优势获胜。大多数州的民意调查在选举前 3~7 天完成。如果你根据最后才做决定的人来调整民意调查结果，那么民调就能体现特朗普在"铁锈地带"的获胜。

民调机构为何未能预测 2016 年英国成功脱欧

2016 年 6 月，英国投票决定脱离欧盟。脱欧赢得了 4% 的选票，而平均民调显示"留欧"将赢得 1% 的选票。这个 5% 的误差超出了民意调查 3% 的误差范围，那么到底是哪里出了问题呢？据《每日电讯报》（*The Telegraph*）报道，以下问题可能导致了调查结果出现偏差。

- 72% 的投票率远高于民调人员的预期，民调人员对投票率的建模也不如预期准确。年龄较大的选民（60% 支持脱欧）的投票率高于预期，而多数年轻人（73%）反对英国脱欧的投票率低于预期。
- 电话调查的准确性不如在线调查。众所周知，电话民意调查对于受教育程度低的选民来说是一个更大的问题，而这些选民更有可能支持英国脱欧。
- 有很多最后决定投票的人（24%），可能是因为脱欧公投没有历史先例，民调专家在模拟最后决定投票的人时遇到了困难。

关于评分的民意调查

FiveThirtyEight.com 进行了民意调查。在文件 PollsterStatsFull.xlsx 中，我们下载了 2020 年 1 月 2 日的评分。简单来说，FiveThirtyEight.com 的评分有两个关键因素，即简单的正负值和偏离度。例如，蒙茅斯民意调查（Monmouth Poll）的正负值为 1.9%，这意味着在根据样本量、被调查种族类型和其他因素进行调整后，蒙茅斯民意调查的平均表现比预期好 1.9%（这很好）。平均而言，蒙茅斯民意调查显示，民主党人的支持率为 1.3%，这意味着民主党人的表现平均比蒙茅斯预测的好 1.3%。总体来说，蒙茅斯获得了最高的评分（A+）。另一方面，拉斯穆森民意调查（Rasmussen Poll）的正负值为 +0.3%，对共和党的平均偏离度为 1.5%，这导致了 C+ 的评分。Survey Monkey Poll 的在线调查结果为 D–，原因是 5.1% 的民主党偏离度和 2.3% 的正负值。

第32章　Buzzfeed 是如何让这条裙子走红的

2015 年 2 月 26 日，Buzzfeed 发布了一个帖子展示一条裙子，不同的用户看到这条裙子的颜色不同，其中 33% 的人认为这条裙子是青紫色的，67% 的人认为是白金色的。通过 Tumblr、Twitter、Facebook[①] 等社交媒体，"裙子"迅速传播开来，截至 2015 年 3 月 1 日，Buzzfeed 上的原始帖子浏览量已超过 3700 万次。像 Buzzfeed 这样的网站是如何快速识别出一篇帖子会迅速走红的呢？这是因为 Buzzfeed 和其他社交媒体网站使用的一个关键指标——社交提升率。

$$社交提升率 = 1 + \frac{社交媒体网站点击率}{种子投放点击率}$$

假设一个帖子在 Buzzfeed 网站上被点击了 10 万次，在社交媒体网站上被点击了 5 万次，那么该帖子的社交提升率为 1+50 000/100 000=1.5。

只有 Buzzfeed 知道每条帖子的社交提升率，但我的女儿珍妮弗·温斯顿（Jennifer Winston）说，这条裙子走红时，她正在 Buzzfeed 工作，高点击率的帖子的社交提升率会达到 20 甚至更多。每当 Buzzfeed 发布一个小测验或故事时，它的员工都在时刻关注着社交提升率。如果一篇文章具有很高的社交提升率，那么 Buzzfeed 的员工就会迅速采取行动。FiveThirtyEight 的播客描述了这篇文章发布后最初几分钟的情形。2015 年 2 月 26 日下午，Buzzfeed 的社交媒体经理萨米尔·梅兹拉希（Samir Mezrahi）正在上班，听到员工们就裙子的颜色展开了激烈争论。他在 @Buzzfeed 上发了条推文，点赞和转发量都破了纪录。一旦一篇文章在 Twitter 上反响不错，

---

① 2021 年已改名为 Meta。

Buzzfeed 就会把它发布到 Facebook 上。梅兹拉希首先发布了这条裙子的照片，并发现（根据 Twitter 上的回应）参与度比预期的要低。然后，梅兹拉希发布了 Buzzfeed 那篇原创文章的链接——剩下的就是你看到的这个现象级传播案例了。

度量 Instagram 的参与度

2020 年 3 月，Instagram 拥有超过 10 亿用户，平均每天有超过 5 亿人使用 Instagram。如果你在 Instagram 上发帖，你怎么知道你的帖子表现得好不好？通常的方法是度量参与度。Instagram 帖子参与度的计算方法是（赞+评论）/关注者。超过 6% 的参与度被认为是很高的。举个例子，我的女儿有 187 000 名粉丝，她在 "2020 年美国演员工会奖" 之后发布的帖子（当时她有 11.2 万名粉丝）收到了 8790 个赞和 3005 条评论，其参与度为（8790+3005）/112 000=10%。

推文并不总是能立即走红

和爆火的"裙子"帖子不同，许多推文需要一段时间才能走红。举个例子，2015 年 9 月 24 日，我的女儿珍妮弗·温斯顿火遍全网。她在推文中写道："你当时穿的是什么？"这条推文最终获得了 39 500 次转发和 153 200 个赞，但与爆火的"裙子"帖子不同的是，这条推文一开始并没有迅速爆红。一天后，这条推文获得了大约 1.5 万个赞，但在一周内，这条推文获得了近 15 万个赞。这条推文的点赞量仍在增加。当演员马克·鲁法洛（Mark Ruffalo）点赞这条推文时，很快就有很多人跟着点赞。这说明了拥有许多粉丝的人是如何真正帮助一条推文传播的。

许多社交媒体专家研究了能让推文更成功的因素。例如，在推文中添加视频能够使参与度（转发、评论、点赞）增加 10 倍。此外，在推文上添加 # 标签也会使参与度翻番。

最初的几天能预测"模因"的未来吗

1976 年，著名科学家兼无神论者理查德·道金斯（Richard Dawkins）写了一本颇具影响力的书，名为《自私的基因》(The Selfish Gene)。在书中，道金斯将"模因"定义为"自我复制的传播单位"。在 1993 年 6 月的《连线杂志》(Wired Magazine) 上，记者迈克·戈德温（Mike Godwin）提出了"互联网模因"一词，指通过互联网以病毒式的方式传播的思想。现在大家都省略了"互联网"这个词，而是把在互联网上广泛传播的图片或帖子称为"模因"。凭借自己的专有指标，Buzzfeed 几乎立刻就知道，"裙子"帖子会迅速走红。我在互联网上搜索一种可以让你预测一篇文章首次病毒式传播的几天后，它在前 30 天会产生多少搜索量，但没有找到。克里斯蒂安·宝克哈奇（Christian Bauckhage）开发了一个模型，该模型可以（在热度逐渐减退后）计算每月的谷歌搜索量。然而，你真正想要的，是一个可能知道三天的谷歌搜索情况之后，就能实时地告诉你随后会出现多少搜索量的模型。郭晓佳、肯尼思·C.利希顿达尔（Kenneth C. Lichtendahl）和雅艾尔·格鲁什卡-科凯恩（Yael Grushka-Cockayne）进行的研究，似乎在这个重要问题上取得了进展。不过，他们的分析使用了一种先进的方法，超出了本书的范围。

为了寻找谷歌搜索模因进展的模型，我查看了 18 个互联网模因（见图 32–1 和工作簿 Meme.xlsx）。从谷歌趋势网站上，我找到了谷歌搜索次数最多的一天（在谷歌趋势上的值为 100）。然后，通过将这 30 天的谷歌趋势指数相加，我计算了当天和接下来 29 天的相关搜索次数的总和。最后，我计算了这 30 天内在前三四天内发生搜索的比例。请注意，在前三四天里，搜索率最高的两个模因["裙子"和"不爽猫"（Grumpy Cat）]是由 Buzzfeed 发布的。我认为，这表明了 Buzzfeed 快速"传播信息"的强大能力。值得注意的是，"江南 Style"和"再见，费利西娅"（Bye Felicia）在前三四天的搜索量中所占比例并不高。如果你去谷歌趋势网站，你会发现这两个模因在 30 天后都有很多搜索量，而"裙子"的搜索量很快就降为 0 了。我猜 Buzzfeed 肯定赞同尼尔·扬（Neil Young）的观点："成为爆点之后搜索量迅速降为 0 总比搜索量逐渐减少要好。"

第 32 章 Buzzfeed 是如何让这条裙子走红的

	N	O	P	Q	R
5	模因	前三天	前四天	比率	总量
6	The Dress	64.10%	68.91%	1.075	312
7	Metoo	61.59%	65.23%	1.05914	302
8	Grumpy Cat	76.92%	80.54%	1.047059	221
9	Old Spice	31.48%	38.40%	1.220096	664
10	Imma let you finish	33.58%	40.26%	1.199134	688
11	Delete your account	52.26%	57.42%	1.098765	465
12	Old Town Road	31.48%	38.40%	1.220096	664
13	Honey Badger	35.43%	40.68%	1.148148	381
14	Dabbing	31.48%	38.40%	1.220096	664
15	Hater's gonna say its fake	39.54%	39.54%	1	306
16	Bye Felicia	15.54%	19.89%	1.279863	1885
17	Gangnam Style	15.67%	18.53%	1.182609	1468
18	Nyan Cat	11.35%	14.49%	1.276596	2070
19	Dancing Baby	38.46%	44.90%	1.167347	637
20	Keyboard Cat	17.25%	20.58%	1.193237	1200
21	Pepe the Frog	44.58%	49.37%	1.107345	397
22	Nigerian Prince	36.19%	40.46%	1.118227	561
23	Troll Face	16.09%	17.60%	1.093897	1324

图 32-1 互联网模因病毒式传播前三四天的搜索量

第 33 章 预测《权力的游戏》的收视率

负责电视节目和电影的好莱坞大亨们很乐意能够预测电视节目的收视率或电影的收入。在电视节目或电影上映前，在互联网上搜索信息的人数应该与电视节目的观众人数或付费观看电影的人数密切相关，这一点似乎顺理成章。幸运的是，谷歌趋势允许你轻松地将任何关键词的搜索频率信息下载到 Excel 中。在本章中，我们将向你展示如何使用谷歌趋势，并使用谷歌趋势数据来预测多季《权力的游戏》第一集的收视率。

谷歌趋势告诉我们什么

如果你对某个特定词汇的搜索历史感兴趣，你可以访问谷歌趋势，输入一个（或多个）关键词，并获得自 2004 年以来任意时间段内针对该术语的相关搜索次数，你可以限定搜索的地理位置范围（我们选择了美国），选择"自定义时间段过去 12 个月"，单击下拉列表，可以任意选择你想要的时间段。如果选择的时间范围不超过 90 天，你可以下载一个以逗号分隔的值文件（扩展名为 .csv 的文件），这个文件包含每日查询索引。打开 csv 文件后，可以将其保存为 Excel 文件。对于给定的区域，查询索引是基于查询共享的，即该区域内查询关键词的总次数除以相关时间段内该区域内查询的总次数。谷歌趋势扩展了查询索引，使最大的查询共享扩展到 100。使用"比较"功能，你可以添加更多的关键词并覆盖结果。

为了说明谷歌趋势的查询结果，在 2020 年 4 月 24 日，我们输入歌手泰勒·斯威夫特（Taylor Swift）和前《金装律师》（*Suits*）明星梅根·马克尔（Meghan Markle）作为关键词。2018 年 5 月 19 日，梅根和哈里王子结婚。过去五年搜索的结果如图 33–1 所示。需要注意的是，马克尔只有在 2017 年 12 月 3 日至 9 日（她的订婚消息于2017年11月27日宣布）和2018年5月6日至26日（王室婚礼是2018年5月19日）这段时间内的搜索量更多。单击图33-1所示的向下箭头，能够下载一个逗号分隔的值文件，其中包含用于生成图表的数据。

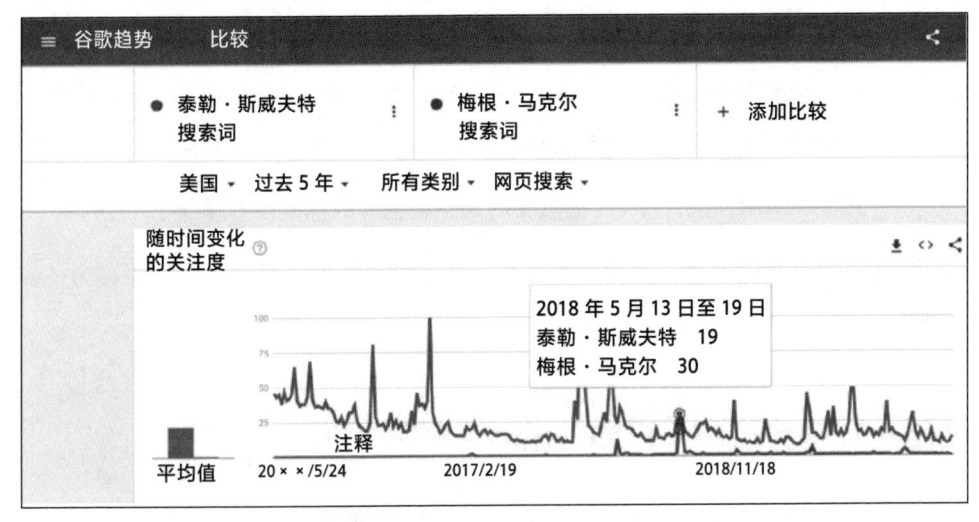

图33-1 谷歌趋势中泰勒·斯威夫特与梅根·马克尔的搜索结果

用谷歌趋势预测现在

各国政府会在每个时间段结束之后的几天公布一个月、一个季度或一年的经济统计数据。一名投资分析师的工作是预测汽车股票的未来股价，如果他们在月底有最好的预测模型，能够在政府发布实际数据之前估计实际汽车销量，那么他们就比竞争对手有优势。谷歌的研究人员崔元英（Hyunyoung Choi）和著名经济学家哈尔·瓦里安（Hal Varian）展示了如何使用搜索结果来改进美国每月汽车销量的预测。崔元英和瓦里安使用了2004年1月至2011年6月间的数据。

定义 $Y_t =$ 第 t 个月的销量。崔元英和瓦里安首先试图通过使用 $\ln(Y_{t-1})$ 和 $\ln(Y_{t-12})$ 作为独立变量来预测 $\ln Y_t$。他们发现这两个独立变量的 P 值都小于万分之一，并找到了最佳拟合公式：

$$\ln(Y_t) = 0.67266 + 0.64342 \times \ln(Y_{t-1}) + 0.29565 \times \ln(Y_{t-12})$$

可得 R^2 为 71.85%。

作者发现，将每月末的搜索词卡车和 SUV 及汽车保险的谷歌趋势指数作为自变量，可以帮助你创建对 Y_t 的改进预测。使用这四个自变量的最佳拟合公式为：

$$\ln Y_t = -0.45798 + 0.61947 \times \ln(Y_{t-1}) + 0.42865 \times \ln(Y_{t-12}) + 1.05721 \times（第 t 个月的卡车和 SUV 查询索引）- 0.52966 \times（第 t 个月的汽车保险查询索引）$$

该公式将 R^2 增加到 81.79%，更重要的是，将估计的标准误差降低了 17.5%。

出于显而易见的原因，崔元英和瓦里安将这种对谷歌趋势数据的使用称为"临近预测"。

使用谷歌趋势预测《权力的游戏》的收视率

HBO 电视网的电视剧《权力的游戏》不是很对我的胃口，但在 2010—2019 年播出的这段时间里，这部剧一直是周一茶水间闲聊的话题。该剧大结局成为 HBO 有史以来收视率最高的剧集。在本节中，我们使用谷歌趋势的数据来预测第 3~8 季第一集在美国的收视率。工作簿 AllThrones.xlsx 包含 2011 年 1 月至 2019 年 4 月期间《权力的游戏》每个月的月度查询索引。2019 年 4 月（《权力的游戏》最后一季的第一个月）的查询索引为 100，这表明 2019 年 4 月的查询索引是所有月份中最大的。在工作表 Daily Searches 中，我们分别下载了《权力的游戏》第 3~8 季第一集之前 90 天的每日查询索引。注意，这些搜索都包含下载期间搜索次数最多的一天为 100 的查询索引。我们不能使用谷歌趋势来确定每天的实际搜索数，但我们将展示如何确定每一季开播前 30 天的相关搜索数。然后，我们将尝试从搜索的相对数量来预测第一集的观众人数。

为了说明我们的方法，请注意《权力的游戏》第六季已于 2016 年 4 月 24 日首播。2016 年 3 月的谷歌趋势指数是 13，2016 年 4 月是 37。4 月 24 日之前的 30 天是 4 月 1 日至 23 日和 3 月 25 日至 31 日。从我们的日常数据中，我们发现 3 月份的《权力的游戏》搜索有 26.4% 发生在 3 月 25 日至 31 日，4 月份的《权力的游戏》搜索有 53.6% 发生在 4 月 1 日至 23 日。因此，我们可以为第 6 季开播前 30 天的《权力的游戏》搜索创建一个相关索引，即 0.536×37+0.264×13=23.24。图 33-2 总结了《权力的游戏》第 3~8 季的数据。

	K	L	M	N	O	P
3	首映日期	年份	前 30 天搜索指数总和	预测	首映收视率（百万）	
4	3/31/2013	2013	16.05	4.16358	4.37	
5	4/6/2014	2014	21.55	7.13908	6.64	
6	4/12/2015	2015	21.39		8	复活节 4 月 5 日
7	4/24/2016	2016	23.24	7.907557	7.94	
8	7/16/2017	2017	28.21	9.770313	10.11	
9	4/14/2019	2019	39.84	11.81254	11.76	

图 33-2 《权力的游戏》网络搜索和收视率

我们希望使用 M 列中的 30 天查询索引来预测每一季首映（在 N 列）的收视率。注意 2015 年的搜索量比 2014 年的搜索量要小，但是 2015 年的首映的收视率比 2014 年的首映的收视率要大得多。这似乎表明，增加的搜索并不能预测更大的收视率。但要注意的是，2015 年的复活节是 4 月 5 日，也就是《权力的游戏》首映的七天前。复活节确实生成了许多搜索，由于谷歌趋势的查询索引基于相关时间段内的所有搜索，2015 年 3 月和 4 月的《权力的游戏》查询索引由于复活节搜索的增加而减少。此外，许多美国人会更关注复活节而不是《权力的游戏》，这也会减少首映前一个月的查询索引。因此，我们将在后续分析中忽略 2015 年的数据点。利用 Excel 趋势曲线功能，我们找到了拟合剩余 5 个数据点效果最好的二次公式（见图 33-3）。

如图 33-3 所示，下面的公式在预测《权力的游戏》收视率方面效果很好，其平均绝对误差约为 3%：

预测首映收视率 =0.012× 搜索数量^2+0.9922× 搜索数量 −8.6685

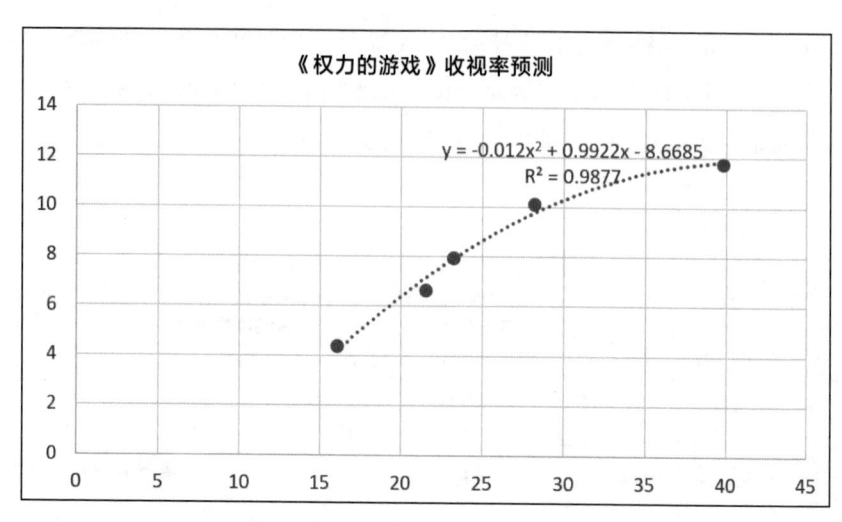

图 33–3 基于网络搜索的《权力的游戏》收视率预测方程

其他研究人员成功地利用了一部电影上映前的推文数量来预测电影首映周末的票房。我们预计，未来网络搜索和社交媒体数据将更频繁地用于预测产品销售等人们感兴趣的领域。

第三部分
为什么会发生

ANALYTICS STORIES

第 34 章　吸烟会导致肺癌吗

我相信读这本书的每个人都相信吸烟会导致肺癌。在这一结论被普遍接受之前，医生和统计学家走过了一条漫长而曲折的道路。直到 1960 年，仅有三分之一的美国医生相信吸烟会导致肺癌。在本章中，我们将向你展示吸烟会导致肺癌是如何成为全社会的普遍认知的。

相关性和因果关系

正如第 8 章中首先讨论的，两个定量变量 X 和 Y 的相关性总是在 -1 和 $+1$ 之间。相关性衡量的是 X 和 Y 之间的线性关系的强弱。如果相关性接近 $+1$，当 X 大于（小于）平均值时，Y 趋向于大于（小于）平均值；如果相关性接近 -1，当 X 大于（小于）平均值时，Y 趋向于小于（大于）平均值。许多人认为，接近 $+1$ 或 -1 的相关性意味着 X 和 Y 之间存在因果关系。这通常是错误的。网络上包含了许多高度相关的变量的例子，却完全没有因果关系。例如，2000—2009 年间，缅因州的离婚率与人造黄油人均消费量之间的相关性为 0.9926！有时，第三个变量可以解释相关性，例如，如果我们让 $X=$ 一个城市的酒吧数量，让 $Y=$ 一个城市的教堂数量，X 和 Y 之间的相关性非常接近 1，因为大城市有很多酒吧和教堂，小城市很少有酒吧和教堂。这种相关性取决于城市的规模，而不是酒吧和教堂之间的任何因果关系。

关键证据

回想一下，我们在第 17 章中提及过奥斯汀·布拉德福德·希尔有关链霉素的讨论。理查德·多尔（Richard Doll）和布拉德福德·希尔的开创性论文开始证明吸烟会导致肺癌。1951 年，多尔和希尔向 59 600 名英国医生发送了问卷，询问他们的性别、年龄、吸烟数量、吸烟方式以及他们是否继续吸烟或已戒烟。男性医生提交了34 494份回复（很少有女性吸烟）。在接下来的53个月里，作者们煞费苦心地追踪了每一位医生的死因。在大约6000名不吸烟的男性中，只有一人死于肺癌，而在大约28 000名男性吸烟者中，有83人死于肺癌。使用重采样方法，我们发现，假定非吸烟者和吸烟者肺癌的死亡率相同，那么这种吸烟者有83例肺癌死亡的事情的发生概率只有万分之一。这似乎是相当有力的证据，表明吸烟者死于肺癌的比率高于非吸烟者。换句话说，吸烟者死于肺癌的概率是83/28 000，而非吸烟者死于肺癌的概率是1/6000。这意味着吸烟者死于肺癌的可能性是非吸烟者的$\frac{83/28\ 000}{1/600}$=17.8倍。17.8这个数字是吸烟者相对于非吸烟者患肺癌的相对风险。

多尔和希尔整理了更多的证据来支持吸烟导致肺癌的说法。

- 每1000人年龄35岁及以上的男性，非吸烟者的死亡率为0.07，吸烟者的死亡率为0.90。
- 轻度吸烟者每1000人（每天1~14支烟），肺癌死亡率为0.47；中等吸烟者（每天15~24支烟），肺癌死亡率为0.86；重度吸烟者（每天至少25支烟），死亡率为1.66！

简而言之，一个人吸烟越多，他就越有可能死于肺癌。

空气污染会导致肺癌吗

由于空气污染在第二次世界大战后随着人口和工业生产的增长而加剧，一些公共卫生专家认为空气污染可能是导致肺癌的一个重要原因。多尔和希尔研究了这种可能性。在1950年1月至1952年2月期间，75岁以下的英国肺癌患者接受了采访，并接受了关于吸烟习惯、居住地和社会地位的询问。多尔和希尔发现，生活在农村地区（可能空气污染比城市地区少）与患肺癌的风险显著降低无关。他们还发现，住在煤气厂附近（吸入煤气厂的烟雾）并不会增加患肺癌的风险。最后，他们还发现，加热设备的类型（煤气、煤、电力、散热器或其他设备）也与肺癌风险的增加无关。综上所述，这些结果似乎暗示了你呼吸的空气的质量并不是导致肺癌发病率的重要因素。

烟草公司发起反击

　　莎伦·米尔伯格（Sharon Milberger）等人研究发现，在 34 起原告起诉烟草公司赔偿肺癌死亡的案件中，烟草公司认为有 21 起吸烟案件与肺癌的统计关联并不意味着因果关系。值得注意的是，随机对照试验的黄金标准不能用于研究吸烟和肺癌之间的联系。你不能抛硬币，告诉一半的人可以吸烟，告诉另一半的人不要吸烟。由于不可能使用随机对照试验，使得否认因果关系者认为，吸烟者和非吸烟者之间存在一些未知的差异，会导致肺癌。这一观点最著名的捍卫者是英国杰出的统计学家（同时也是吸烟者）罗纳德·费希尔（Ronald Fisher）。根据优秀的统计学家布拉德利·埃弗龙（Bradley Efron）的说法，费希尔是 20 世纪最优秀的统计学家。在 1958 年给著名杂志《自然》（Nature）的一封信中，费希尔指出，基因因素（也许是吸烟基因）部分决定了一个人吸烟的概率。他发现，同卵双胞胎有不同的吸烟习惯的概率是 24%，而异卵双胞胎有不同的吸烟习惯的概率是 51%。由于异卵双胞胎有基因差异，而同卵双胞胎没有，费希尔得出结论，一个人的基因组成影响他们的吸烟选择。费希尔利用基因构成和吸烟选择之间的联系推测，可能有一个基因使人们更容易吸烟，而同样的基因可能使人们更容易患肺癌。如果是这样的话，那么香烟可能不是导致肺癌的一个重要原因。

　　美国杰出的统计学家杰尔姆·康菲尔德（Jerome Cornfield）推翻了费希尔的论点。

　　要理解康菲尔德的论点，我们令：

- $E=$ 可观察的效应（肺癌）；
- $A=$ 一个对肺癌没有影响的观察因素（吸烟）；
- $B=$ 一个与吸烟呈正相关的不可观察的因素（肺癌基因）；
- $R=$ 与非吸烟者相比，吸烟者患肺癌的相对风险（多尔和希尔发现 $R=17.85$）。

　　康菲尔德证明了一个不等式，这意味着具有不可观察因素的吸烟者的比例必须

至少是非吸烟者的 R（这里是 17.85）倍。认为吸烟者患有未被发现的肺癌基因的可能性是非吸烟者的 18 倍，这似乎很荒谬。费希尔从未回应过康菲尔德的论点。

最后我们指出，证明因果关系是极其困难的。如果你想了解更多关于因果关系的知识，请查看优秀图书《为什么》。

第 35 章　为什么说休斯敦火箭队是一支优秀的篮球队

2000 年，我以前的学生马克·库班（Mark Cuban）请了我和另一位著名的体育统计学家杰夫·塞格瑞恩（Jeff Sagarin）来分析达拉斯小牛队[①]的球员和阵容。据马克说，我们是第一批 NBA 数据科学家。如今，每支 NBA 球队都有一个分析部门。团队对于他们的分析部门在做什么缄口不言，但对于休闲玩家来说，分析部门最明显的影响可能是自 2000 年以来三分球尝试的大幅增加。如图 35-1 所示（见工作簿 3PtShooting.xlsx），自 2000 年以来，三分球投篮次数增加了一倍以上。事实上，在 2017—2018 赛季，休斯敦火箭队超过一半的投篮尝试都是三分球。正如你所看到的，三分球命中率自 2000 年以来变化不大，因此准确性的提高并没有导致三分球投篮次数的增加。

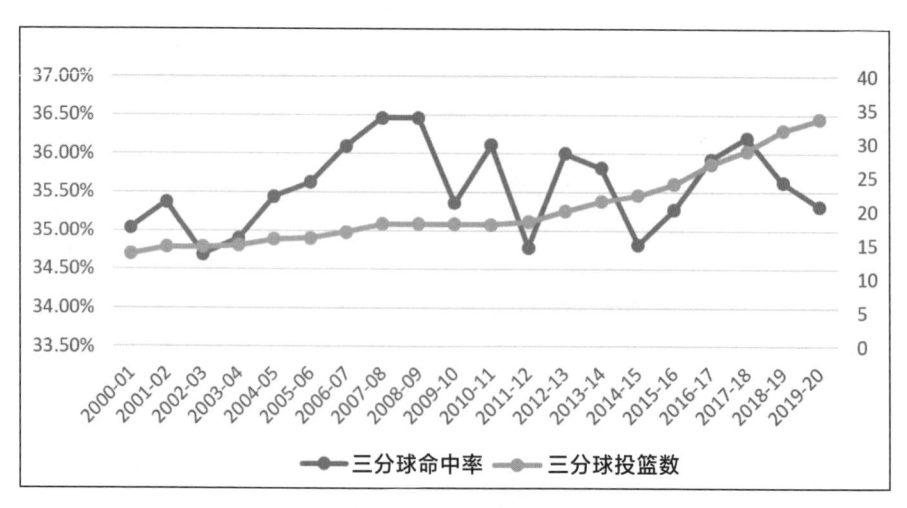

图 35-1　NBA 三分球投篮趋势

---

① 现已更名为达拉斯独行侠队。——译者注

在本章中，我们将使用简单的中学数学原理来解释三分球的增长，以及为什么休斯敦火箭队一直是 NBA 排名前五的球队。

NBA 投篮数学基础

在许多 NBA 广告中，NBA 球员告诉你，"这是一个成功或失败的联盟"。这不是那么吸引人，但球员可能会说，"这是一个得分联盟"。在 2017—2018 赛季和 2018—2019 赛季，休斯敦火箭队赢得了 118 场常规赛，比 NBA 任何一支球队都多。我们将忽略他们在季后赛中表现糟糕的事实（他们在 2018 年第七场输给金州勇士队的比赛中连续投丢 27 个三分球）。大多数球迷认为火箭队主打的是进攻策略。没错，火箭队的进攻是很棒的，但这并不是因为它们进攻很猛，而是因为它们的命中率高。

当然，在篮球运动中，除了投篮、进攻和防守外，其他技能也很重要。华盛顿奇才队主管分析的助理教练迪安·奥利弗（Dean Oliver）在他的《纸上篮球：分析球队表现的规则和工具》（*Basketball on Paper: Rules and Tools for Performance Analysis*）一书中提出了解释一支篮球队表现的四个因素：

- *EFG* 因素 = 本队进攻的有效投篮命中率（*EFG*）– 对手的有效投篮命中率；
- 篮板差 = 本队进攻篮板率 – 对手进攻篮板率；
- 失误差 = 对手每 100 次进攻的失误 – 本队每 100 次进攻的失误；
- 罚球效率差异 =（本队罚球次数）/（本队投篮次数）–（对手罚球次数）/（对手投篮次数）。

EFG 简单来说就是投篮得分 /（2 × 投篮次数）。例如，假设一支球队 100 次投篮中投进 40 个球，其中 10 个是三分球。他们得到 90 分，所以，他们的 *EFG*=90/200=45%。这是合理的，因为在没有三分球的情况下，球队的命中率为 40%，而投进十个三分球可以增加 10 分，相当于投进了五个两分球。

EFG 的重要性远超其他，占团队表现变化的 40%。

网络上为每个球队和每位 NBA 球员提供了关于他们投篮的以下信息：

- 五段投篮距离的比例：0~3 英尺、3~10 英尺、10~16 英尺、16 英尺到三分线和三分球区域；

- 对于每个投篮距离投篮的命中率。

图 35-2（见工作簿 RocketsShooting.xlsx 中的 5teams 工作表）总结了 2017—2018 赛季公牛队、勇士队、火箭队、猛龙队和奇才队的这些数据。工作表 Shooting 17_18 的单元格 M38:Q38 给出了 2017—2018 年赛季的常规赛平均数据。需要注意的关键事实是，0~3 英尺投篮平均 2 × 0.658=1.32 分，三分球平均 3 × 0.362=1.09 分。任何在 3 英尺到三分球线之间的投篮每次只能得到大约 2 × 0.4=0.8 分。因此，不在篮筐附近的两分球通常是糟糕的投篮。正如你将看到的，火箭队比其他任何球队都更了解这一点。

	B	C	D	E	F	G	H	I	J	K	L	M	N	O	P
1						投篮频率					投篮命中率				
2															
3					投篮得分		2	2	2	3					
4	我们投篮的好坏	我们的投篮命中率	球队	实际每次投篮得分	预期每次投篮得分	0-3	3-10	10-16	16 to 3	3pt	0-3	3-10	10-16	16 to 3	3P
5	-0.01	-0.04	芝加哥公牛队	1.00	1.03	0.25	0.17	0.10	0.14	0.35	0.62	0.39	0.39	0.38	0.36
6	-0.01	0.10	金州勇士队	1.14	1.04	0.27	0.14	0.11	0.14	0.34	0.71	0.42	0.49	0.46	0.39
7	0.05	0.01	休斯敦火箭队	1.10	1.09	0.29	0.10	0.06	0.04	0.50	0.67	0.37	0.45	0.43	0.36
8	0.02	0.02	多伦多猛龙队	1.08	1.06	0.29	0.16	0.10	0.07	0.38	0.68	0.41	0.43	0.42	0.36
9	-0.03	0.03	华盛顿奇才队	1.05	1.02	0.24	0.16	0.14	0.15	0.31	0.67	0.42	0.44	0.41	0.38
10			联盟平均得分	1.04	1.04	0.28	0.16	0.11	0.12	0.34	0.66	0.39	0.42	0.40	0.36
11					0	0-3	3-10	10-16	16 to 3	3pt	0-3	3-10	10-16	16 to 3	3P
12					0 平均										
13					1.04										

图 35-2　2017—2018 赛季 NBA 投篮数据

在下面的计算中，我们使用了 Excel 强大的 SUMPRODUCT 函数。

首先，我们要计算每支球队的投篮得分比联盟平均水平高或低多少，然后按如下步骤进行。

- 确定（基于每个距离的联盟平均投篮命中率和每个距离的投篮频率）联盟每次投篮的平均得分。2017—2018 赛季，联盟每次投篮的平均得分 =1.04。
- 根据球队不同距离的投篮频率，确定如果它们在每个距离上按照联盟投中的平均百分比，球队每次投篮能得到多少分。这是球队每次投篮的期望得分。
- 计算每个球队每次投篮的实际得分。

现在，我们可以将每个球队的投篮结果分为两部分。

第 35 章 为什么说休斯敦火箭队是一支优秀的篮球队

- 我们的投篮成绩=（如果球队达到联盟平均命中率，每个球队的预期得分）–（联盟平均得分）；
- 投篮好坏=（球队实际得分）–（如果球队达到联盟平均命中率，每个球队的预期得分）。

下面以 2017—2018 赛季休斯敦火箭队为例来说明计算方法。

1. 计算每次投篮的联盟平均得分。

联盟每次投篮的平均得分 = 2×0.281×0.658+2×0.156×0.394+2×0.106×0.415+2×0.12×0.4+3×0.337×0.362=1.04 分

为了说明这些（以及所有后续）计算背后的逻辑，下面以 100 次有代表性的投篮为例。在 0~3 英尺的距离投篮能得多少分？100×0.281 次投篮都是在 0~3 英尺处，每次投篮都有 0.658 的命中率。因此，在 100 次代表性投篮中，平均一支 NBA 球队可以在 0~3 英尺的投篮中预计得到 2×0.281×0.658×100 分。在 0~3 英尺的投篮中，每次投篮可以得到 2×0.281×0.658 分。因此，将上面所示公式中的每一项相加，平均每支 NBA 球队每次投篮的预期得分为 1.04。

2. 计算每队每次投篮得分，假设他们在每个距离上都像普通球员一样投篮。

图 35–2 中的单元格 G7:K7 给出了每个距离的休斯敦火箭队投篮的分数。因此，如果火箭队的投篮像 NBA 普通球员一样，他们预计平均得分 2×0.288×0.658+2×0.103×0.394+2×0.062×0.415+2×0.044×0.4+3×0.503×0.362= 每次投篮得到 1.09 分。这表明火箭队的平均投篮得分比联盟平均投篮得分高出 1.09–1.04=0.05 分。

3. 计算每队每球的实际平均得分。

利用第 7 行的数据，我们确定火箭队每次投篮的实际平均得分等于 2×0.288×0.669+2×0.103×0.369+2×0.062×0.454+2×0.044×0.43+3×0.363=1.10 分。

由于火箭队的理论平均投篮得分是 1.09 分，而实际投篮得分是 1.10 分，因此其实际得分比普通球员高 1.10–1.09=0.01 分。

我们现在可以解释图 35–2 中的 B 列和 C 列。

- 公牛队的投篮命中率仅比平均水平低 0.01 分,但它们的投篮命中率比预期低 0.04 分。

- 勇士队的投篮命中率比平均水平低 0.01 分,但它们的投篮命中率比预期高了惊人的 0.10 分。没有哪支球队的命中率能超过预期命中率 0.04 分。

- 火箭队的命中率比平均水平高 0.05 分,但火箭队的命中率只比预期平均水平高 0.01 分。没有哪支球队的投篮命中率能高于平均水平 0.03 分。

- 猛龙队的命中率比平均水平高 0.02 分,它们的命中率也比预期的高 0.02 分。

- 令人惊讶的是,倒霉的奇才队的命中率比预期的高 0.03 分,但它们的命中率却比平均水平低 0.03 分,这将预期的优势抵消了。

扎克·拉文对战公牛队的分析部门

在 2019—2020 赛季开始之前,公牛队的分析部门告诉前锋扎克·拉文(Zach LaVine)要少投中距离投篮。从图 35-3 所示的数据可以计算出,在 2017—2018 赛季和 2018—2019 赛季,拉文的三分之一投篮都在 3 英尺到三分线的距离之间。在 2017—2018 赛季,他的这些投篮场均得 0.54 分,而在 2018—2019 赛季,他的这些投篮场均得 0.64 分。所以,拉文的球队在中距离两分球至少丢了 0.4 分。拉文的三分投篮命中率接近联盟平均水平,0~3 英尺的投篮命中率略低于联盟平均水平,所以这些都是相当不错的投篮。难怪公牛队的分析部门建议减少中距离投篮。在 2019—2020 赛季中期,拉文将他的中距离两分球减少到 23%,但后来又回到了糟糕的 27%。

	C	D	E	F	G	H	I	J	K	L	M
5	赛季	0-3 英尺	3-10 英尺	10-16 英尺	16 英尺到三分线	三分球	0-3 英尺	3-10 英尺	10-16 英尺	16 英尺到三分线	三分球
6	2014-15	0.276	0.117	0.066	0.292	0.247	0.631	0.316	0.333	0.354	0.341
7	2015-16	0.277	0.09	0.055	0.249	0.33	0.677	0.349	0.302	0.351	0.389
8	2016-17	0.272	0.061	0.049	0.182	0.437	0.637	0.419	0.343	0.411	0.387
9	2017-18	0.318	0.121	0.059	0.155	0.346	0.549	0.233	0.381	0.255	0.341
10	2018-19	0.396	0.127	0.067	0.127	0.283	0.653	0.264	0.303	0.382	0.374
11	2019-20	0.36	0.09	0.051	0.093	0.406	0.62	0.146	0.234	0.4	0.388
12	职业生涯	0.324	0.1	0.058	0.179	0.339	0.638	0.279	0.307	0.365	0.377

图 35-3 扎克·拉文投篮数据统计

结论

NBA 历史上最好的球队场均得分比平均水平高 10 分左右。在 2017—2018 赛季，火箭队场均投篮 84 次，所以它们的投篮质量使它们比平均水平高出 $0.05 \times 84 = 4.2$ 分。这几乎是从平均水平到卓越水平的一半。

文件 RocketsShooting.xlsx 分析了 2017—2018 赛季和 2018—2019 赛季所有球队的投篮表现。

第 36 章 1854 年伦敦霍乱暴发的原因是什么

流行病学是医学和公共卫生的一个分支，它试图确定导致人们患病的原因和危险因素。英国医生约翰·斯诺（John Snow）被许多人认为是现代流行病学的创始人。在这一章中，我们将探讨约翰·斯诺令人难以置信的工作，他的工作表明，被霍乱弧菌污染的水导致了 19 世纪英国可怕的霍乱流行。

霍乱

霍乱是一种可怕的传染病，会引起严重的腹泻。如果不及时治疗，霍乱会导致脱水或死亡，每年仍有 100 万~400 万霍乱病例。霍乱的治疗方法是静脉输液、抗生素和锌补充剂。在斯诺博士的惊人工作之前，许多医生相信瘴气理论（Miasma theory），该理论假设空气中存在瘴气粒子，瘴气粒子通过空气传播并使人们感染霍乱。斯诺很相信细菌理论（germ theory），该理论认为霍乱是通过饮用受污染的水或吃了受污染的食物进入人体的。然后，霍乱通过生殖细胞传播。正如你将看到的，斯诺博士收集的数据对支持细菌理论起到了决定性作用。

斯诺和布罗德街的水泵

1854 年 8 月底，一场可怕的霍乱袭击了伦敦苏荷区（Soho district）。从 8 月 31 日到 9 月 2 日，总共有 127 人死于霍乱，到 9 月 10 日，已有 500 人死亡。在附近的米德尔塞克斯医院（Middlesex Hospital），著名的弗洛伦斯·南丁格尔（Florence Nightingale）治疗了许多霍乱患者。正如你将看到的，大多数死亡事件都发生在布罗德街的水泵附近。布罗德街水泵周围一些地区的死亡率达到了 12.8%。9 月 7 日，斯诺用显微镜检查了来自布罗德街水泵的一些水，看到了"白色絮状颗粒"。这使斯诺确信，布罗德街水泵里的水被污染了。后来人们发现，连接厕所的管道泄漏到了布罗德街的水井中，污染了水。

斯诺开始相信，他需要证明受污染的水可能导致了霍乱。他执着地搜集到了霍乱暴发中每名死者的地址，并在疾病地图上标出了他们的位置。罗宾·威尔逊（Robin Wilson）精彩的博客文章为我们提供了一份与现代街道地址相结合的死者地图（见图36-1）。地图清楚地显示了，死亡集中在布罗德街水泵附近。

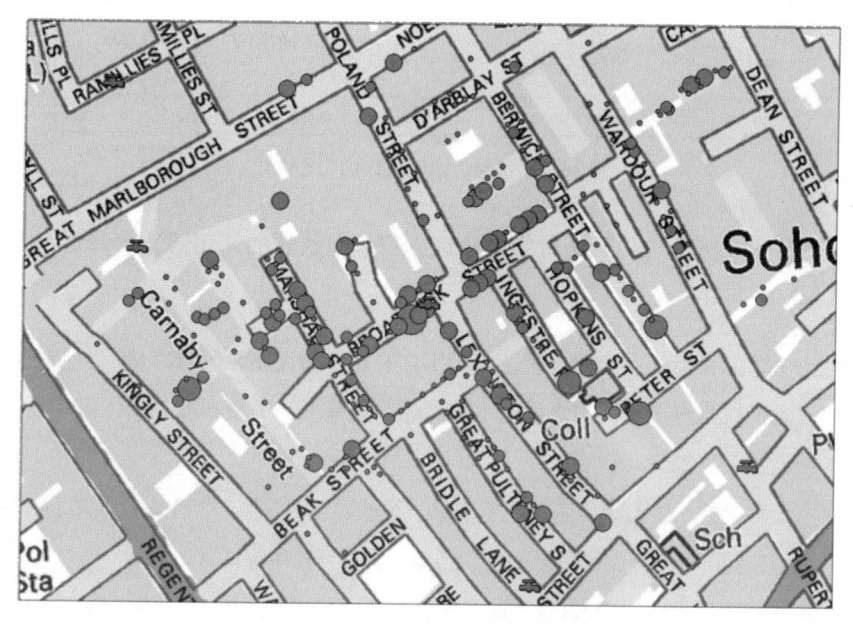

图36-1 1854年霍乱死亡病例的分布位置

我从威尔逊的博客上下载了每名死者地址的经纬度，以及该地区八个水泵的经纬度。我找到了离每名死者地址最近的水泵。然后，我用数据透视表汇总了根据距离最近的水泵分类的死亡人数。图36-2以气泡图的形式总结了结果（参见工作簿Deaths.xlsx）。x轴表示每个水泵的经度，y轴表示每个水泵的纬度，每个气泡的面积与最接近每个水泵的死亡人数成正比（死者中没有最接近水泵4和7的，但我将值改为1，以便显示这些水泵的位置）。与其他任何水泵相比，更靠近布罗德街水泵（水泵1）的死亡人数要多得多。此外，离布罗德街水泵最远的两个水泵（水泵4和水泵7）附近没有发生死亡事故。

219

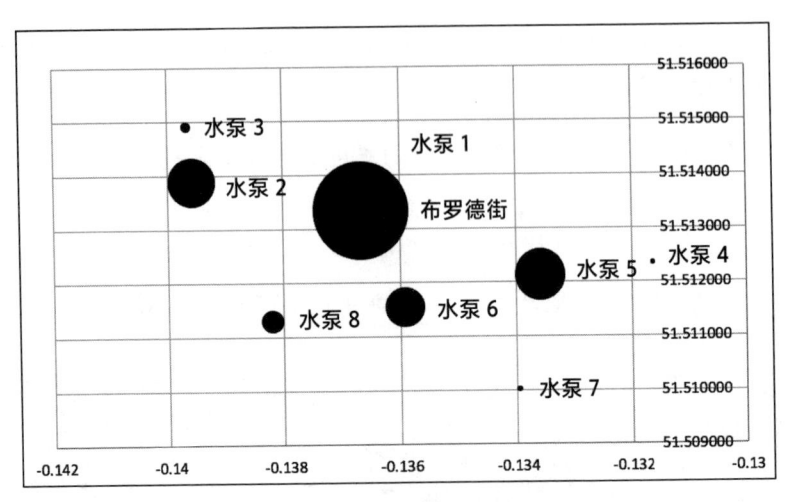

图 36-2 按最近水泵统计的死亡人数

有许多异常现象与布罗德街水泵理论不符，但执着的斯诺博士解释了大部分异常现象。

- 一个寡妇和她的侄女去世了，她们不住在布罗德街水泵附近。然而，斯诺博士发现她们很喜欢布罗德街水泵的水的味道，于是就让人把布罗德街水泵里的水带给她们。
- 水泵附近的一所监狱里有 535 名囚犯，这些囚犯中只有不到 1% 的人死亡。斯诺发现囚犯们不喝布罗德街水泵的水，因此，囚犯死亡率很低。
- 狮子啤酒厂（Lion Brewery）就在布罗德街水泵附近，70 名啤酒厂员工无一死亡。因为啤酒厂的员工更喜欢喝啤酒，而且啤酒厂有自己的水泵。这完美地解释了他们的存活率。

1854 年 9 月 7 日，斯诺博士向监护者委员会（类似于镇议会）发表了讲话，说服他们在第二天拆除水泵手柄。在水泵手柄被移走之前，疫情已经开始消退。这可能是由于人们逃离了布罗德街地区，人口密度下降所致。因此，不太可能确定移除水泵在多大程度上促成了该流行病的结束。

当然，正如我们在第 34 章中讨论的那样，吸烟与肺癌之间的联系并未被证明是因果关系。许多医生怀疑斯诺博士关于受污染的水会引起霍乱的观点。例如，斯诺提到，巴利博士（Dr. Baly）指出，威斯敏斯特（Westminster）和贝尔格雷夫（Belgrave）地区都有相同的水，但威斯敏斯特每1万人中有68人死亡，贝尔格雷夫每1万人中只有26人死亡。如果是水引起了霍乱，那该如何解释这种差异呢？斯诺意识到，贫穷的威斯敏斯特的人口密度远远大于上层阶级的贝尔格雷夫。因为斯诺相信这种疾病会在人与人之间传播（事实证明他确实是对的），人口密度的差异可以解释两个地区之间死亡率的差异。为了证明因果关系，斯诺需要进行一个随机对照试验。幸运的是，斯诺能够进行类似于随机对照试验的实验。

斯诺的随机对照试验

如果斯诺的细菌理论是正确的，那么人口密度和贫困等因素可能会影响霍乱的死亡率。斯诺需要"排除"这些因素和其他社会经济因素的影响。事实上，伦敦的许多街道的供水管道来自两家不同的供水公司［索思沃克·沃克斯霍尔（Southwark Vauxhall）公司和兰贝思（Lambeth）公司］，每个家庭的抽签运气（不包括收入或任何其他变量）决定了哪家公司为该家庭服务。斯诺调查了为近6.7万个家庭服务的供水公司和霍乱死亡率间的关系。斯诺检查了1853—1854年霍乱流行的前四周这两家公司服务的街道的死亡情况。他发现，在索思沃克·沃克斯霍尔公司服务的40 146个家庭中，有286人死于霍乱，在兰贝思公司服务的26 107个家庭中，只有14人死亡。这意味着索思沃克·沃克斯霍尔公司服务的家庭的死亡率是兰贝思公司服务的家庭的死亡率的20倍。利用重采样技术，假设两家公司的霍乱死亡率相同，那么发生如此大的死亡率差异的概率小于十万分之一。

索思沃克·沃克斯霍尔公司从泰晤士河和伦敦下水道下游取水，而兰贝思公司则从伦敦下水道上游取水。由于相邻的家庭在社会经济变量上是相似的，斯诺实际上进行了一项随机对照试验，唯一不同的因素是供应给家庭的水质。这项随机对照试验的精彩模拟毫无疑问地证实了被污水污染的水导致了霍乱，并从此推翻了关于霍乱传播的"瘴气理论"。

结论

即使在今天这个数据驱动的世界，斯诺的工作也很难复制。想象一下，在19世纪50年代进行他的分析是多么困难。

约翰·斯诺还对医学做出了许多其他贡献。例如，他率先在麻醉中使用乙醚和氯仿（维多利亚女王的最后两个孩子都是他接生的）。2003年3月，在由现已停刊的《医院医生》(*Hospital Doctor*)杂志发起的一项民意调查中，约翰·斯诺被评为"有史以来最优秀的医生"，甚至击败了伟大的希波克拉底（Hippocrates）。

正如唐纳德·卡梅伦（Donald Cameron）和伊恩·琼斯（Ian Jones）所指出的，斯诺对流行病学的贡献包括以下几个方面。

- 发现了一个公共卫生问题（霍乱），并发展了该疾病如何传播的理论（细菌理论）。
- 使用所有可用的方法和数据来证实细菌理论。如我们所见，斯诺竭尽全力获取证实他理论中的数据。
- 一旦细菌理论得到证实，斯诺便向公众和有关当局提出了消除或缓解这一疾病（霍乱）的策略。

我个人对斯诺博士的惊人成就犹生敬畏。他开创了这一领域，极大地提高了预期寿命和生活质量，我们大家都要感谢他。

第 37 章　是什么影响了零售产品的销售

如果一个实体零售商想要在当今竞争激烈的环境中生存，它需要了解影响其产品销售的因素。在本章中，我们将介绍如何开发一个简单而强大的模型，用来理解影响产品销售的因素。

美纹纸胶带

工作簿 PaintersTape.xlsx 包含了当地五金店美纹纸胶带两年的每周销售数据。如图 37-1 所示，我们会得到以下信息。

- 销售数量（"销量"列）。
- 季度（1=1~3 月；2=4~6 月；3=7~9 月；4=10~12 月）。
- 该产品是本周展示的产品吗（1= 是；0= 否）？
- 星期日的报纸上有这种产品的优惠券吗（1= 有优惠券；0= 无优惠券）？
- 五金店的价格与该产品唯一竞争对手的价格之比。

	G	H	I	J	K	L	M	N	O	P
1							误差平方和	16410.35		R^2
2	周	季度	展示	优惠券	价格比率	销量	预测	平方误差		0.944999
3	1	1	0	1	0.97	71	79.33857	69.53179		
4	2	1	1	0	0.93	105	108.958	15.66562		
5	3	1	1	0	1.04	54	62.40879	70.70775		
6	4	1	0	1	1.08	42	46.44448	19.75336		
7	5	1	1	0	1.04	62	62.40879	0.167109		
8	6	1	1	1	1.1	51	47.1867	14.54122		
9	7	1	1	1	0.98	98	91.7106	39.55659		
10	8	1	0	1	0.96	80	83.54461	12.56423		
11	9	1	1	1	1.02	76	75.13	0.756904		
12	10	1	1	0	1.08	54	51.70625	5.261283		

图 37-1　美纹纸胶带数据

例如，第 1 周是在第 1 季度；售出 71 套；该产品不是本周展示的产品；当地报纸上有一张优惠券；五金店的价格比竞争对手低 3%。

假设这些是影响单位销售量的唯一变量，营销分析师通常使用的预测销售量的模型是：

$$预期销量 = 常数 \times 季节指数 \times 展示系数 \times 优惠券系数 \times 价格比率^{-弹性}$$

（公式1）

我们现在解释公式 1 中的未知数。

- 常数用于调节公式 1，使预测准确。
- 每个季度都有一个季节指数，季节指数的平均值必须为 1。例如，如果第二季度的季节指数 =1.3，第四季度的季节指数 =0.6，那么（在调整其他变量后）我们预计第二季度的周销售额将高于平均水平 30%，第四季度的周销售额将低于平均水平 40%。我们的季节指数必须平均为 1。
- 展示系数衡量的是展示产品所产生的销售增长（在调整了其他所有变量之后）。例如，展示系数 1.2 意味着展示产品每周的销量会增加 20%；这一周产品不展示，展示系数就等于 1。
- 优惠券系数衡量的是将优惠券刊登在周日报纸上所产生的销售增长（在调整其他变量后）。例如，优惠券系数为 1.3 意味着周日报纸上的优惠券会使产品每周销售额增加 30%；如果产品在周日报纸上没有优惠券，则优惠券系数等于 1。
- 弹性衡量的是销量对美纹纸胶带相对价格的百分比变化的敏感性（按百分比计算）。例如，如果弹性为 5，那么美纹纸胶带的相对价格增加 1% 会导致（在调整其他变量后）销售额减少 5%。

图 37–2 显示了对这些销售数据拟合效果最好的未知数量的值（稍后将详细介绍我们如何找到这些值）。

例如，给定这些参数估计值，我们对第 1 周、

	A	B
1		
2	平均值	1
3	季度	
4	1	0.62
5	2	1.18
6	3	1.39
7	4	0.81
8	展示	1.22
9	优惠券	1.09
10	价格弹性	4.98
11	常数	101.22

图 37–2　美纹纸胶带的最佳参数

第 2 周和第 11 周的预计销售额（在 M 列中计算）计算如下：

- 第 1 周预测 =101.22 × 0.62 × 1.09 × 0.97$^{-4.98}$=79.34；
- 第 2 周预测 =101.22 × 0.62 × 1.22 × 0.93$^{-4.98}$=108.96；
- 第 11 周预测 =101.22 × 0.62 × 0.96$^{-4.98}$=76.45。

估计模型参数

当然，我们可以为 B4:B11 中的参数选择任何值，然后看看这些值对实际销售的预测效果如何。我们不将误差之和最小化，因为这样正负误差就会抵消。Excel 强大的 GRG 多启动求解器选项（GRG Multistart Solver option）可以找到最小化误差平方和的参数值。我们发现，我们对销售的最佳预测是：

101.22 ×（优惠券 1.09）×（展示 1.22）×（价格比率）$^{-4.98}$ ×（第一季度 0.62；第二季度 1.18；第三季度 1.39；第四季度 0.81）

（公式 2）

这些参数值可解释如下：

- 优惠券会使销售额增加 9%；
- 产品展示增加了 22% 的销售额；
- 如果价格比率提高 1%，销售额将减少 4.98%。
- 第一季度，销售额比平均水平低 38%；第二季度，销售额比平均水平高出 18%；第三季度，销售额比平均水平高出 39%；第四季度，销售额比平均水平低 19%。

所有这些解释都是控制变量的（其他变量都相同）。

五金店老板可以使用这些参数来帮助他们从美纹纸胶带中最大化商店的利润。例如，假设没有被展示，公式 2 的预测销售额是 100 单位，每单位利润是 5 美元。如果将产品展示一周需要花费 50 美元，那么一次展示便能够将销量提升至 1.22 × 100=122 单位。这使利润增加了 5 × 22=110 美元，这超过了产品展示的成本，所以展示产品将是一个好主意。

第 38 章　为什么帕累托法则能解释这么多现象

19 世纪伟大的意大利经济学家维尔弗雷多·帕累托（Vilfredo Pareto，1848—1923）是第一个发现 80/20 法则（后来也被称为"帕累托法则"）的人，该规律强调了少数项目对解释一个整体的重要性。例如：

- 公司 20% 的产品产生了 80% 的收入；
- 公司 20% 的客户创造了 80% 的利润；
- 20% 的人拥有 80% 的财富；
- 20% 的网站获得 80% 的点击率；
- 20% 的计算机代码包含 80% 的错误；
- 约 15% 的 MLB 球员创造了球队 85% 的胜利；
- 20% 的罪犯犯下 80% 的罪行；
- 20% 的人承担 80% 的医疗保健费用。

在本章中，我们将展示幂律的概念如何解释帕累托法则的广泛存在。

幂律法则

考虑一个未知数 X，我们假定它一定等于一个正整数，例如，一个人的收入、客户购买的产品数量和网站的点击量等。如果观测值（$X=x$）与 x 的比值由

$$P(X=x) = C \times x^{-\alpha} \qquad \text{（公式 1）}$$

表示，那么 X 遵循幂律在公式 1 中，$\alpha>1$，选择 C 使概率之和等于 1。在本章的其余部分，我们将讨论幂律的普遍存在，以及幂律如何引起解释总数的少数项的重要性。M. E. J. 纽曼（M. E. J. Newman）对幂律的出色研究是关于幂律的重要参考

文献。

20% 的客户创造 80% 的销售额

假设我们公司的 100 名客户各购买 1~1000 件商品，客户购买 x 件的概率由以下幂律得出：

$$顾客购买 x 件的概率 = 0.532 \times x^{-1.8} \qquad （公式2）$$

常数 0.532 确保了一名客户在 1~1000 件商品之间订购的概率之和等于 1。在工作簿 PowerLaws.xlsx 的工作表 Units Sold 中，我们展示了客户购买 1~20 件商品的概率（见图 38-1）。

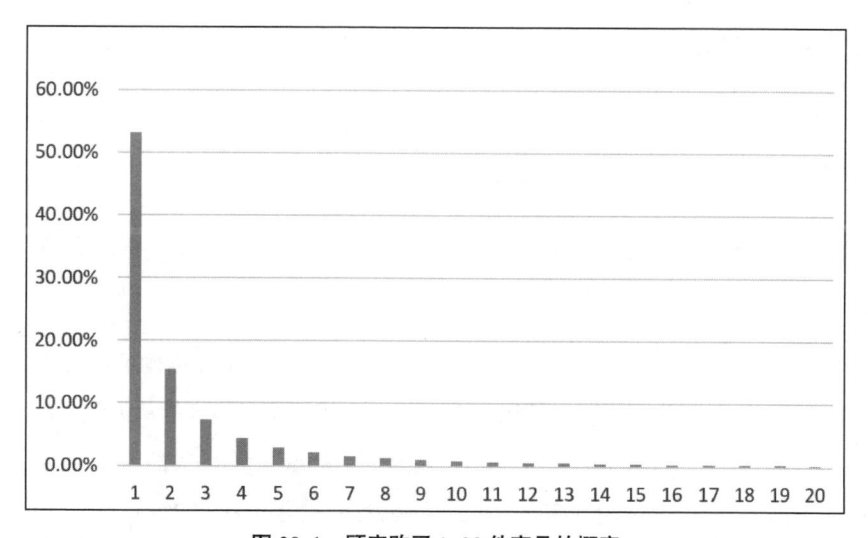

图 38-1 顾客购买 1~20 件商品的概率

从图中你可以看到，客户只购买一件商品的概率超过 50%，而购买更多件商品的概率迅速下降。我们使用这些概率随机生成 100 名客户购买的商品数量，假设每名客户购买 x 件商品的概率受公式 2 控制。图 38-2 给出了累计购买单位的百分比。你可以看到我们前 20 位的客户购买了 80% 的产品，完全符合帕累托法则。

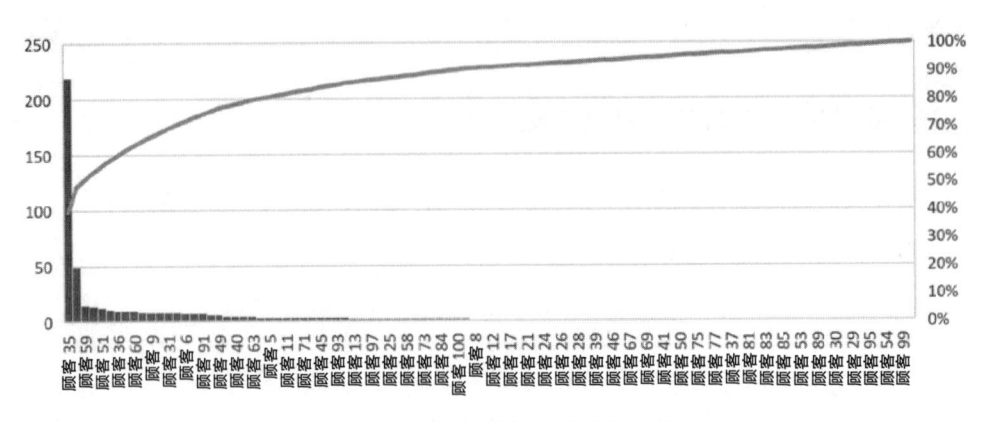

图 38-2　100 名顾客购买单位的帕累托图

α=2 的幂律法则

α=2 的幂律有一个惊人的特性。当幂律指数是 2 时，那么

$$n \times (第\ n\ 大项目的值) = 常数 \qquad (公式3)$$

这意味着第二大项目应该是最大项目的一半，第三大项目应该是最大项目的三分之一，以此类推。

齐普夫定律（Zipf's law）完美地诠释了公式 3。齐普夫定律描述了英语（或其他任何语言）中最常用单词的相对使用频率：英语中使用频率最高的单词是"the"，使用频率为 7%；第二常用的单词是"of"，它的使用频率是"the"的一半；第三个最常使用的词是"to"，其使用频率是"the"的 39%（理论上为 33.3%）。

美国最大城市的人口也可以用公式 3 来很好地描述。图 38-3（根据美国人口普查的数据）显示，五个最大城市的城市排名和人口的乘积约为 800 万。

	C	D	E	F
7	排名	城市	2018年人口	排名 × 人口
8	1	纽约	8398748	8398748
9	2	洛杉矶	3990456	7980912
10	3	芝加哥	2705994	8117982
11	4	休斯敦	2325502	9302008
12	5	菲尼克斯	1660272	8301360

图 38–3　美国五大城市的排名和人口的乘积

幂律法则和长尾理论

克里斯·安德森（Chris Anderson）的畅销书《长尾理论》(The Long Tail)认为，许多低销量的产品加在一起可以占据市场的很大份额。为了说明长尾理论，考虑一家实体巴诺书店（Barnes & Noble bookstore）里面有10万本书。埃里克·布林约尔松（Erik Brynjolfsson）、迈克尔·D. 史密斯（Michael D. Smith）等人估计，亚马逊网站40%的图书销售来自巴诺书店没有库存的图书。

在工作簿 PowerLaws.xlsx 的 Long Tail 工作表中，我们假设2018年美国6.75亿本书的销量遵循 $\alpha=2$ 的幂律，有100万本书可用。我们使用公式3来确定每本书的销量。最畅销的书将卖出4600万本，第二畅销的书卖出2300万册，以此类推。我们发现，10万本畅销书占总销量的84%，而剩下的"长尾"占图书市场的16%。

为什么收入遵循帕累托法则

在第7章中，我们讨论了世界范围内收入不平等加剧的趋势。查尔斯·I. 琼斯（Charles I. Jones）解释了幂律和收入往往遵循帕累托法则之间的关系。如果收入遵循指数为 α 的幂律，那么对于任何收入 y：

$$Prob（收入 > y）= y^{-1/\eta}, 其中, \eta = 1/(\alpha-1) \quad \text{（公式4）}$$

琼斯说，对于美国经济来说，$\eta=3/5$，这意味着 $\alpha=8/3$。琼斯指出，收入进入前1%的人的比例是 $100^{\eta-1}$。因此，琼斯估计，美国收入达到前1%的人的比例为

$100^{-2/5}$=15.8%。同样，我们看到少数人（前 1%）的收入占总收入（全部收入）的很大一部分。

琼斯提出了一个简单的方法，可以为收入制定幂律。假设收入取决于一个参数（如年龄）。假设年龄遵循指数分布，即，

$$P（年龄 >x）=e^{-\beta x} \qquad （公式5）$$

指数分布具有恒定故障率特性，这意味着在任何年龄，你在短时间内（比如 1 天）死亡的概率并不取决于你的年龄。

接下来，根据公式，假设收入随着年龄的增长而增加：

$$收入 =e^{\mu x} \qquad （公式6）$$

综合来看，琼斯指出公式 5 和公式 6 表明：

$$Prob（收入 >y）=y^{-\beta/\mu} \qquad （公式7）$$

当 $\eta=\mu/\beta$，这可归结为公式 4。

当然，这个模型过于简单，但是琼斯和金吉熙（Jihee Kim）开发了更符合现实情况的模型，也暗示了收入遵循幂律。当然，这意味着一小部分人的收入将占总收入的大部分。

为什么某几个网站囊括了大部分点击量

据报道，美国访问量最多的五个网站分别是 YouTube、维基百科、Facebook、Twitter 和亚马逊。这些网站的总点击量比其他 95 个网站的总点击量还要多。我们再次看到了少数几个项目在解释总数方面的重要性。M. E. J. 纽曼很好地描述了"强者恒强"理论如何解释为什么一些网站主导网络流量。纽曼估计，在 2005 年，一个网站获得 x 点击量的概率是由 $\alpha=2.4$ 时的公式 1 确定的。

为了说明"强者恒强"理论背后的简单知识，假设有两个社会网络：SN1 和 SN2。一个新人正在考虑注册这两个网络中的一个。假设新人更有可能在目前拥有更

多会员的网络上注册，这似乎是合理的。为了模拟这个想法，假设如果 SN1 有 f1 名粉丝，SN2 有 f2 名粉丝，那么下一个加入网络的人选择 SN1 的概率是 f1/（f1+f2）。例如，如果我们从 f1=50 和 f2=100 开始，那么下一个人加入 SN1 的概率是 50/（50+100）=1/3，他们加入 SN2 的概率是 2/3。在工作簿 RichGetRicher.xlsx 中，我们假设 SN2 开始时有 100 个成员，SN1 的初始成员数在 5、10、15……95、100 之间变化。例如，如果 SN1 一开始有 50 名成员，下一个加入 SN1 的人有 1/3 的概率加入 SN1，2/3 的概率加入 SN2。如果第一个人加入 SN1，那么下一个人有 51/151 的概率加入 SN1，100/151 的概率加入 SN2。从图 38-4 可以看出，除非 SN1 一开始的成员数量和 SN2 差不多，否则 SN1 最终的成员数量几乎不可能超过 SN2。因此，成员数的初始优势较小，通常会导致较大的成员数长期优势。

"强者恒强"理论让我们惊讶地看到了，谷歌打败了雅虎，而微软打败了 Lotus 和 WordPerfect。

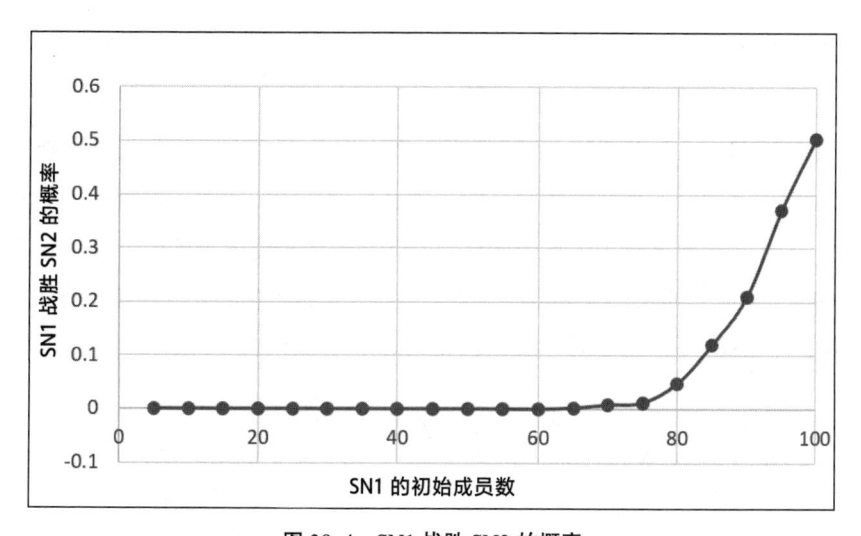

图 38-4　SN1 战胜 SN2 的概率

第39章 你的成长环境重要吗

以一个名叫安娜的孩子为例，她的父母收入很低（位于美国家庭收入的后 25 百分位）。安娜在南波士顿的罗克斯伯里（Roxbury）长大，如果她搬到附近的萨文希尔（Savin Hill）社区（离罗克斯伯里 3 英里）会对她未来的收入产生什么影响？萨文希尔成年人平均收入几乎是罗克斯伯里成年人平均收入的两倍（4 万美元 vs. 2.3 万美元）。正如拉杰·切蒂在他的斯坦福课程《利用大数据解决经济和社会问题》（*Using Big Data to Solve Economic and Social Problems*）所指出的那样，搬到萨文希尔对安娜未来的影响很大程度上取决于安娜搬到萨文希尔时的年龄。安娜搬得越早，她未来的收入就越高。表 39–1 显示了如果安娜在 2 岁、10 岁或 20 岁时随家人搬家，那么安娜在 26 岁时的预期收入。

如果安娜的家人越早搬家，安娜在罗克斯伯里和萨文希尔的收入差异越大；如果安娜的家人搬得晚，那么安娜在这两个社区长大后的成年收入差距就小得多。切蒂估计，生活在高收入社区的孩子的成年收入与孩子最终成长的地方的收入平均每年趋同 4%。因此，如果一个孩子在一个平均收入比他出生的社区高 1% 的社区生活了 20 年，那么这个孩子在高收入社区的预期成年收入比低收入社区高出 80%。

表 39–1　搬家年龄对安娜收入的影响

从罗克斯伯里搬到萨文希尔的年龄	安娜在 26 岁时的预期收入（美元）
2	38 000
10	33 000
20	27 000

资料来源：来自 opportunityinsights.org/course/ 的第二讲笔记。

拉杰·切蒂和纳撒尼尔·亨德伦发现，在美国 100 个人口最多的县中，在芝加哥西郊的杜佩奇县（DuPage County）长大的儿童成年后收入最高，而在芝加哥附近的库克县（Cook County）长大的儿童成年后收入最低。作者估计，在孩子出生时从库克县搬到杜佩奇县将使孩子的成年收入平均增加29%。

准实验设计与随机对照试验

为了确定搬到高收入地区对孩子成年后收入的影响，黄金标准（见第17章）是每年抛硬币随机选择哪些家庭从低收入社区搬到高收入社区。这种设计可以让我们分离出搬家的孩子的成年收入差异是如何受到搬家时他们的年龄的影响的，以及低收入社区和高收入社区之间的收入差异。显然，在这种情况下进行随机实验是不可能的。

切蒂和亨德伦没有采用随机对照试验，而是采用了准实验设计，他们收集了1997—2010年期间300万个有孩子的搬家家庭的税收数据。切蒂和亨德伦进行了回归分析，预测了孩子从搬家年龄开始的成年收入，以及低收入和高收入社区之间的平均收入差异。然而，如果影响孩子未来收入的变量与家庭搬家的年龄相关，那么这些回归分析可能会有偏差。影响儿童未来收入的其他变量与家庭搬家的年龄不相关，这一事实是一种识别假设。切蒂和亨德伦将他们的识别假设阐述如下。

- 对迁居的家庭（只有一个孩子）进行基线回归分析，结果显示，搬到一个更好的社区的每一年，都能为孩子成年后带来40%的收入差距。
- 在研究了搬家的（有兄弟姐妹的）家庭后，作者发现，在根据每个家庭的特点进行调整后，回归分析结果保持不变。这表明，基线结果不受家庭搬家时儿童年龄和影响儿童成年收入的家庭差异变量之间的相关性的影响。
- 旧金山和波士顿儿童的成年平均收入相近，但旧金山儿童的成年收入差异要比波士顿儿童的大得多。这说明，不同社区的儿童成年收入平均数可能相近，但分布可能不同。基线回归的预测与不同地区成年人收入的实际分布非常接近。如果某些遗漏的变量可以解释成年收入的差异，这种情况就不可能发生。

是什么导致了社区向上流动的差异

切蒂和亨德伦发现了五个与社区向上流动程度最相关的因素：

- 种族隔离程度越高的社区，向上流动的机会越少；
- 收入不平等程度越高的社区，向上流动的机会越少；
- 拥有更好学校的社区，向上流动的机会更多；
- 单亲家庭比例的增加与较差的向上流动性密切相关；
- 用印第安纳州布卢明顿桂冠诗人（poet laureate）约翰·梅伦坎普（John Mellencamp）的话说："每个人都需要一臂之力。"社会资本的概念是用来衡量一个县能够帮助那些需要帮助的人的资源。阿尼尔·鲁帕辛加（Anil Rupasinga）、斯蒂芬·J. 戈茨（Stephan J. Goetz）和戴维·弗雷什沃特（David Freshwater）开发了一种衡量美国所有县的社会资本的方法，用以衡量可用于帮助有需要的人的资源。社会资本越高的社区，向上流动的可能性越大。

他们对一个县的社会资本的衡量基于以下标准：

- 宗教组织数量；
- 商业协会中的机构数量；
- 政治组织中的机构数量；
- 专业组织中的机构数量；
- 劳工组织中的机构数量；
- 保龄球馆的数量；
- 健身和娱乐体育中心的数量；
- 高尔夫球场和乡村俱乐部数量；
- 运动队和俱乐部数量；
- 非营利组织数量；
- 投票率；
- 人口普查回复率。

当然，前十个标准是按人均标准来衡量的。

我们该如何改善

如果我们想增加代际流动性，降低未来的不平等水平，切蒂和亨德伦提出了以下两条前进路径。

- 让低收入家庭更容易搬到"机会更多"的社区。例如，让家庭更容易从库克县搬到杜佩奇县。
- 在"机会较少"的社区，让人们更容易在经济阶梯上往上爬。例如，库克县是否有政府或私人资助的项目来增加向上的流动性？这些类型的项目被称为"基于地点的共享经济增长项目"。

住房券有用吗

1994—1998年，联邦政府进行了一项随机对照试验，旨在确定住房券是否能增加代际流动性。共有4600个居住在巴尔的摩、波士顿、芝加哥、洛杉矶和纽约的低收入家庭被随机分为三组：

- 实验组获得了一张代金券，要求他们搬到收入更高的社区；
- 第八组获得了价值相同的住房券，可以让他们搬到任何地方；
- 对照组没有收到代金券。

根据他们的其他研究，切蒂、亨德伦和劳伦斯·卡茨意识到，给孩子年龄较大的家庭发放代金券对孩子的未来几乎没有影响。因此，他们的分析仅限于测量在其家庭参加随机对照试验时12岁或更小的儿童的成人结果。表39–2显示了他们的结果。

表39–2　　　　　　　　　住房券研究结果

项目	对照组	第八组	实验组
成人平均收入（美元）	11 270	12 994	14 747
上大学的比例	16.5%	18%	21.7%
成年后居住在贫困社区的比例	23.8%	21.7%	20.4%
成年后所在社区中单亲母亲的比例	33%	31%	23%

基于这些测量，实验方案产生了最好的结果，并且对于每类测量，这些差异是偶然造成的概率小于 5%（p 值小于 5%）。

在看到这些结果之前，我本以为第八组的表现最好，因为第八组的住房券相比实验组的代金券提供了更多的选择（无限制）。实验组的代金券中隐含的建议（搬到更好的社区去）似乎推动了家庭做出更好的决定。尽管如此，还是会有些家庭在很大程度上不符合项目要求。

搬家对任何一个家庭来说都很困难。拉杰·切蒂及其来自多所大学的团队意识到，让低收入家庭更容易利用代金券是很重要的。在一个试点项目中，切蒂和他的团队与西雅图和金县住房管理局合作，使家庭更容易利用代金券项目。每个收到代金券的家庭都被分配了一名指导员，指导他们度过搬到一个全新社区的困难时期。初步结果表明，分配一名指导员将使得实际使用代金券的家庭的比例从 14% 增加到 54%。

当然，住房券和指导员都很昂贵，所以似乎需要对住房券项目的收益和成本进行相对评估。德文·卡尔森（Deven Carlson）、罗伯特·哈夫曼（Robert Haveman）、托马斯·卡普兰（Thomas Kaplan）和芭芭拉·沃尔夫（Barbara Wolfe）发现，第八组创造的社会效益（如改善儿童教育、改善儿童健康和减少犯罪）超过了项目的成本。

基于地点的项目

瑞安·纳恩（Ryan Nunn）、杰伊·香博（Jay Shambaugh）和克里斯廷·麦金托什（Kristin McIntosh）有一项研究的结果厚达一本书，讨论了几种旨在改善贫困社区经济流动性的项目。

- 提供就业补贴，以减少失业并提供更高收入的工作岗位。向贫困社区投入更多的资金应该能改善学校条件，减少住房问题并带来许多其他的好处。
- 修改联邦政府关于向各州提供资金的指导方针，以确保更多资金分配给低收入社区。
- 研究型大学通常位于低收入地区附近，比如约翰·霍普金斯大学、麻省理工学院、哈佛大学、圣母大学等。鼓励研究型大学利用他们的研究在附近的低收入社区创造高科技和熟练的制造业工作岗位。
- 改善贫困社区的营养援助和医疗保健项目。

2017年的税法创造了机会区（opportunity zones），鼓励开发商投资某些社区（虽然不是全部，但大部分是低收入社区）。许多人批评机会区只是一种逃税手段，可以让开发商将贫困社区中产化。

现在了解机会区对代际流动的影响还为时过早，但这肯定是未来研究人员需要挖掘的肥沃领域。

第 40 章　等待时间是最难熬的

我相信每个读到这篇文章的人都认为他们花了太多的时间排队，大多数人都会觉得在超市结账时自己排的队是最长的。然而，如果丹麦工程师 A. K. 埃尔朗（A.K.Erlang，1878—1929）没有发明排队理论（queueing theory）以及关于排队的数学方法，情况会更糟。埃尔朗从 1908 年开始为哥本哈根电话公司（CTC）工作，在这里，人们会试着打电话，通话一段时间（时长未知），然后挂断电话。与此同时，其他人也试图打电话。如果哥本哈根电话公司没有足够的电话线路或电话接线员来接电话，呼叫者就会非常懊恼。埃尔朗计算出了确定接线员和线路数量，以确保 99.99% 的呼叫者都能够打通的数学方法，这标志着排队理论的诞生。

在本章中，我们将介绍排队理论中的关键术语，并提供一个表格，它可以用来确定客户在系统中的时间和平均客户数量是如何取决于服务器的数量的。我们假设所有客户在一行中等待第一个可用的服务器。单线的想法始于 1970 年左右，许多公司（包括美国航空、英国航空和温蒂航空）都声称是单线（也被称为"蛇形线"）的发明人。"蛇形线"最大限度地提高了服务器的利用率，防止了服务器之间的争夺，而且看起来更公平，因为每个人都在同一条线上。

哪些因素影响排队系统的性能

以下三个因素影响了排队系统的性能。

- 服务器数量——显然，服务器数量越多，顾客排队等候的平均时间就越短，平均排队等候的人数也就越少。
- 两次到达之间的平均值和标准差——两次到达之间的时间被称为到达间隔时间。如果到达间隔时间的平均值增加，那么到达的人数就会减少，这会让等待时间更短，排队系统中的人更少。正如你将看到的，到达间隔时间标准差的增加会降低排队系统的性能。
- 完成服务所需时间的平均值和标准差——如果服务的平均时间增加，你将看到用户在系统中花费的平均时间增加，以及到场用户平均数量增加。正如你将看到的，服务时长标准差的增加会增加用户在排队系统中花费的平均时间和在场排队的平均用户数量。

排队系统的运行特性

在分析人们排队等待的平均时间时，数学家们讨论了排队系统的稳态特性。从本质上说，稳态意味着一个系统已经运行了很长时间。更具体地说，分析者们想要知道以下量在稳态时的值：

- W= 客户在排队系统中花费的平均时间；
- W_q= 顾客在得到服务前排队等候的平均时间；
- L= 排队系统中出现的平均客户数量；
- L_q= 排队等候的平均客户人数。

如果我们定义 λ= 单位时间平均到达人数，那么排队的基本定律——利特尔法则（Little's law）告诉我们：

$$L=\lambda W \quad \text{（公式 1）}$$
$$L_q=\lambda W_q \quad \text{（公式 2）}$$

要使稳态的概念有意义，必须满足以下条件。

- 到达间隔时间和服务时间的平均值和标准差随时间变化不大。用技术术语来说，间隔和服务时间的分布是固定的。当然，这种假设经常被打破（想想餐馆和投票网站）。还有更复杂的模型来描述这些非平稳系统的运行特性。
- 如果让 s= 服务器数量，μ= 单位时间内可以完成的平均服务数量，则稳态需要满足

$$s\mu>\lambda \quad \text{（公式 3）}$$

实质上，公式 3 意味着单位时间内你能服务的人比到达的人多。假设平均服务时间为 2 分钟，到达间隔时间的平均时间为 30 秒。那么，公式 3 要求 $s \times (1/2) > 1/(1/2) = 2$。这意味着为了跟上到达的用户，我们需要 $s>4$，或者至少 5 台服务器。你可能认为 4 台服务器足以确保稳态；然而，如果你有 4 台服务器，你在客户到达时尽快为他们提供服务，而且由于间隔或服务时间的随机变化，最终系统将会落后，而且很可能永远赶不上来。

排队分析师定义了流量强度 $\rho=\lambda/(s\mu)$。公式 3 可以重新表示为需要流量强度小于 1 的稳态。

可变性如何降低排队系统的性能

为了证明可变性降低了排队系统的性能，考虑只有一名医生的办公室，患者在早上每 15 分钟到达一次（早上 8 点、早上 8 点 15 分……上午 11 点 45 分）。如果医生恰好花了 15 分钟为一个患者诊断，那么办公室里就不会有超过一个患者。现在假设医生诊断一半的患者，每人花费 5 分钟，诊断另一半的患者，每人花 25 分钟。医生诊断第一个患者花费 5 分钟，诊断第二个患者花费 25 分钟。第一个患者在早上 8:05 离开，医生等到 8:15 才诊断第二个患者。第二名患者于上午 8:40 离开。因此，在 8:30 到 8:40 之间，有两个患者在场。如果服务时间能确定，这种情况是不会发生的。

排队系统运行特性的计算

工作簿 Queues.xlsx 中的工作表 Analysis（见图 40–1）可用于近似 L、W、L_q 和 W_q 的稳态值（在其真实值的 10% 之内）。

当你在 B5:B9 中输入以下数据时，工作表可计算出 L、W、L_q 和 W_q。

- 单元格 B5：服务器数量。
- 单元格 B6：平均到达间隔时间。
- 单元格 B7：平均服务时间。

- 单元格 B8：到达间隔时间的标准差。
- 单元格 B9：服务时间的标准差。

这些参数可以用过去的数据来估计。

	A	B	C
1			
2			
3	到达率	0.077734	每秒
4	服务率	0.01297	每秒
5	服务器数量	6	
6	平均到达间隔时间	12.864	
7	平均服务时间	77.102	
8	到达间隔时间的标准差	4.43908	
9	服务时间的标准差	48.05051	
10	到达时间的变异系数	0.119079	
11	服务时间的变异系数	0.388387	
12	利用率	5.993412	
13	负载强度	0.998902	
14	R（s, μ）	0.73554	
15	E（s, μ）	0.996956	
16	队列中的等待时间	2960.658	
17	队列中的实体数量	230.1434	
18	总等待时间	3037.76	
19	系统中的总实体数量	236.1368	

图 40-1　排队计算器

为了说明模型的使用，假设你已经观察了工作表 Queueing data（见图 40-2）中展示的到达间隔时间（以秒为单位）和本地银行的服务时间。使用 Excel 的 AVERAGE 和 STDEV 函数，我们计算了到达间隔和服务时间的平均值和标准差。我们发现，平均到达间隔时间为 12.864 秒，标准差为 4.439 秒；平均服务时间为 77.102 秒，标准差为 48.05 秒。在工作表 Analysis 的单元格 B3 和 B4 中，我们计算每秒平均到达次数为 1/12.864=0.07773，每秒平均服务完成数为 1/77.102=0.01297。首先，我们假设有 6 台服务器，并在 B6:B9 中输入其他相关数据。我们发现在平均 236 名客户的情况下,系统的性能很差,平均 3038 秒(将近 51 分钟)。性能不佳的原因是,使用 6 台服务器,我们每秒可以服务 6×0.01297=0.07782 个客户,并且每秒到达的客户数量接近 0.07773 这个数字。需要注意的是,流量强度可以计算为 0.07782/(6×0.01297)=0.9989。当流量强度接近 1 时,只要增强一点点服务容量,系统性能就会有很大的提高。从排队中得到的关键经验是,当流量强度接近 1 时,增加少量的容量将会大大提高系统性能。

	A	B	C	D	E
1	平均值	12.86440678	77.10169492	秒!	
2	标准差	4.43908047	48.05051039		
3		到达间隔时间	服务时间		平均值
4		5	95		=AVERAGE(B4:B62)
5		17	240		标准差
6		12	71		=STDEV.S(B4:B62)
7		18	68		
8		9	90		
9		16	117		
10		15	291		
11		15	116		
12		10	107		
13		11	100		
14		9	28		
15		15	119		
16		19	98		
17		9	72		
18		16	127		
57		13	74		

图 40–2 到达间隔时间和服务时间

使用单向数据表,如图 40–3 所示,我们看到增加一个服务器将平均减少一列队伍,从 236 人到只有 7 人!多增加 3 台服务器甚至不会减少单个客户的平均排队长度!

	F	G	H
5	服务器数量	系统中的平均实体数量	系统中的平均等待时间
6		236.14	3037.76
7	6	236.14	3037.76
8	7	6.92	88.99
9	8	6.26	80.57
10	9	6.09	78.37
11	10	6.03	77.59

图 40–3 系统中的平均实体数量和平均等待时间对服务器数量的敏感度

为了了解服务时间可变性对排队系统性能的影响,假设我们保持平均服务时间不变,并将服务时间的标准差从 40 秒增加到 80 秒。在工作表 Analysis 的单元格 B9 中输入这些值,我们会发现客户在系统中花费的平均时间从 2342 秒增加到了 7053 秒!

第 41 章　环岛真的好用吗

印第安纳州的卡梅尔镇（Carmel）拥有该州第二高的收入中位数，碾压宰恩斯维尔（Zionsville）。卡梅尔高中女子游泳队连续赢得过 34 次州冠军，创下了有史以来高中体育竞赛（不论男女）最长的连胜纪录。不过，我们感兴趣的却是卡梅尔号称美国的环岛之都。卡梅尔镇共有 125 个环岛。在本章中，我们将探讨环岛与交通灯、双向路口和十字路口之间的利弊。图 41-1 显示的就是卡梅尔镇其中的一个环岛。

图 41-1　印第安纳州卡梅尔镇的环形交叉路口

先说个趣事：2015 年 10 月 13 日，卡梅尔镇居民奥兰·桑兹（Oran Sands）绕着一个环岛连续开车 3 小时 34 分，创下了世界纪录。

环岛是什么

如图41-1所示，环岛就是交通枢纽中心的一个圆形结构，可供车辆围绕中心岛沿逆时针方向行驶。通常，一个环岛共有四条路可供车辆进出。理论上，进入环岛的车辆应当让行给环岛内的车辆。这一交通规则最早是英国在1966年制定的。很快你就会看到，环岛中的两极分化，几乎能赶上美国的政局了。

环岛的历史

根据维基百科，美国第一个环岛建于1907年加利福尼亚的圣荷塞（San Jose），英国第一个环岛建于1909年的莱奇沃斯花园城。同样也是根据维基百科的说法，全世界有超过一半的环岛都建在法国。佛罗里达州的环岛比美国其他州都多，但从人均上说，马里兰州才是环岛最多的州——每363个路口就有一个环岛，而南达科他州每22 806个路口才有一个环岛。

环岛的好处

很多时候，环岛都能带来三大好处：

- 缓解交通堵塞；
- 减少交通事故或降低交通事故的严重程度；
- 降低运营成本。

缓解交通堵塞

大部分研究都发现，环岛能显著改善交通堵塞的状况。尤金·拉塞尔（Eugene Russell）、玛格丽特·莱丝（Margaret Rys）和斯里尼娃·曼达威利（Scrinivas Mandavilli）根据下述五条标准来衡量环岛的有效性。

- **95%队列长度**：单位为英尺，指的是在进入环岛车辆的全部队列中，有5%的时间内队列平均长度超过其他 95% 时间的队列长度。
- **路口平均耗时：** 单位为秒，指的是所有车辆进入环岛的平均耗时。
- **最大进岛耗时：** 单位为秒，指的是每辆车在进岛车道上的最大平均耗时。
- **停车比例：** 由于环岛内车辆的堵塞而被迫停车的比例。
- **最大停车比例：** 在停车比例最大的路口，由于环岛内车辆的堵塞而被迫停车的比例。

拉塞尔、莱丝和曼达威利对比了堪萨斯州四个由十字路口改建的环岛，并记录了其交通堵塞改善的情况，如表 41-1 所示。

表 41-1　　　　　　　　　环岛对交通拥堵的改善效果

测量指标	改善效果
95% 队列长度	减少 44%~87%
路口平均耗时	减少 50%~87%
最大进岛耗时	减少 55%~91%
停车比例	减少 35%~82%
最大停车比例	减少 36%~73%

保罗·霍格伦（Paul Hoglund）发现，在瑞典的延雪平市，把交通灯改为环岛，路口协调交通所需时长降低了 55%。

但凡你曾在一个无人的路口等过 30 秒的红灯，就能理解环岛的妙处所在了。如果环岛里只有你这一辆车，你就用不着停车。在红绿灯处，总是有很多停车时间，期间没有汽车移动，而环岛却能最大限度保证连续的交通流。一般来说，各方向车流量大致均等的时候，似乎是环岛表现效果最好的时候。如果是十字路口，在这种情况下，基本上所有的车都得停下了，而在环岛处，则大部分车辆都不用停。很多文章都声称，如果主路流量明显大于辅路，那环岛的效果反而就会变差了。这是因为环岛总是需要主路的交通流放缓，没有环岛的话，主路的车辆几乎很少要停下来的。我对这种分析的准确性有所怀疑。我家附近有好几个环岛都符合这种主辅路的情况。在双向路口没改成环岛之前，辅路上的车往往要等上好几分钟才能通行。比如，在印第安纳州布卢明顿伦威克 - 穆尔公路（Renwick-Moore's Pike）上的环岛，我估计有 90% 的车辆都来自摩尔大道。环岛对于摩尔大道上的交通会造成约 2 秒的延时，可伦威克大道上的车辆等待时间却平均减少了 30 秒，这意味着环岛为每辆车延长的交通时长为 $0.9 \times 2 + 0.1 \times (-30) = -1.2$ 秒。因此，这个环岛将每辆车的交通时间平均减少了 1.2 秒，而且还改善了公平性。

减少交通事故

很多交通事故都发生在信号灯附近，尤其是在有车想要左转，或者有车急着冲过黄灯或红灯（同时又有车高速通行）的时候。我在休斯敦开车，碰上黄灯停下来的时候，经常会碰到后面的司机按喇叭。这大概是因为在韦斯特海默（Westheimer）路，如果遇上黄灯就停车，我接下来往往要连续碰上五次红灯，而如果冲过黄灯，则接下来会是连续五个绿灯。于是很快，我也学会加速闯黄灯了。环岛消除了这类引发交通事故的原因，并且大部分事故中车辆的车速都要低很多，而且（但愿）是同向行驶。

公路安全保险协会（IIHS）收集了许多研究的结果后发现，将路口从停车信号或交通灯改为环岛后，交通安全出现了改善。

- 在美国，将路口改为环岛后，发生伤亡的交通事故减少了 72%~80%，总事故量减少了 35%~47%。
- 在欧洲与澳大利亚，将路口改为环岛后，发生伤亡的交通事故减少了 25%~87%，总事故量减少了 36%~61%。
- 据估计，若将全美 10% 的路口改为环岛，每年将挽救 231 条生命！

降低运营成本

建环岛与建信号灯的成本差不多。环岛无须耗电，每年的运营费用会比信号灯节省 5000~10 000 美元。不像信号灯，断电或信号故障不会影响环岛。

环岛的缺陷

就像乔尼·米切尔（Joni Mitchell）在她的歌曲《一体两面》（*Both Sides Now*）中唱的："生活中的每一天，都是既有得，又有失。"歌词唱得没错，环岛也有不好的地方。

- 环岛所需的占地面积比其他路口设施要大。
- 上了年纪的司机（包括我的岳母）面对多车道的环岛容易不知所措。
- 行人经常抱怨通过环岛有困难。很多车道的环岛设有人行横道，司机要为环岛内或想要穿过环岛的行人让路。一份在明尼苏达州开展的研究发现，有45%的司机都没有为行人让路。

评估环岛效果最好的办法也许是拿建岛前后的公众满意度来做比较。理查德·雷廷杰（Richard Retting）、谢尔盖·科里申克（Sergey Kyrychenko）和安妮·麦卡特（Anne McCartt）发现建岛前的满意度为22%~44%，建岛几年后，满意度上升为57%~87%。

环岛通行能力

根据威斯康星州交通部的报告，一个单车道环岛的通行能力能达到25 000辆/日，双车道环岛则为25 000~45 000辆/日。评估环岛通行能力有很多不同的公式。这里我们不打算解释那些复杂的公式，而是举一个简单的例子，让读者从理论上弄明白，一个双车道环岛惊人的高通行能力是如何实现的。

假设一个双车道环岛分别有东、西、南、北四个出入口，每个出入口都有一条右转车道，而进入环岛的车辆到达下个出入口的时间为2秒。例如，一辆车从北向出入口进入环岛，到达西出入口要花2秒钟。还要假设每个司机在进入环岛前需要有2秒钟的"可接受间隙"。现在假设有车辆像表41–2中所列的方式到达环岛。除非特别说明，否则我们都假设车辆在离开环岛前要经过三个出入口。

表 41-2　　　　　　　　　　　到达环岛的车辆

时间	到达车辆
0	北，南，北来车辆右转
4	东，西，西来车辆右转，东来车辆在西出口驶离
8	北，南，北来车辆右转
12	东，西，西来车辆右转，东来车辆在西出口驶离

假设第 16 秒到达的车辆情况与第 8 秒的相同，第 20 秒的与第 12 秒的相同，以此类推。再加上 2 秒的可接受间隙，将会发生下列情形。

- 第 2 秒时，司机从北出口右转驶出环岛；
- 第 4 秒时，第 0 秒从北入口进入的司机将到达南出口，而第 0 秒从南入口进入的司机会到达北出口。这时东入口和西入口的车辆可以进入。
- 第 6 秒时，第 4 秒从西入口进入的司机会右转，而第 0 秒到达的两位司机会驶出环岛。
- 第 8 秒时，第 4 秒从东入口进入的司机将到达西出口，而第 8 秒从西入口进入的司机将会到达东出口。这使得所有第 8 秒到达的车辆都可以进入，并且循环往复。

我们这个乌托邦式的环岛每 4 秒钟可以容许 3 辆车通过（或者每分钟 45 辆车）。这相当于每小时 45×60=2700 辆车。当然，车辆到达环岛的时间是不确定的，也不见得所有司机都有正好 2 秒的间隙。我们这个简单的例子中一个关键的假设就是，两个出入口之间间隔为 2 秒。要实现这一假设，我们就得仔细分析环岛的大小以及司机的车速。据我对双车道环岛的观察，大部分司机会趁前一个入口有车辆进入的时候进入环岛（比如，一个司机会在南入口有车驶入的时候开进东入口）。如果环岛不够大，司机的这种习惯就大为不妙了。

我家一英里外有一个双车道环岛，其高峰时段为 7:30~8:00，这是中学生家长送孩子的时间。我在这个高峰时段观察过，这个环岛平均每小时有 1900 辆车通过（相当于每天 45 600 辆）。另外，我假设的 2 秒可接受间隙也基本符合现实。我还询问过几个遛狗的人，他们都说车辆一般都会为他们停下来。

第 42 章 红灯、绿灯，还是不要灯

1999 年以来，作为一名微软课程的讲师或顾问，我往华盛顿的雷德蒙德跑了不下 50 趟。每次，我从塔科马国际机场（Sea-Tac Airport）开车前往贝尔维市中心的酒店，走的都是 I-405 高速。I-405 入口的匝道都有匝道调节灯，就是在红绿灯间变换的交通灯。绿灯的时候车辆才可以驶入 I-405。美国第一个匝道调节灯建于 1953 年芝加哥的艾森豪威尔大道。在这一章中，我们将讲讲匝道调节灯如何缓解高速路拥堵，同时解释为何有人反对使用这种信号灯。关于匝道调节灯最完备的资料参考，当属美国交通部的《匝道管控手册》(Ramp Management and Control Handbook) 了。

交通堵塞从何而来

显然，如果高速路上车太多，车速肯定要放缓的。通过增加匝道调节灯中红灯的比例，高峰时段进入高速路的车流就能得到有效减少。正如加博尔·奥罗兹（Gabor Orosz）、R. 埃迪·威尔逊（R. Eddie Wilson）、罗伯特·绍洛伊（Robert Szalai）和盖博·斯特潘（Gábor Stépán）所指出的，一次绵延一英里的交通堵塞（文章中称其为"反向行波"）往往源自一个司机的急刹车，从而导致后面的司机随之刹车，并不断重复。如果没有匝道调节灯，车辆搞不好会扎堆进入高速。这几乎必然使得右侧车道的司机要么被迫刹车，要么试图开入第二个车道，从而迫使其他车辆进入第三个车道。没有匝道调节灯，高速路上的司机调整车道时发生交通堵塞的可能性将会大大增加。

如第 40 章中提到过的，到达间隔时间的变化增加了系统中的队列长度和排队时间。匝道调节灯可以减少车辆进入高速车流时间的不可控性。汤姆·范德比尔特（Tom Vanderbilt）在他的畅销书《交通》(Traffic) 中举了两个很好的例子，来说明为

什么不可控性越大,高速路堵塞越严重。

- 将一升白米快速倒入漏斗,全部漏完要花 40 秒。然后以稍慢且更稳定的速度再倒一升白米,这次只需 27 秒就可以全部漏完。快速倒米的时候,米粒的堆积速度快过漏斗中米粒下降的容量。随着米粒堆积得越多(就像高速路上的车辆),米粒间相互挤压,从而降低了米粒下落的速度——就像车辆拥挤时附近车辆的车速都要被迫放缓。这里的含义就是,慢而稳定,更不容易发生堵塞。同时,米粒的类比也说明了,匝道调节灯可以有效减少交通意外(就像更少的米粒,更不容易相互碰撞)。
- 哈德孙河底下连接曼哈顿和新泽西州泽西市的荷兰隧道。不对进入隧道车辆做出限制的时候,这个双车道隧道每小时汽车通过量为 1176 辆(隧道内车辆不得变道)。交警出于实验目的做了管制,每两分钟只容纳 44 辆车进入隧道,否则车辆就要等待。这下隧道每小时通车量增加到了 44 × 30 = 1320 辆。交警通过将进入车辆分组的方式,有效限制了交通堵塞的长度,从而实现了通行量的增加。

信号灯该如何设置

匝道调节灯的时长分配,可以由三种手段来决定。

1. 预定时调节。这种调节根据历史记录的同时段平均交通水平设定好了绿灯时长。例如,在高峰时段,该调节灯可能会设置允许每小时 300 辆车驶入,而非高峰时段,则设置允许 600 辆车驶入。这套系统最简单,也最便宜,却无法顾及当前的高速路堵塞状况。

2. 本地交通反应调节。这种方法会根据当前交通状况以及匝道附近的交通状况来决定绿灯时长。当然,这种方法需要感应设备能够持续监控交通流量和每条匝道附近的车速。

3. 全系统交通反应调节。这种方法会根据整条高速路的交通流量和车速来设置绿灯时长。它要用到复杂的算法,比如,它会根据贝尔维(Bellevue)到塔科马国际机场间的交通流量来估算 I-405 在贝尔维的 12 号出口控制南向驶入车流的红绿灯分配。当然,这种方法需要的信息量更大,成本更高。如果应用得当,从理论上讲,这种方法对高速路交通的流量、平均车速和降低交通事故，应该能产生最大的改善。

匝道调节灯与公平性

尽管匝道调节灯对高速路性能有改善作用（关于这方面内容，后续还会继续讨论），却可能会让一些通勤者处境更糟。一些在郊区通勤时间较长的司机往往会找个没有匝道调节灯且车辆较为稀少的入口进入高速，而住在目的城市附近的通勤者则别无选择，只能老老实实受调节灯指挥。因此，有些分析师认为，匝道调节灯会加剧城郊任意扩张。同时，匝道调节灯还可能使匝道上的车队排到城市道路上，连累非高速路上的车辆。戴维·莱文森（David Levinson）和张磊（Lei Zhang）确信，匝道调节灯对于经过三个出口以上的车辆有所助益，对经过三个出口以内的车辆却是不利的。

戴维·莱文森和张磊提出了一个聪明的方法，能有效解决公平性和耗时之间的矛盾。他们的建议是，可以根据平均行驶时间，用加权的方式来设置调节灯，将平均等待时长缩短，从而使在调节灯前等待了越久的车辆获得越重的加权。例如，在匝道上等了八分钟的车，其行驶时长的权重可能比只等了四分钟的车辆高一倍。

衡量匝道调节灯的影响

交通工程师有四个标准衡量匝道调节灯带来的交通改善：

- 平均车辆速度增加值；
- 平均减少的行程时长百分比；
- 撞车减少的比例；
- 尾气排放减少的比例。

参考双子城（Minneapolis-St.Paul）、长岛、波特兰、丹佛和西雅图地区关于这四条标准的统计数据。车辆速度的改善从长岛的5%到波特兰的170%不等；行程用时缩短从长岛的10%到波特兰的150%不等；撞车减少的比例从长岛的8%到丹佛的

40%不等；尾气排放的减少则从丹佛的15%到双子城的40%不等。

匝道调节灯假

1999年，明尼苏达州参议院共和党领袖迪克·戴（Dick Day）提出了一项"自由驾驶"计划，倡议关闭所有匝道调节灯，仅将左车道作通行车道，并允许所有车辆使用高承载（HOV）车道。这项"自由驾驶"计划在2000年间经过明尼苏达州立法会的辩论，并最终通过了一项法案，法案的部分内容是决定开展为期两个月的"匝道调节灯假"，这期间关闭所有匝道调节灯。这场活动为测试匝道调节灯的效果提供了绝佳的机会。戴维·莱文森和张磊总结了该假日期间的数据结果。他们发现，在TH169号高速，匝道调节灯将平均每英里的通行用时从167秒降低到了106秒，而将平均车速从每小时30英里提高到了每小时44英里。

该假日结束后，人们对匝道调节灯又做了一些改进，包括任何进入高速的车辆的等待时长都无须超过四分钟，以及不让匝道上的排队车辆延伸到城市道路上，等等。

第四部分

如何让好事发生

ANALYTICS STORIES

第 43 章　A/B 测试能改善我的网站效果吗

如果你的公司有家网站，那么你就需要做出很多决定。A/B 测试（有时也称对比测试）能测试一个网站的某些变化能否增加网站的收入、点击率等指标。该测试的原理很简单，属于一种特殊的随机对照试验。我们将改变后的网站设计称为"挑战者"，目前的网站设计为"现状"，表 43–1 中展示了一个购物网站的网站设计中一些常见的变化。

表 43–1　A/B 测试的示例

现状	挑战者
购买按钮位于页面的左上部分	将购买按钮放在页面的右上部分
购买按钮是红色的	将购买按钮改为蓝色
显示产品的图片	显示一个人使用产品的视频

如有需要，你还可以比较两个以上的选择。比如，你可以比较红色、蓝色和绿色的购买按钮在对潜在顾客下单概率上的影响有没有不同。

在用 A/B 测试来比较两种选择的时候，你要在同一个网页链接上设计两个版本的网站：一个是"现状"版本，一个是"挑战者"版本。每个来到你家网页的访客看到其中一个版本的概率为 50%。这种随机化处理可以保证每个看到特定版本的潜在顾客在各种影响购买概率的属性上都基本相同，因此在网站性能上产生的任何差异，都应当是网站设计所导致的。

斯蒂芬·汤姆克（Stefan Thomke）的《实验很有用》(Experimentation Works)一书里列举了很多成功的 A/B 测试范例。

- Bookings.com 网站可用于预订酒店房间、饭店订餐、预订机票和租车。该网站在 2017 年的年收入为 130 亿美元。它们每天都会对网站设计做超过一千次测试，试图找出任何可以增加收入的变化。例如，它们发现，当潜在顾客输入了入住房间的儿童数量后，马上显示退房日期，能够显著增加收入。

- 微软的 Bing 搜索引擎发现，搜索结果的显示速度快上 100 毫秒，能增加 0.6% 的收入（即每年 1800 万美元）。
- Bing 的实验员们还发现展示的信息量增加也能增加收入，例如，对"1-800-花卉"的搜索结果，将不同种类的花卉排为一排，能增加 12% 的年收入（即每年增加 5 亿美元）。

本章接下来的内容会为大家详细介绍一个统计分析案例（使用虚拟数据），比较巴拉克·奥巴马 2008 年大选筹款网页的三种不同设计。若有读者有兴趣进一步了解 A/B 测试，我推荐你们去看 Facebook 上关于 A/B 测试的教程视频。

改善奥巴马的 2008 年大选筹款

在他大获成功的 2008 年总统大选之初，当时的参议员巴拉克·奥巴马在筹款方面遇到了困难。《实验很有用》中讲到，奥巴马的顾问认为，拍一个宣传视频的筹款效果最好。结果，在对 30 万个登录网站的访客测试了 24 个不同的网页设计后，竞选团队发现，比起展示宣传视频的网页设计，展示一张奥巴马的全家福，下面加一个"了解更多"的按钮，吸引到的注册率要高 41%。

要讲清楚 A/B 测试（这里实际上是 A/B/C）是如何在不同选择间做评估的，我们不妨假设有 100 个登录奥巴马网站的访客被引向了有视频的页面，90 个访客去了有奥巴马全家福的页面，再有 86 个访客去了只有一个"捐款"按钮的页面。文件 ObamaWebsite.xlsx（图 43-1 中是其中的数据子集）中显示了捐款结果。

	A	B	C	D
2	每位访客的平均捐款			
3		$14.64	$18.92	$12.24
4	访客	视频	家庭	捐款
5	1	$0	$0	$0
6	2	$0	$112	$0
7	3	$0	$0	$0
8	4	$0	$76	$60
9	5	$0	$0	$0
10	6	$0	$121	$55
11	7	$0	$0	$0
12	8	$0	$0	$56
13	9	$0	$0	$0
14	10	$51	$0	$0
15	11	$0	$113	$0
16	12	$0	$0	$0

图 43-1　为奥巴马捐款的结果

从图中你可以看到，全家福带来的人均捐款是最多的。当然，关键问题是，这些结果的重要性有多大。与 Facebook 上的教程一样，我们将会采用重采样（resampling）的方法来评估我们的 A/B/C 测试，最后会发现，根据观察到的数据，如果再次测试，则奥巴马全家福有 78% 的概率会筹到更多的捐款。

重采样的原理

重采样实际上就是重复地对原始数据进行抽样。我们采用不断替换的方式来采集样本。例如，对看过视频的访客的实际捐款额做 100 次重采样。每次重采样的捐款数都有 1% 的概率会与实际捐款额相符，则会发生一次对原始捐款额的重复。例如，理论上说，第 10 个访客所捐的 51 美元在重采样中会发生 100 次。同样的道理，我们对看见奥巴马全家福的访客进行 90 次重采样观测，再对看见"捐款"按钮的访客做 86 次重采样观测。至此，我们得到的结果就构成了一次重采样的迭代。接下来，我们进行许多次迭代（比如 1000 次），再记录下每种网页设计产生最大捐款额的次数占比。如图 43-2 所示，我们发现，奥巴马全家福有 78% 的时候都是赢家，视频胜出的比例为 17%，"捐款"按钮则只有 5%。我们的 A/B/C 测试数据效果有限，还无法充分让人感受到全家福的优势有多突出。大部分操作人员会要求"挑战者"版本的优势达到 95%，才有资格推翻"现状"版本。通常，A/B/C 测试会涉及几千人，有这样大的样本量，往往足以让某个选项以明显的优势胜出了。

	M	N	O	P
5				
6		视频	家庭	捐款
7	总筹款金额	$12.46	$26.69	$14.70
8	最佳机会率	17.20%	78.10%	4.70%

图 43-2　A/B/C 测试结果

第44章　我该如何配置我的退休金投资组合

如果你有钱要投资，这些钱在不同的投资品种里如何配置呢？资产配置的重要工具就是投资组合优化了。经济学家哈里·马科维茨（Harry Markowitz）在1954年提出了关于投资组合优化的基本概念，并在1990年获得了诺贝尔经济学奖。在2008年的一次采访中，马科维茨声称，自己获得诺贝尔奖的研究中的主要想法是某一个下午冒出来的。

马科维茨意识到，投资者总是一边希望自己的投资组合的收益最大化，一边又想将风险最小化。他最主要的贡献就是建立了一个数学模型，能够帮助投资者处理这种风险-收益取舍。在本章中，我们将详细讲述投资组合优化的具体机制，使用的数据是从五种投资产品中采集的年收益真实数据，这五种投资产品包括房地产投资信托（REITs）、黄金、美国股票（标准普尔指数）、90天期国债，以及债券型基金（包括一系列长期债券组合，期限为10年至30年不等）。

基本投资组合优化模型

在第29章中，我们获得了关于一家本地饭店每日顾客人数的最佳预测模型的参数；在第37章中，我们又推导出了美纹纸胶带的最精准预测销售量。在本章中，我们将会介绍马科维茨的投资组合优化模型中的一些基本因素。首先，我们会介绍一个最优化模型的基本构成。

优化模型是什么

优化模型可以让你在一些约束条件下找到实现目的的最佳方案。一个优化模型由三部分组成：目标格、变量格、约束条件。

目标格。你得有一个想要最大化或最小化的目标。在马科维茨的模型里，目标是投资组合年收益的风险最小化（通过方差或标准差来衡量）。投资组合的标准差计算中，上方的方差（即高于预期收益的那部分收益）与下方的方差（即低于预期收益的那部分收益）是持平的，因此用标准差来衡量投资组合风险是有缺陷的。不过，我们可以假设该投资组合的目的是为了将年收益的标准差最小化。

变量格。任何最优化问题中，都需要有允许决策者改变的单元格（称为变量格），以使目标格得到最优的结果。在马科维茨的模型中，变量格就是你在各种投资产品中的资产比例。

约束条件。约束条件就是对变量格所做的约束条件。在马科维茨的模型中，有如下约束条件。

- 各种投资品种中的资产比例不得为负数。这就排除了做空行为，即赌一种投资会贬值。
- 各种投资品种所配置的资产比例总和为 1。
- 要选择一个预期年收益（比如 8%），而最终选定的资产配置所产生的年收益不得低于这个数值。

投资组合优化模型的求解

工作簿 PortfolioFinal.xlsx 中的 Trial Solution 工作表中，列出了 1972—2019 年间 REITs、黄金、美国股票、90 天期国债和长期债券年收益率。图 44–1 中展示了数据子集，从中你可以看到，股票的年收益率有最高的均值；黄金有最高的标准差；国债的均值和标准差均最低。马科维茨的模型还要用到相关矩阵（见图 44–2），其中展示了每对资产之间的相关性。值得注意的是，股票和 REITs 之间呈现最高的正相关，而黄金和股票的年收益率则呈现负相关。这说明，股票价值下跌的时候，黄金往往会升值，这就为股票价格下跌提供了一个不错的对冲手段。另外一个值得注意的是，国债、债券与非固定收益类资产之间几乎不存在相关性。之所以要用到相关矩阵，是因为我们需要计算一个投资组合的方差。如果你的投资品种全都表现出很高的正相关，这样的投资组合风险就会增加。在投资组合中引入负相关的投资品种，可以降低风险。

单元格 B4:F4 内是我们配置在不同投资品种上的资产权重，你可以先随意输入几个值来试验一下。我们一开始给我们的资产在每个投资品种上配置了 20%。有了 B4:F4 单元格中的权重后，C2 单元格中会计算投资组合年收益率的方差，D2 单元格中会计算标准差，而 E2 单元格中计算的则是预期年收益率。由此，我们可以看到对资产做出平均配置所得的预期年收益率为 9.2%，其标准差为 8.2%。

	A	B	C	D	E	F	G
1	平均值	=AVERAGE(B8:B55)	方差	标准差	平均值		要求的收益率
2	标准差	=STDEV(B7:B55)	0.0067523	0.0821723	0.0924654	>=	0.08
3	权重×标准差		4.0%	5.9%	3.4%	0.7%	1.9%	总投资额
4	权重		20.0%	20.0%	20.0%	20.0%	20.0%	1.00
5	平均值		11.8%	10.7%	12.0%	4.6%	7.1%	
6	标准差		20.0%	29.3%	17.1%	3.4%	9.5%	
7		房地产投资信托	黄金	股票	国债	债券	
8	1972	11.2%	46.5%	18.8%	4.0%	2.8%	
9	1973	-27.2%	76.6%	-14.3%	6.7%	3.7%	
10	1974	-42.2%	61.2%	-25.9%	7.8%	2.0%	
11	1975	36.3%	-24.1%	37.0%	6.0%	3.6%	
12	1976	49.0%	-3.0%	23.8%	5.0%	16.0%	
13	1977	19.1%	23.9%	-7.0%	5.1%	1.3%	
14	1978	-1.6%	34.7%	6.5%	6.9%	-0.8%	
15	1979	30.5%	146.1%	18.5%	9.9%	0.7%	

图 44–1　投资组合优化模型：试验解

	I	J	K	L	M	N
8		房地产投资信托	黄金	股票	国债	债券
9	房地产投资信托	1.00	-0.13	0.58	-0.03	0.07
10	黄金	-0.13	1.00	-0.20	0.07	-0.12
11	股票	0.58	-0.20	1.00	0.04	0.01
12	国库券	-0.03	0.07	0.04	1.00	0.23
13	债券	0.07	-0.12	0.01	0.23	1.00

图 44–2　相关矩阵：试验解

Optimal Solution 工作表向我们展示了至少 8% 的预期年收益率的资产配置的最小方差（见图 44–3）。配置 6.9% 的 REITs、10.3% 的黄金、20.6% 的股票、32.6% 的国债，以及 29.6% 的债券能得到 8% 的预期年收益率，以及 5.8% 的年度标准差。

	A	B	C	D	E	F	G
1	平均值	=AVERAGE(B8:B55)	方差	标准差	平均值		要求的回报率
2	标准差	=STDEV(B7:B55)	0.0033761	0.0581045	0.08	>=	0.08
3	权重×标准差		1.4%	3.0%	3.5%	1.1%	2.8%	总投资额
4	权重		6.9%	10.3%	20.6%	32.6%	29.6%	1.00
5	平均值		11.8%	10.7%	12.0%	4.6%	7.1%	
6	标准差		20.0%	29.3%	17.1%	3.4%	9.5%	
7		房地产投资信托	黄金	股票	国债	债券	
8	1972	11.2%	46.5%	18.8%	4.0%	2.8%	
9	1973	-27.2%	76.6%	-14.3%	6.7%	3.7%	
10	1974	-42.2%	61.2%	-25.9%	7.8%	2.0%	
11	1975	36.3%	-24.1%	37.0%	6.0%	3.6%	
12	1976	49.0%	-3.0%	23.8%	5.0%	16.0%	
13	1977	19.1%	23.9%	-7.0%	5.1%	1.3%	
14	1978	-1.6%	34.7%	6.5%	6.9%	-0.8%	
15	1979	30.5%	146.1%	18.5%	9.9%	0.7%	

图 44-3 投资组合优化模型：最优解

有效边界

选定 8% 来作为年收益率的标准，其实并没有什么特定的理由。马科维茨建议将不同的指定预期年收益率都计算出来并画图，x 轴为最小年度标准差，y 轴为指定预期年收益率。计算 6%~12% 之间的指定预期年收益率，得到的就是图 44-4 中的有效边界（还可以参考 Efficient Frontier 工作表）。一个投资者可以根据自己的风险 – 收益取舍来选择有效边界中的一个点。有效边界中的每个点都是可以实现的，因为它们都是通过优化计算所得的解，都是在指定预期年收益率下的风险最小的投资组合（见图 44-5）。在有效边界下方的任意点，比如（0.08,0.04），效果都不如位于有效边界上方的点，因为那个点能得到最有效的收益，风险相同，预期收益却更大。有效边界上方的任意点，比如（0.02,0.08），则是不可实现的。例如，某种达到 8% 指定预期年收益率的投资组合能满足（0.02,0.08），那么它的年度标准差为 0.02——可惜我们能找到的最小值是 0.058。

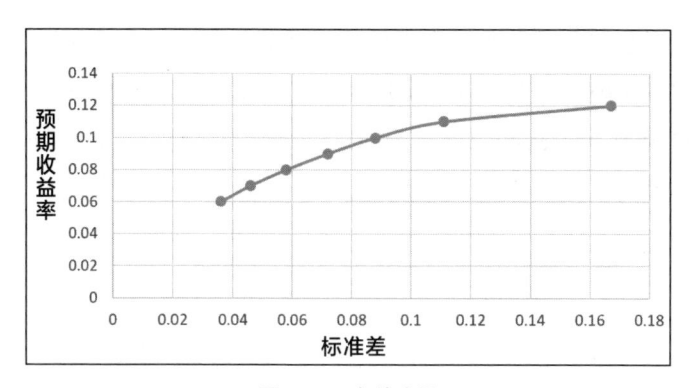

图 44–4 有效边界

要注意，有效边界曲线会随着标准差的增加而变平，即斜率更小。这意味着允许的年度标准差每增加 0.01，指定年度收益率的增加也会随之变小。图 44–5 中展示了在 6%~12% 间变化的指定年度收益率下风险最小的资产配置。

	A	B	C	D	E	F	G
2							
3							
4	标准差	平均值	房地产投资信托	黄金	股票	国债	债券
5	0.036	0.06	3.83%	4.01%	7.58%	72.03%	12.55%
6	0.046	0.07	5.35%	7.14%	14.08%	52.33%	21.10%
7	0.058	0.08	6.86%	10.27%	20.58%	32.64%	29.65%
8	0.072	0.09	8.38%	13.41%	27.08%	12.94%	38.20%
9	0.088	0.1	11.18%	16.86%	35.67%	0.00%	36.29%
10	0.111	0.11	16.45%	20.92%	48.24%	0.00%	14.39%
11	0.167	0.12	7.94%	0.00%	92.06%	0.00%	0.00%

图 44–5 最佳资产配置

马科维茨模型应用中遇到的困难

在我们对马科维茨的投资组合优化模型的演绎中，我们输入的是过往的预期收益率、过往的标准差和过往的相关性。可惜在金融界，"过往"可不是什么好的开场白，而且如果过往的收益率分布跟未来收益率的分布看起来区别较大，那么用过往数据来获取最佳资产配置往往不会很成功。要修正马科维茨模型来弥补这一缺陷，这超出了本书的范畴。一般来说，要开发能够预测未来投资收益的模型，用的是布莱克 – 利特曼模型（Black-Litterman Model）。这种方法结合了过往数据以及投资者对于未来收益率的预期。

第 45 章　对冲基金是如何运作的

就在我写这一章的时候，也就是 2020 年 3 月，由于害怕疫情蔓延，整个市场在一天的时间里就跌了近 8% 的市值。众所周知，市场波动有时候能导致市场的剧烈动荡。如果有投资策略可以大幅降低市场波动的风险，市场收益哪怕稍低，也会受到许多投资者的青睐（尤其是有钱人）。对冲基金采取能够降低风险（主要是资产价值波动的风险）的交易策略，有时平均收益率甚至还可能更高。

本章中，我们会简单介绍几种常用的对冲基金策略：

- 做多/做空和市场中性策略；
- 可转债套利策略；
- 并购套利策略；
- 全球宏观策略。

我们还会探讨 2007—2017 年间各对冲基金的表现，分析数据来自尼克拉·梅茨格（Nicola Metzger）和维杰·雪乃（Vijay Shenai）。

对冲基金的增长以及费用结构

大部分对冲基金都要求投资者至少投入 50 万美元。最常见的收费结构是 2-20，即收 2% 的管理费，并对超出特定目标后的投资利润收取 20% 的绩效费。例如，如果目标年收益为 8%，而对冲基金的操作赚到了 15% 的年收益，则绩效费为投资金额乘以 0.20×（0.15–0.08）=1.4%。著名的 RTF 在 1994—2015 年间，平均年收益达到了 72%，并因此收取了 44% 的绩效费。如果你想揭开 RTF 成功的奥秘，不妨去看看格里高利·祖克曼（Gregory Zuckerman）的精彩著作《征服市场的人》（*The Man*

Who Solved the Market）。

顺便一提，如果你对复杂金融、肥皂剧阴谋以及政治谋算感兴趣，可以去看看《亿万》（*Billions*）这部精彩的连续剧，感受一下阿克斯资本对冲基金（Axe Capital Hedge Fund）的种种风起云涌，而且它们的收费结构还是 3-30！

1997 年，美国的对冲基金投资规模为 1180 亿美元（见梅茨格和雪乃的文章），而到了 2018 年，其投资规模已经达到了 3 万亿美元。

做空一只股票

对冲基金往往会对一只股票、某种货币或像石油之类的商品进行做空。做空一只股票意味着投资者在赌它的股价会跌。例如，假如一只现价为每股 10 美元的股票，你想做空 100 股。你就先"借"100 股，那么你此刻手头就有 10 美元 ×100=1000 美元。假设一年以后，股价跌到了 9 美元，你就可以以 9 美元 ×100=900 美元的价格将股票买回来。做多这只股票的人，收益为（900–1000）/1000=–10%。由于我们一开始支付的真实金额为 –1000 美元，则这场做空交易的利润即为（–100）/（–1000）=10%。虽然我们一开始没花钱，但确实得到了 10% 的收益。如果做多一只股票，亏损最大只能是 100%。可如果做空一只股票，亏损却是无上限的。比如，如果股价涨至 100 美元，你就会亏损 90 美元 ×100=9000 美元！

现实中进行做空交易的话，得有一个保证金账户（我们假设保证金为所购买及所借股票当前价的 50%），以确保股价如果上涨，账户里有足够资金可以对所借的股票进行偿还。

做多/做空和市场中性策略

在第 44 章中，你已经看到了，股票的平均年收益率为 12%，标准差为 21%。根据这个经验法则对股票收益的波动做个快速估计，大约在 –30%~54%。对冲基金要帮自己的投资者把这个巨大的资产价格波动缩小。让我们假设某个对冲基金的分析师擅长发现被高估和被低估了的股票。你很快会发现，有这么能干的分析师的对冲基金，能通过对低估的股票做多（即买入），对高估的股票做空，来降低资产风险。我们假设股票1和股票2的现价都为20美元，而我们的天才分析师泰勒·金（Taylor Kim）觉得股票1被低估了，而股票2则被高估了。再假设我们有100美元的现金，于是我们根据分析师的推荐买入5股股票1，再做空5股股票2。还假设一个货币市场基金中剩余的资金的年利率为2%。做空5股股票2能得到100美元，这个钱可以用来买5股股票1。考虑表45–1中的两种情形。

表 45–1　　　　　　　　　股票市场做多/做空策略情形

股票市场收益率	股票 1 收益率	股票 2 收益率
上涨 8%	上涨 10%	上涨 5%
下跌 8%	下跌 5%	下跌 10%

每种情形中，股票1都比股市的表现要好，但比股票2要差（与泰勒的预期一致）。如果两种市场情形出现的概率相等，则平均而言，一个全仓投资股票的投资者将得不到任何收益。表45–2中列出了做多/做空投资组合的绩效。

表 45–2　　　　　　　　　　做多/做空策略的收益

单位：美元

情形	现金价值	多头价值	空头价值	总价值
当前	100	100	−100	100
市场上涨 8%	102	110	−105	107
市场下跌 8%	102	95	−90	107

如果市场上涨，我们的做多账户会升值10%；而如果市场下跌，我们的做多账户则会贬值5%。

如果市场上涨，我们的做空账户会贬值5%；而如果市场下跌，我们的做空账户则会升值10%。

我们的现金100美元将会升至102美元。

从表45–2可见，不管市场上涨还是下跌，我们的做多/做空投资组合收益都是

7%，跟市场波动无关！当然，这个结果有赖于泰勒对股票的精准估值。

可转债套利策略

假设一家公司想要融资，于是发行一种面值 1000 美元，每年利息 90 美元（即 9%）的 10 年期债券。这家公司可能会希望自己用来融资的债券利息能低一点。假设该公司当前的股价为 40 美元，这家公司可能会为投资者提供一种面值 1000 美元，每年利息只有 50 美元（即 5%）的 10 年期可转债。作为对低息的补偿，公司可能会允许投资者将债券转为 20 股公司股票。那么只有当股价上涨时，投资者才会选择这一选项。

对冲基金为什么会对可转债感兴趣呢？因为如果股价上涨，可转债就能抓住上涨的股票价值，而如果股价下跌，可转债还有利息可拿，因此贬值得没有股票那么严重（从比例上说）。因为这一点，对冲基金往往会做多可转债，做空股票。这就是可转债套利策略中的一个例子。具体的例子可见表 45–3，里面列举了三种不同情形下，股票和可转债价值分别会有什么样的变化。

表 45–3　　　　　可转债和股票的收益率变化情况

股票价格变化	下跌 10%	不变	上涨 10%
股票收益率	−10%	0%	+10%
可转债收益率	−2%	+5%	+8%

股票上涨时，可转债获得了大部分升值；而当股票下跌 10% 时，可转债并没有亏损太多，因为还有利息。

如果对冲基金做多 50 份 1000 美元面值的债券，再做空 625 股股票，就等于在股票中绑定了 25 000 美元，即全部投资的 1/3。图 45–1（见工作簿 HedgeFund.xlsx 中的 Convertible Arb 工作表）中展示了九年间该对冲基金投资组合发生的变化。在这九年间，每种情形都出现了三次。对这个 100% 做空股票，100% 做多可转债的做多/做空组合，我们计算了它的平均值、标准差以及夏普比率（假设无风险收益率为 0%）。

第 45 章 对冲基金是如何运作的

	A	B	C	D	E
1		单位价值	$40.00	$1,000	
2		总初始价值	$25,000.00	$50,000.00	
3		数量	625	50	
4			0.333333333	0.666666667	
5			股票	债券	做多/做空收益
6			-10.00%	-2.00%	2.00%
7			-10.00%	-2.00%	2.00%
8			-10.00%	-2.00%	2.00%
9			0.00%	5.00%	3.33%
10			0.00%	5.00%	3.33%
11			0.00%	5.00%	3.33%
12			10.00%	8.00%	2.00%
13			10.00%	8.00%	2.00%
14			10.00%	8.00%	2.00%
15		平均值	0.00%	3.67%	2.44%
16		标准差	8.66%	4.44%	0.67%
17		夏普比率	0.00	0.83	3.67
18				平均值	=AVERAGE(E6:E14)
19				标准差	=STDEV(E6:E14)
20				夏普比率	=E15/E16

图 45-1　可转换债券套利分析

只要是股票下跌 10% 的年份，则：

- 100% 做空股票的账户会有 10% 的收益；
- 100% 做多可转债的账户会有 2% 的亏损；
- 做多 / 做空组合的收益为（1/3）×10%+（2/3）×（-2%）=2%。

只要是股票上涨 10% 的年份，则：

- 100% 做空股票的账户会有 -10% 的收益；
- 100% 做多可转债的账户会有 8% 的收益；
- 做多 / 做空组合的收益为（1/3）×（-10%）+（2/3）×（8%）=2%。

只要是股票价格不变的年份，则：

- 做空的股票账户收益率为 0%；
- 做多的可转债账户收益率为 5%；
- 做多 / 做空组合的收益为（1/3）×0%+（2/3）×5%=3.33%。

夏普比率是一个测量投资组合收益对风险敏感度的指标。为简化问题，我们假设无风险收益率为 0%，那么，某个投资组合的夏普比率就是该投资组合的均值/该投资组合的标准差。我们可以看到，做空的股票组合夏普比率为 0，做多的可转债组合夏普比率为 0.83，而做多/做空组合的夏普比率则是惊人的 3.67。

并购套利策略

2018 年，美国电话电报公司（AT&T）想要并购时代华纳（Time Warner）。AT&T 愿意对时代华纳开出每股 110 美元的价格，而当时时代华纳的股价为 86.74 美元。之所以会出现这么大的差价，是因为投资者都认为这场交易在上层那里很可能会通不过，到时时代华纳的股价就会暴跌。最后，尽管特朗普政府施加了阻力，交易还是通过了。

另一方面，2016 年，微软曾试图以每股 196 美元的价格并购领英。并购意向一经公布，领英的股价从 131.08 美元涨到了 192.21 美元。出价与实际价格之间的价差如此之小，是因为投资者都认为这场并购肯定能通过。

很多对冲基金公司都会投资并购套利。它们会评估一场并购成功的概率，并且会买进目标公司的股份。如果并购通过，对冲基金将从差价中获利，但一旦并购不通过，对冲基金将会亏损，因为目标公司的股价必然会跌。对冲基金相信并购套利（通常又称风险套利）的利润与市场无关。如果确实如此，那么并购套利确实能够对冲一部分市场风险。

假设并购套利专家查克·阿克塞尔罗德（Chuck Axelrod）想判断时代华纳和领英的并购是否值得买进，就得估算并购通过的概率，以及如果不通过，可能会造成多大的亏损（由时代华纳和领英股价下跌造成）。根据查克估算出来的这两个参数，他就能判断购买目标公司股票后的预期收益率。要把预期收益转化为年收益，查克还得预估并购完成所需要的时间。我们这里通过对时代华纳的并购套利分析来演绎这个过程。我们发现，对冲基金往往会做多目标公司，并做空收购公司，不过我们不会在这里分析这种策略。

假设查克对这场并购的分析如下：

- 并购通过的概率为 60%，预期收益为（110–86.74）/86.74=26.8%；
- 如果并购不通过，时代华纳的股价会跌 25%；
- 如果并购成功，这场并购完成要花 6 个月。

则这场并购总的预期收益率为 0.6 × 0.268+0.4 ×（–0.25）=6.1%。

由于并购预期要 6 个月完成，则预期年收益率为 12.2%。因此，如果查克对分析中各种关键投入估算得没错，他的公司就应该买进时代华纳的股份。现实中，查克不可能确定这些参数，所以他应该建一个模型，把这些参数作为随机变量，并计算购买目标公司股份有多大的概率能超过某个指定的年收益阈限，比如 10%。如果这个概率很高，则对冲基金就应当买入时代华纳。

本·布兰奇（Ben Branch）和杨太元（Taewon Yang）发现，平均而言，并购失败后，目标公司的股票价格一般会跌 16% 左右。

全球宏观策略

使用全球宏观策略的对冲基金，根据宏观经济原理来建立模型，研究全球经济环境并试图挑选有利可图的投资标的。畅销书《原则》（*Principles*）的作者瑞·达利欧（Ray Dalio）是管理着大量对冲基金的桥水基金的创始人、联席主席和投资办公室的联合主管。桥水基金的"全天候基金"（All Weather Fund）据说能够在任何经济环境中都能保持良好表现。在 2010—2019 年，全天候基金平均收益为 7.77%，年度标准差为 5.48%。根据资料，全天候基金获得上述收益的资产配置大致是这样的：

- 30% 的股票；
- 40% 的 20 年以上长期债券；
- 15% 的 3~7 年短期债券；
- 7.5% 的黄金；
- 7.5% 的商品指数。

达利欧使用了"风险平价"（risk parity）的概念，来帮助他分析资产配置策略。风险平价的资产配置会确保每个投资品种在投资组合中的风险权重相同。本书不对这种天才的分析手法做更深入的介绍，如果你有兴趣了解更多，请参考塞巴斯蒂安·梅拉德（Sébastien Maillard）、蒂里·郎卡里（Thierry Roncalli）和杰拉姆·提乐驰（Jérôme Teiletche）的论文《论等权重风险配置的投资组合》（*On the Properties of Equally-Weighted Risk Contributions Portfolios*）。

史蒂文·卓布尼（Steven Drobny）的杰作《黄金屋》（*Inside the House of Money*）一书中有很多成功的全球策略的详细介绍。比如，亿万富翁乔治·索罗斯（George Soros）在1992年通过做空英国英镑，赚了10亿~20亿美元。索罗斯知道，英国要加入欧洲的单一货币体系（即欧元），英镑的价值就必须维持在2.95德国马克左右。他还知道，英国经济不足以维持这个汇率。因此，索罗斯以及其他一些投资者做空英镑。最终，英国无力买入足够的英镑来维持英镑原本的高估值，于是英镑跌到了每英镑2.16德国马克，让索罗斯和其他的做空投资者赚了个盆满钵满。

对冲基金表现

梅茨格和雪乃对2007年6月至2017年1月间的对冲基金表现做了大量分析。我们在这里总结了他们的一些有意思的结果。

- 可转债套利、做多/做空基金和事件驱动交易（包括并购套利）三种策略，跟市场收益率的相关性都超过了0.5，因此这些策略完全无法抵消市场风险。
- 经过风险校正后，这些年间的基金表现，整体超出股票收益的，只有全球宏观型基金和多策略型基金（使用多种策略的基金）。

乔治·科斯坦萨投资组合

看过《宋飞正传》（*Seinfeld*）[①]的都知道，乔治·科斯坦萨是个紧张兮兮的人。那么，如果你也觉得整个世界危机四伏，你会怎么投资？我的方案就在工作簿

---

① 《宋飞正传》是1989年开播的美国喜剧，共九季，180集。——译者注

MaxWorstCase.xlsx 里。在 1985—2019 年，仅 2008 年一年，股票就跌了 37%，堪称最惨年份了。如果我是乔治的理财顾问，我会让他指定一个预期年收益，并据此来选择一个既能达到乔治的指定预期收益，又可以最大限度将 1985—2019 年间最差年份收益最大化的资产配置（其中允许做空）。表 45–4 中简单列出了 6%、8% 和 10% 的预期收益下的不同资产配置，最差年份及其与股票间的相关性。值得注意的是，每种情况下，最差年份都比 1 要好，即在 2008 年收益为 –37% 的 100% 股票配置。如果乔治能接受 6% 的预期收益，我们推荐给他的投资组合，在 1985—2019 年间就不会亏钱。

表 45–4　　　　　　　　　乔治的最大最小化投资组合

所需收益率	房地产投资信托基金	黄金	股票	国库券	债券	最坏情况	与股票的相关性
6%	5%	–1%	8%	67%	22%	1%	0.51
8%	–6%	19%	27%	34%	27%	–1%	0.41
10%	20%	24%	18%	–7%	45%	–4%	0.44

第 46 章 该下多大的订单，什么时候下

假设你是塔吉特百货在你们本地的分店经理。你们销售的商品（通常称为 SKUs，或者库存单位）成千上万。在每个 SKU 上（为了讲得更清楚，我们不妨单拿 Xbox 游戏机来讨论），你都要做两个关键决定：

- 对 Xbox 游戏机下订单时，该订购多少台？
- 库存低到多少时，我就该给 Xbox 下订单了？

在本章中，你会学到"经济订货量"（economic order quantity，EOQ）模型是如何计算最佳订单大小的。接着你还会学到如何用"服务级别"（service level）这个概念来决定"再订货点"（reorder point），即触发重新下单的库存水平。

经济订货量模型

EOQ 模型是西屋电气（Westinghouse）公司的福特·哈里斯（Ford Harris,1877—1962）在 1913 年开发出来的，可以用来计算最经济的订货量，一经开发就得到广泛采用。能够将每年库存总量和订货成本降至最低的订单量，可以通过下列已知参数来计算：

- K = 下一次订单的成本（与订货量无关）；
- h = 一个单位每年的仓储成本；
- D = 一个产品每年的销售需求。

我们首先假设，订单一经下达，供货商立马会接收。可以最大限度节约年度库存和订单成本的订单量计算公式如下：

$$\text{EOQ} = \sqrt{\frac{2KD}{h}}$$

使用 EOQ 模型时，要记住下列要点。

- 如果批量购买有折扣，则 EOQ 公式无效；如果没有折扣，每年的订单成本将会取决于订单大小。
- EOQ 模型的一个前提假设是，对产品的销售需求在一年当中基本是稳定的。EOQ 模型对于季节性产品不适用。
- 仓储成本中最主要的成分并不是仓储本身，而是在库存上投入资金的机会成本。通常，我们假设每年的仓储成本在每个单位生产成本的 20%~30% 之间。
- 要注意，一般来说，订单成本或销售需求增加时，EOQ 会增加；而仓储成本增加时，EOQ 会减少。

工作簿 EOQ.xlsx 中的 EOQ 工作表中，就是一个 EOQ 计算的例子（见图 46-1）。有了下列假设，我们就可以计算 Xbox 游戏机的最佳订单量：

- 订单成本：K=10.00 美元；
- 每台 Xbox 游戏机每年仓储的成本：h=20.00 美元；
- 年度销售需求：D=10 400

如图 46-1 所示，每次应下单 102 个单位（101.98 四舍五入），而每年应下单 10 400/102≈102 次。注意，年度订单成本 = 年度仓储成本。如果一家公司根据 EOQ 来下单，这一条件就始终成立。

	B	C	D
2	订货成本	$10.00	
3	存货持有成本	$20.00	
4	需求量	10400	
5	经济订货量	101.98039	=SQRT(2*K*D/h)
6	年存货持有成本	$1,019.80	=0.5*EOQ*h
7	年订货成本	$1,019.80	=K*annorders
8	年总成本	$2,039.61	=annhc+annoc
9	年订货次数	101.98039	=D/EOQ

图 46-1　EOQ 的计算

2 的 n 次幂法则

给塔吉特百货送货的卡车，几乎从来不会只拉一样货品。我们不妨假设塔吉特订了四款电子游戏机，由一家供应商派一辆卡车送货。罗宾·罗迪（Robin Roundy）提出了神奇的"2 的 n 次幂法则"，可以将产品派送的协调工作变得很简单。"2 的 n 次幂法则"规定，对于任意 n，每过 2^n 日下单一个产品，所花费的成本不会超过 EOQ 成本的 6%。如图 46–2 所示，工作簿 EOQ.xlsx 中的 Power of 2 工作表中，展示了"2 的 n 次幂法则"的具体做法。单元格 B13:B20 中列举了每过 1、2、4、8……256 天下单所需的年度订单成本。从中我们可以看到，根据该法则，最低的订单成本 2052.23 美元，是通过每四天下一次单得到的。每四天下一次单所需的年度成本，比起 EOQ 模型下的年度成本，增加了不足 1%。

	A	B	C	D	E	F	G
1							
2	每次订货成本	K	$10.00				
3	每单位年存货持有成本	h	$20.00				
4	年需求量	D	10400				
5	订货量	订货量	113.9726	=D/C9			
6	年存货持有成本	annhc	$ 1,139.73	=0.5*EOQ*h			
7	年订货成本	annoc	$ 912.50	=K*annorders			
8	年总成本	anncost	$ 2,052.23	=annhc+annoc			
9	年订货次数	annorders	91.25	=365/C10			
10		订货间隔天数	4	Enter days between orders in C10.			
11							
12			$2,052.23				
13		1	$3,934.93				
14		2	$2,394.86				
15		4	$2,052.23				
16		8	$2,735.70				
17		16	$4,787.03				
18		32	$9,231.87				
19		64	$18,292.65				
20		256	$72,956.72				

图 46–2　二的 n 次幂法则

假设塔吉特从一家供应商那里订购了四款电子游戏机，再假设这四款游戏机根据"2 的 n 次幂法则"计算所得的最佳送货时间间隔分别为 4、8、16 及 32 天。那么，一辆卡车可以每四天为 1 号游戏机送一次货，而 2 号游戏机则是每隔一次送一次货；3 号游戏机是每隔三次送一次货；4 号游戏机是每隔七次送一次货。如果没有"2 的 n 次幂法则"，要有效协调这些游戏机的送货次数就会很头疼了。

再订货点、服务级别以及安全库存

现实中，任何一段时间的销售需求都是无法完全确定的。无法确定需求，自然会引出一个问题：我们该容忍库存低到什么程度，才去下订单？到了该下订单时的库存水平，叫作"再订货点"。显然，再订货点高的话，能减少缺货的问题，但会增加仓储成本；同样的道理，再订货点低的话，缺货的情况会增加，但仓储成本会降低。缺货会产生多大的成本，这个很难评估，因为有时候我们会因此失去顾客，有时候又不会。有时候顾客会因此而不高兴，从此再也不来了。正因为很难计算缺货的成本，大部分公司会使用"服务级别"的方法来计算再订货点。例如，95% 的服务级别意味着把再订货点设在能保证平均有 95% 的需求都能及时满足的级别。工作簿 ServiceLevel.xlsx 中就提供了一个计算再订货点的例子（见图 46–3）。

	A	B	C	D	E	F
1	服务水平	SL	0.99			
2	每次订货成本	K	$50.00			
3	每单位年存货持有成本	h	$10.00			
4	年平均需求	D	1000			
5	经济订货量	EOQ	100			
6	每年订货次数	annorders	10			
7	年标准差	annsig	200			
8	平均交货时间	meanLT	0.0833			
9	交货时间标准差	sigmaLT	0.0192			
10	平均交货时间需求	meanLTD	83.333			
11	交货时间需求标准差	sigmaLTD	60.854			
12	再订货点	ROP	189.44			
13	标准化再订货点	SROP	1.7436			DIFF
14	标准再订货点的正常损失	NLSTANDRO	0.0164	=	0.016	4E-10
15	安全库存	SS	106.1			

图 46–3　95% 服务级别的再订货点计算

要计算再订货点，我们需要下列数据。

- K= 下一次订单的成本（与订货量无关）。
- h= 一个单位每年的仓储成本。
- D= 一个产品每年的销售需求（我们这里假设 Xbox 游戏机的平均年销售需求为 1040 台）。
- 年度标准差 = 每年销售需求的标准差。我们这里假设年度需求的标准差为 200。假

275

设需求符合正态随机的变化规律（这种假设通常都成立），这意味着我们有 95% 的把握让每年的需求波动介于 1040 的两个标准差之间（即介于 640~1440 台之间）。

- 平均交货时间 = 所订货物到货的平均时长。这里我们假设平均交货时间为 1 个月（1/12 年）。
- 交货时间标准差 = 所订货物到货时长的标准差。这里我们假设交货时间标准差为 1/2 个月（1/24 年）。
- 期望服务级别 = 所有销售需求及时得到满足的比例。这里我们假设初始的服务级别为 95%。

已知上述条件后，要计算再订货点，只需在单元格 C1:C4 和 C7:C9 中输入上述数据，然后从"数据"选项卡中的"分析"菜单中选择"求解器"，再在"求解器参数"对话框中选定上述单元格，并点击"求解"。由此计算出的再订货点为 165.01。

"安全库存"是为应对缺货而需要在手头保留的库存量，可以通过"再订货点 – 交货期间平均需求"的公式来计算。在 95% 的服务级别下，我们发现安全库存 =165.01–（1/12）×1040=78.35。

表 46–1 中给出了几种不同情形下的再订货点和安全库存。

表 46–1　　　　　　　　服务级别与再订货点的示例

交货时间标准差	服务级别	再订货点	安全库存
0	90%	119.7	33
1/24	90%	137.7	51
0	95%	142.6	56
1/24	95%	165	78.3
0	99%	185.6	99
1/24	99%	216.9	130.2

从表 46–1 中我们可以看到，交货时间从固定的 1 个月，改为平均 1 个月，加上 0.5 个标准差时，会将安全库存至少提高 30%。另外，不管交货时间标准差为多少，服务级别从 95% 升至 99%，比起从 90% 升至 95%，所增加的安全库存要多得多。这意味着要想把服务级别趋于完美，在仓储成本上要付出很大的代价。

第 47 章　联合包裹的司机是如何确定包裹的配送顺序的

汤姆·范德比尔特告诉我们，如果每个联合包裹（UPS）司机每年派送包裹的距离能少一英里，那么 UPS 就能节省 5000 万美元。范德比尔特还说，一个 UPS 司机平均每天要派送 130 个包裹。理论上（但不是实际上），决定最节省路途的包裹派送顺序是著名的"旅行商问题"（traveling salesperson problem, TSP）中的一个范例。

要定义 TSP，我们先假设你要从某个城市出发，接下来要去往一连串的城市。你知道任意两座城市之间的距离，每座城市你都得去一次，并最终回到出发地。要想让路途最短，应该按照什么顺序来走呢？

在本章中，我们会向你展示，快速解决一个有 30 座城市的 TSP。你还会看到 UPS 在利用 TSP 帮助司机派送包裹方面遇到过的难题。加拿大滑铁卢大学的一个网页中有关于 TSP 的大量信息，包括许多 TSP 的地图方案，还包括一条串起全英国 49 687 个酒吧的最理想"通关"路线。到目前为止，人们已解决的最大 TSP 跨越了 85 900 座城市。

"旅行商问题"为什么这么麻烦

TSP 的一个可能方案被称为一个"巡行"（tour）。假设你住在城市 1，而你的 TSP 涉及 4 座城市。表 47–1 列出了所有的巡行方案。对于任意两座城市，城 i 和城 j，我们假设两城间的距离为 d_{ij}，且从城 i 去往城 j，与从城 j 去往城 i 的距离相同。比如，d_{43} 和 d_{34} 都是指城 3 和城 4 间的距离。

表 47-1　　　　　　　　　　4 城市 TSP 的所有路径

路线	总距离
1-2-3-4-1	d12+d23+d34+d41
1-4-3-2-1	d14+d43+d32+d21
1-3-2-4-1	d13+d32+d24+d41
1-4-2-3-1	d14+d42+d23+d31
1-3-4-2-1	d13+d34+d42+d21
1-2-4-3-1	d12+d24+d43+d31

由于 dij=dji，因此前两条巡行实际上是相同的，要走的路程相等。对于第 3、第 4、第 5 和第 6 条巡行也是同样的道理。因此，实际上的巡行方案为 6/2=3 条。

假设有 n 座城市，选择任意一座为出发点（选择城 1）。巡行方案共有多少条？下一座城为 n–1 中的任意一座，再下一座城为 n–2 中的任意一座，以此类推。因此，$(n–1) \times (n–2) \times (n–3) \times \cdots \times 2 \times 1 = (n–1)!$（读作 n–1 的阶乘）条巡行方案。如表 47-1 中显示的（实际上，巡行方案是 6/2=3 条，而不是 6 条），我们应当把 $(n–1)!$ 再除以 2，得到的才是巡行方案的总数。

Excel 函数中的 FACT（n）可以计算 $n!$。图 47-1 中就使用了这个函数（见 TSP.xlsx 工作簿中的 Tours 工作表），我们可以看到随着城市数增加，巡行方案的数目也急速增加。巡行数是用科学计数法来表示的。例如，30 座城市就有 4.42×10^{30} 条巡行方案，即 442 后加 28 个 0。

	A	B	C
1	城市数量	巡行数量	
2	3	1	=FACT(A2-1)/2
3	4	3	=FACT(A3-1)/2
4	5	12	=FACT(A4-1)/2
5	10	181440	=FACT(A5-1)/2
6	20	6.0823E+16	=FACT(A6-1)/2
7	30	4.4209E+30	=FACT(A7-1)/2
8	40	1.0199E+46	=FACT(A8-1)/2
9	50	3.0414E+62	=FACT(A9-1)/2
10	60	6.9342E+79	=FACT(A10-1)/2
11	70	8.5561E+97	=FACT(A11-1)/2
12	80	4.473E+116	=FACT(A12-1)/2
13	90	8.254E+135	=FACT(A13-1)/2
14	100	4.666E+155	=FACT(A14-1)/2

图 47-1　巡行数量与城市数量的函数关系

要求解 TSP，就要算出路程最短的那条巡行。对一个涉及 30 座城市的 TSP 问题，我们假设电脑每秒可以计算一万亿条巡行中的路程，那么要把所有巡行的路程都算出来，就要花上 1000 亿年。好在电脑专家们已经设计出更高效的算法了，但凡是规模合理的 TSP（多达 85 座城市）都可以解决。想要清晰地了解 TSP 求解中使用的算法，可以参考威廉·库克（William Cook）所写的《迷茫的旅行商：一个无处不在的计算机算法问题》(*In Pursuit of the Traveling Salesman Problem: Mathematics at the Limits of Computation*)。

解决旅行商问题

为演示 Excel 如何解决一个 30 座城市的 TSP，工作簿 TSP.xlsx 的 TSP 工作表中列举了每一对 NBA 赛场间的距离（对于西雅图超音速队迁到了俄克拉何马这件事，我是拒绝承认的！）。假如你住在印第安纳波利斯（印第安纳步行者队赛场的所在地），想把每一个赛场都跑一趟，然后再回到印第安纳波利斯。要按什么顺序走，总路程才能最短？你可能会觉得，在没去过的城市中选择最近的那个（这种方法被称为近邻算法）就能得到最短的巡行了，可对我们这个问题而言，这种方法并不奏效。按照近邻算法，我们应当先去芝加哥，然后去扬尼斯·阿德托昆博（Giannis Antetokounmpo）的雄鹿队所在地，可这时就会发现最短距离的巡行中根本没有这条路线。

TSP 本质上就是个排序问题。每个巡行对应的就是整数 1~30 的一次排序。印第安纳波利斯未必要排在第一位（城 11）。拿偶数在前、奇数在后的顺序来看：

2-4-6-8-10-12-14-16-18-20-22-24-26-28-30-1-3-5-7-9-11-13-15-17-19-21-23-25-27-29-2

想弄明白这个序列中的城市顺序，只要在序列中找出城 11，不管它在哪个位置，把它作为起始点。那么，这条巡行就是印第安纳、洛杉矶、迈阿密……西雅图、犹他，回到第一位的波士顿、芝加哥……丹佛、金州、印第安纳。

从印第安纳出发，我们先去了底特律，然后克利夫兰……圣安东尼奥、菲尼克斯、洛杉矶……芝加哥、孟菲斯，并最终回到印第安纳，途经总路程为 9256.8 英里。

	A	B	C
1	城市	顺序	距离
2	洛杉矶（快船）	12	358.7708
3	洛杉矶（湖人）	13	0
4	金州	9	339.786
5	萨克拉门托	25	68.192
6	波特兰	24	482.7207
7	西雅图	27	144.1444
8	犹他	29	700.3238
9	丹佛	7	365.0766
10	明尼苏达	17	702.0942
11	密尔沃基	16	299.0443
12	芝加哥	4	80.7875
13	孟菲斯	14	481.2537
14	印第安纳	11	383.1551
15	底特律	8	240.0075
16	克利夫兰	5	113.1587
17	多伦多	28	191.3496
18	波士顿	2	431.3524
19	纽约	20	188.4763
20	新泽西	18	8.3216
21	费城	22	85.5789
22	华盛顿	30	121.7231
23	夏洛特	3	328.3485
24	亚特兰大	1	226.7853
25	奥兰多	21	401.4298
26	迈阿密	15	203.5529
27	新奥尔良	19	669.4139
28	休斯敦	10	317.7427
29	达拉斯	6	224.7778
30	圣安东尼奥	26	251.554
31	菲尼克斯	23	847.9026
32		总距离	9256.8247

图 47–2　NBA 旅行商问题的解决方案

现实世界中的旅行商问题

如汤姆·范德比尔特所述，UPS 费了不少心机，才将 TSP 背后的数学原理化为 UPS 司机在包裹派送上的利器。其成果就是行车整合优化和导航系统（On-Road

第 47 章 联合包裹的司机是如何确定包裹的配送顺序的

Integrated Optimization and Navigation，ORION）。想象一个今天有 130 个包裹要送的司机。有现代 GPS 系统的帮助，UPS 自然很清楚每一对地址之间的距离及耗时。把 TSP 的最佳派送顺序打印出来，让司机用，是很简单的事。可惜，这种干巴巴的 TSP 解法因为很多因素派不上用场。

- 很多包裹都要求在上午 10:30 前送达，因此要对 TSP 做修改，对无法按时把所有包裹送达的巡行方案做出惩罚。要实现这一点并不难。比如，如果 10 号包裹无法在上午 10:30 之前送达，只需在这条巡行的总时长上加一小时就好。只要对新的"目标"单元格做最优化处理，就能保证 10 号包裹按时送达。
- 派送计划只能在午餐或休息时间来制订。
- 北印第安纳的司机，其行程的一部分会处于东部时区，其余的属于中部时区。希望他们好运！
- 司机们各自可能会有某些不爱走的路线。要解决这一点，可以为每个司机建立个性化的路线矩阵。比如，我珍惜生命，到了休斯敦，从加勒利亚（Galleria）到休斯敦大学之间的路我情愿走韦斯特海默，而不是 45 号高速。因此，我从加勒利亚到休斯敦大学要花 35 分钟，而大多数人可能只花 15 分钟。

尽管有这些问题存在，范德比尔特还是认为大部分 UPS 司机都对 ORION 系统十分满意。有一个宾夕法尼亚州葛底斯堡的司机，发现自己每日行程从 150 英里缩短到了 126 英里。

第 48 章　仅靠数据能赢得一场总统大选吗

吉姆·路滕伯格（Jim Rutenberg）发表在《纽约时报》杂志上的文章《你可以信任的数据》(*Data You Can Believe In*)（2013 年 6 月 20 日刊登）介绍了巴拉克·奥巴马是如何在 2012 年总统大选中以复杂的分析方法和庞大的数据库为武器，一举击败米特·罗姆尼的。2016 年，希拉里·克林顿的竞选又由于没有充分意识到社交媒体的力量，败在了唐纳德·特朗普的数字媒体总监布拉德·帕斯卡尔（Brad Parscale）手上。安德鲁·马兰兹（Andrew Marantz）发表在《纽约客》(*New Yorker Magazine*)杂志上的文章《特朗普那场 Facebook 大战背后的男人》(*The Man Behind Trump's Facebook Juggernaut*)（2020 年 3 月 9 日刊登）详细讲解了帕斯卡尔如何将 Facebook 推广运用得炉火纯青，并在特朗普的大反转中扮演了关键角色。本章将介绍民主党和共和党在近年来的总统大选中对统计数据的运用。

民主党竞选的统计数据

艾坦·赫什（Eitan Hersh）在他的书《选民也要黑》(*Hacking the Electorate*)中，描述了奥巴马在 2012 年的竞选中是如何充分利用了 Catalist 网站中的选民数据库的。截至 2020 年 3 月，Catalist 共收集了 1.85 亿注册选民和 5500 万未注册选民的信息。赫什解释了这些数据大部分都来自公开数据，其中主要的来源是选民注册信息。不同的州收集的注册数据种类不同。选民注册信息通常包括选民的姓名、住址、注册党派、投票史、年龄和性别。在南方的七个州和宾夕法尼亚州，人种也是选民注册表中的一个必填项。

知道了你的地址，某个政党就能利用美国人口普查数据，获取更多关于你附近的人的详细信息。比如，不管住在哪个片区，人口调查数据都会介绍该片区的入住情况、居民年龄组成、收入情况、教育水平、通勤方式、职业情况等。数据中还会包括住宅的特点，像房龄、房间数、房价、厨浴及水电设施是否齐全，是否提供电话、车辆，以及家庭取暖用哪种燃料等。

政府的公开数据库中，有教学、法律、护理、财会、医药、飞行员、渔猎执照等数据，还有拿政府补贴的农民的数据。

Catalist 会把这些数据全部收集在一起，卖给激进派或自由党成员。

选民激活网络（Voter Activation Network，VAN）[1]可以让民主党选举团队的成员像 Catalist 一样高效地调用数据库。比如，他们可以迅速地调出住在印第安纳州门罗县所有 60 岁以上非裔美国人的数据；找出其中没有提早投票的；再找出其中没有选择"禁止电话登记"的。这些选民选奥巴马的概率大，而且他们要去投票点的话很可能需要接送。志愿者如果给这个名单中的人打电话，给他们提供接送服务，估计效果会不错。

从数据库中的每个人来看，VAN 的 VoteBuilder 工具输出很多"分数"。这些分数测的分别是：

- 该选民支持民主党的概率；
- 该选民在下届大选中投票的概率；
- 该选民经济状况良好的概率；
- 该选民有大学文凭的概率；
- 该选民家中有儿童的概率；
- 该选民已婚的概率；
- 该选民为天主教、福音教派或其他基督教派，或非基督教派的概率。

计算 VAN 分数

VAN 用了 100 多个变量来计算这些分数。工作簿 Democrats.xlsx（见图 49-1）

---

[1] 选民激活网络是美国民主党的一个选民数据和网站托管服务商。——译者注

中展示了一个简化后的例子，使用了逻辑回归来估计某个人是民主党员的概率，根据的就是以下自变量。

- 年龄。
- 性别（为简单起见，我们暂且假设性别为两种：M= 男性，F= 女性）。
- 人种（NW= 非白人，W= 白人）。现实中，我们还有更多分类，如非裔、亚裔以及西班牙裔等。
- 教育程度（C= 大学文凭，NC= 无大学文凭）。现实中，我们还有更多分类，如高中毕业、高中未毕业等。
- 是否信奉福音基督教（Y= 福音基督教，N= 非福音基督教）。现实中，我们还有更多宗教信仰的分类。

我们把 5000 个个体的这些变量全部列了出来，并显示了他们是否是民主党员。例如，第一个人为 67 岁的非白人男性，大学毕业，非福音教徒，为民主党人。单元格 G2:L2 间的系数可以为每个人计算出一个分数。分数越高，意味着这个人越有可能是个民主党人。这个分数是通过将下列结果加起来计算得到的。

- 常数：–1.04。
- 年龄乘以 –0.175。这意味着年纪越大的人是民主党人的概率越小。
- 若为女性，加 1.81。这意味着女性更有可能是民主党。
- 若为非白人人种，加 3.86。这意味着非白人人种更有可能是民主党。
- 若为大学生，加 0.028。这意味着大学生是民主党的概率略高一点。
- 若为福音教徒，减 2.52。这意味着福音教徒是民主党的概率很小。

计算出个人分数以后，再通过下列公式，将该分数转化为该个体是民主党员的概率：

$$\frac{e^{分数}}{1+e^{分数}}$$

例如，第一个人的分数为 –1.04+3.86+0.03=2.85。则这个人为民主党人的概率为：

$$\frac{e^{2.85}}{1+e^{2.85}}=0.945$$

	F	G	H	I	J	K	L	M	N	O	P
1		常数	年龄	性别	人种	大学教育	福音派			对数似然和	
2		-1.03826	-0.17503	1.811657	3.857932	0.028018	-2.52323			-2014.991827	
3	身份编号	是否为民主党人	年龄	性别	人种	大学教育	福音派	分数	概率	对数似然	
4	1	D	67	M	NW	C	N	2.847686	0.945199	-0.056359845	
5	2	Not	23	M	W	C	Y	-3.53347	0.028375	-0.028784979	
6	3	D	25	F	W	NC	N	0.773393	0.684254	-0.379425627	
7	4	D	24	M	W	C	N	-1.01025	0.266932	-1.320762596	
8	5	Not	78	M	W	NC	Y	-3.56149	0.027612	-0.028000712	
9	6	Not	67	F	W	NC	N	0.773393	0.684254	-1.152818179	
10	7	Not	70	M	W	NC	N	-1.03826	0.261485	-0.303113991	
11	8	Not	39	M	W	NC	N	-1.03826	0.261485	-0.303113991	
12	9	D	35	F	W	NC	Y	-1.74984	0.148068	-1.910084232	
13	10	D	28	F	W	NC	N	0.773393	0.684254	-0.379425627	
14	11	Not	27	M	W	C	Y	-3.53347	0.028375	-0.028784979	
15	12	Not	75	M	W	NC	N	0.773393	0.684254	-1.152818179	
16	13	D	46	M	W	NC	N	-1.03826	0.261485	-1.341378005	
17	14	Not	18	F	W	NC	Y	-1.74984	0.148068	-0.160248467	
18	15	Not	78	F	W	C	N	0.80141	0.690276	-1.172073965	
19	16	Not	24	F	W	C	Y	-1.72182	0.151637	-0.164446837	

图 48-1　预测一个人是否为民主党的数据

奥巴马的 2012 年大选与统计分析

奥巴马的竞选团队计算出各种分数（每日更新），用来评估选民选奥巴马或选罗姆尼的概率。该团队还会每日评估各个选民在投票日的投票率。预测大概率会投罗姆尼的选民会被忽略掉。投奥巴马概率高，而且到场投票率低的选民，则需要为他们前往投票点提供接送服务。投奥巴马的概率只有大约一半的，则需要加强游说。路滕伯格指出，像这样的"骑墙派"选民，奥巴马团队发现了有 1500 万之多。政治学家埃米·格什科夫（Amy Gershkoff）获得了 2000 万有线电视机顶盒的资料，使得团队得以了解这些"骑墙派"选民都在看哪些电视节目。格什科夫的团队发现，对这些"骑墙派"选民而言，午间节目《乔·布朗法官》(*Judge Joe Brown*) 以及新闻节目《内幕》(*The Insider*) 的深夜回放期间的广告效果，比起黄金时段或晚间新闻时段的效果要差很多。奥巴马团队在有线电视上投放的广告比罗姆尼团队多了一倍。奥巴马团队花的钱比罗姆尼团队少了 9000 万美元，投的广告却多了 4 万次！

奥巴马的统计分析团队成员拉伊德·甘尼（Rayid Ghani）想出了一个办法，利用 Facebook 来发现"骑墙派"选民。甘尼提出，可以询问那些注册了奥巴马竞选网站的网民，他们是否愿意让竞选团队浏览其好友名单。利用这个方法，他们在摇摆州发现了 1500 万个"骑墙派"选民，于是奥巴马的竞选信息就可以发送到他们的 Facebook 账号上了。

2020 年及后来的民主党

即使你还从未向哪个候选人捐过款，我敢肯定本书的大部分读者都收到过至少一条政治竞选方面的信息。民主党全国委员会（Democratic National Committee，DNC）在 2020 年 1 月公布，它们购买了每个有效选民的电话号码。该订单还保证，这些号码的信息到了将来也是准确的。当然，这些电话号码也被录入了 DNC 的有效选民数据库。DNC 还公布了一个预测分析模型——Sonar，据说能将竞选筹款的效率提高 35%。

共和党的反击

莱斯莉·斯塔尔（Leslie Stahl）在她的《60 分钟》（60 Minutes）节目中对布拉德·帕斯卡尔做了一次信息量很大的采访，她指出布拉德·帕斯卡尔虽然名不见经传，却在 2016 年特朗普打败希拉里·克林顿那场精彩的对决中扮演了关键角色。马兰兹对帕斯卡尔在特朗普的胜利中所扮演的重要角色做了精彩描述。为了纪念在对抗墨西哥的"阿拉莫之战"中牺牲的美国人，帕斯卡尔将他为特朗普所做的这场工作称为"阿拉莫计划"。在 2016 年大选期间，特朗普团队为帕斯卡尔的公司支付了 9400 万美元。这笔钱大部分都花在了购买 Facebook 的广告上了。"阿拉莫计划"充分利用了精准投放策略，专门设计说服力强的广告来游说选民为特朗普投票。精准投放策略利用个体信息（通常收集自 Facebook）来确定用哪种广告最适合吸引潜在的选民。例如，在《60 分钟》节目采访中，帕斯卡尔讲述了自己如何发现了铁锈地带很多对美国落后的基建设施忧心忡忡的选民，并为他们播放特朗普会如何修路建桥的广告。

第 48 章　仅靠数据能赢得一场总统大选吗

"阿拉莫计划"大量使用了 A/B 测试（参见第 43 章）。在第三场大选辩论上，"阿拉莫计划"为一个广告测试了 175 000 个版本！如果你把 A/B 测试中每个广告的每个版本都看成一个单独的广告，那么特朗普就投放了 5900 万个 Facebook 广告，而克林顿团队只投放了 66 000 个。帕斯卡尔在节目采访中指出，有些选民更喜欢绿色按钮而不是红色按钮；有些选民更喜欢写着"捐款"的按钮，而不是写着"捐献"的按钮。

帕斯卡尔充分利用了 Facebook 的"类似观众"功能。他用 Excel 整理了一张会员列表，把 30 万个已经被特朗普团队成功拿下的选民信息尽可能完整地统计进去。接下来，"类似观众"功能又一口气给出了 30 万个新的 Facebook 会员信息，是跟定制列表中最相似的人选（很可能是利用我们探讨过的"协同过滤"的理念）。例如，如果你给 Facebook 的名单里是 30 万个认为应该建墙的俄亥俄州居民，那么 Facebook 就会输出 30 万个同样支持建墙的会员。接下来，帕斯卡尔就会给这些人发送特朗普会如何建墙的广告。

Facebook 对这种在广告上出得起大手笔的客户（比如特朗普团队）会指派专门的员工提供服务，指导客户有哪些技巧可以改善它们的广告效益。Facebook 为特朗普团队指派的人（他们称为"内线"）是吉姆·巴恩斯（Jim Barnes）。作为示范，巴恩斯设计了一个 Facebook 广告，只花了 32.8 万美元，却带来了 132 万美元的筹款。他们也为克林顿团队推荐了内线，结果被拒绝了。

帕斯卡尔声称，特朗普团队掌握了 2.15 亿个选民的信息（其中都有手机号码），到 2020 年大选前有望发出 10 亿条短信。

俄罗斯在 2016 年大选中对社交媒体的利用

俄罗斯互联网研究机构（Russia's Internet Research Agency，IRA）在 2016 年大选前买了 3000 多条 Facebook 广告。众议院情报委员会（House Intelligence Committee）的民主党公布了一个广告列表，有超过 1100 万美国人看到了这些广告。

众议院情报委员会的民主党还报告了 2016 年有 36 000 个俄罗斯的机器人账号发出了 13 万条 Twitter 信息，这些信息在人们的 Twitter 消息里出现了超过 28 800 000 次。

从众议院情报委员会发布的这些信息可以看到，俄罗斯所支持的社交媒体内容大部分重点都放在一些争议性的话题上，比如第二修正案、种族关系、性别认同及移民问题。当然，最关键的问题是，俄罗斯在这些社交媒体上使用的手段，是否对特朗普的胜选产生了助推效果。特朗普在威斯康星州、宾夕法尼亚州和密歇根州卷走了107 000票。要是这些州投票给克林顿，她就赢了。无法得知这些Facebook目标用户的个人身份（我们确实不知道），想得知俄罗斯靠社交媒体活动改变了多少人的投票基本上是不可能的。Facebook前产品经理安东尼奥·加西亚·马丁内斯（Antonio García Martínez）说，那些觉得特朗普竞选是得了俄罗斯社交媒体活动的好处的理论，根本就是"胡说八道"。

剑桥分析公司与2016年大选

剑桥分析（Cambridge Analytica）公司是一家英国公司，它们非法获取了8700万Facebook用户的信息。关于剑桥分析公司的历史，在史蒂文·利维（Steven Levy）所写的关于Facebook历史的书中有详细介绍。

诺丁汉大学的戴维·史迪威（David Stillwell）开发了一个"myPersonality"应用，可以用来判断你的性格类型是内向还是外向等。最终有600万人提交了测试。剑桥大学的米卡尔·科辛斯基（Michał Kosiński）对"myPersonality"的这批数据产生了兴趣，邀请史迪威跟自己合作，从Facebook用户的"赞"中获取信息。通过6万名参与者的信息，科辛斯基和史迪威发现了如何利用用户的喜欢来预测一个人性格的方方面面。比如，他们发现一个人的点赞能够预测他的党派，正确率达到85%。科辛斯基和史迪威声称，只要有300个赞，他们就能比你的配偶更加了解你。

2013年，数据专家亚历山大·科根（Aleksandr Kogan）开始与科辛斯基和史迪威合作。继"myPersonality"之后，科根设计了一个新的应用叫作"This Is Your Digital Life（TIYDL）"。只有270 000人使用过这个应用。这个应用让科根（未经同意）能够获得每个用户的好友的Facebook信息。据统计，靠同样的手段，他们共采集了8700万Facebook用户的信息。

2013年，科根认识了亚历山大·尼克斯（Alexander Nix），他是英国政治顾问公司战略通信实验室（Strategic Communication Laboratories，SCL）的老板。尼克斯先是引诱科根同意让 SCL 拿到他的数据，然后跟史蒂夫·班农（Steve Bannon）（保守派"布莱巴特新闻网"的前任老板，后来是特朗普政府的首席战略官）开了个会，讨论该如何利用这些数据来影响选民的行为。班农把财大气粗（预估价值在 9000 万美元）的保守派复兴科技经理罗伯特·墨瑟（Robert Mercer）介绍给了 SCL。墨瑟同意担保将科根的数据用于政治用途，于是剑桥分析公司应运而生。

墨瑟在 2016 年的总统大选中支持的是特德·克鲁兹（Ted Cruz），而克鲁兹的竞选团队在竞选一开始就用上了剑桥分析公司的数据。克鲁兹在艾奥瓦州的意外胜利中，尼克斯是要居一点功的。最后，特朗普团队给剑桥分析公司支付了 500 万美元。在马兰兹的文章中，帕斯卡尔拒绝承认剑桥分析公司的数据的有用性，而这种说法得到了北卡罗来纳大学政治传播学教授丹尼尔·克里斯（Daniel Kreiss）的附和。

截至我写这章时，还没有任何人将剑桥分析公司的做法与违法犯罪联系在一起。

第 49 章　为什么我们老是在 eBay 上花太多钱

2018 年，eBay 上有 1.68 亿个活跃买家。大部分人成功竞价买到自己心仪的商品时都会兴高采烈。职业球队的球迷们发现自己心仪的球队签到了顶级的自由球员会很兴奋；石油公司出高价买到了海上石油租赁权也会很高兴。从悲观的角度出发，我们这一章主要讲讲为什么竞价所得的商品往往会不值那个价。诺贝尔奖获得者理查德·塞勒（Richard Thaler）在赢家诅咒的问题上写过一篇权威的调查文章——《反常想象：赢家的诅咒》(*Anomalies: The Winner's Curse*)。

为了对"赢家诅咒"形成一点概念，我们可以假设有一幅真实价值 10 万美元的名画，有五个人竞价，平均下来，竞价者出的价正是这幅画的真实价值（关于预测市场，参见第 30 章）。其中一组可能的竞价为 6 万美元、8 万美元、10 万美元、12 万美元和 14 万美元。这组竞价的平均值正好为真实价值 10 万美元，但最高价 14 万美元却多出了 4 万美元。

罐子里有几个硬币

有不少经济学教授想要重复马克斯·巴泽曼（Max Bazerman）和威廉·萨缪尔森（William Samuelson）做过的实验。研究人员在罐子里放满了硬币或者类似回形针一类的物品，每个罐子价值 8 美元，并要求波士顿大学的 MBA 学生对罐子进行竞价，出价最高者可赢得罐子，还要求学生猜测罐子中物品的真实价值，猜得最接近的人有 2 美元的奖励，罐子中物品的真实价值是 8 美元。这个实验重复了 48 次，平均竞价比真实价值要低得多（5.13 美元）。尽管如此，赢家的平均出价（10.01 美元）却比真实价值要高得多（符合"赢家诅咒"规律）。

信息不对称的重要性

关于"赢家诅咒",威廉·萨缪尔森和马克斯·巴泽曼举了个有趣的例子。

假设有位商业大亨维维安·温斯顿(Vivian Winston)。但凡她出手收购一家公司,这家公司的股价立马会飙升50%。维维安又看上了一家叫WidgetCo的公司。WidgetCo的真实价值在0~200美元,而只有WidgetCo知道自己的真实价值,维维安并不知道。那么,维维安会出多高的收购价呢?

大概一想,维维安可能会觉得WidgetCo的平均价值为100美元。毕竟她能使公司的价值上升50%,那么只要出价略低于1.5×100美元$=150$美元,都是划算的。然而,这样的逻辑忽略了该情况中"信息不对称"这一现实。WidgetCo掌握的信息比维维安要多。它们很清楚自己公司的价值(设为B)。一旦WidgetCo接受了B出价,那就意味着公司的价值最多为B,而平均为B/2。如果维维安以B美元的价格收购了WidgetCo,那么即使升值以后,她平均只能赚到$1.5 \times (B/2) - B = -0.25B$。因此,出价越高,(平均)亏损越大。萨缪尔森和巴泽曼报告称,90%的被试都出了非零的报价,而这些出价大部分都介于100~150美元之间。

赢家诅咒与海上石油租赁

伊德·卡彭(Ed Capen)、罗伯特·克拉普(Robert Clapp)和威廉·坎贝尔(William Campbell)首先在现实中发现了"赢家诅咒"的例子。几位作者是美国大西洋里奇菲尔德公司(Atlantic Richfield)的石油工程师。他们发现那些竞价买到墨西哥湾海上石油租赁权的石油公司平均来看都是亏了的。在写那篇文章的时候,作者并不知道这些石油租赁的结果。1983年,沃尔特·米德(Walter Mead)、阿斯布乔恩·摩西德乔德(Asbjorn Moseidjord)和菲利普·索伦森(Philip Sorensen)对1223份墨西哥湾石油租赁的数据进行了统计。他们发现:

- 62%的租赁交易都无利可图,挣不到钱;
- 按12.5%的年度折扣率来算的话,16%的租赁交易亏损;
- 按12.5%的折扣率,22%的租赁交易盈利。

在12.5%的年度折扣率下（考虑到租赁的风险，作者认为这个折扣率较为合理），这些租赁合同的平均净现值为 –192 128 美元。

自由运动员与赢家诅咒

詹姆斯·凯辛（James Cassing）和理查德·道格拉斯（Richard Douglas）声称美国职业棒球大联盟的球队普遍对自由球员出价过高。当然，在过去的20年中，职业球队的统计手段变得更复杂。想要分析职业球赛中是否存在赢家诅咒，我收集了2018年签约的所有NBA自由球员在2018—2019赛季的收入情况。然后用ESPN的真实加减分析（Real Plus-Minus estimate）对他们的胜绩进行了统计，用来估算这些自由球员在2018—2019赛季中创造的价值。每胜一场，NBA球队会支付300万美元。在工作簿 FreeAgents.xlsx 中，我们计算得出，47名自由球员获得的薪酬为5.02亿美元，而他们创造的价值为4.92亿美元。从这场小规模的研究中，我们似乎能看出，职业球赛管理的复杂性提高，减轻了"赢家诅咒"现象。

能规避"赢家诅咒"现象吗

如果我们给自己竞价目标的出价比预期价值低一点，从逻辑上讲似乎能避免"赢家诅咒"了。不过要进行这种分析，我们还需要知道其他竞价者的行为特点。比如，其他竞价者的出价是按照他们对价值的预期，还是同样也会压价？在本部分内容中，我们会举一个简单的例子来展示我们如何规避"赢家诅咒"。这部分内容在文件 FixWinnersCurse.xlsx 中（见图49–1）。我们有如下假设。

- 我们对目标价格的首要预测为100美元，不过在80~120美元之间都有可能。
- 我们有一个竞争者，他的出价可能介于目标真实价格的70%~130%之间。这意味着我们的竞争者对目标的真实价值所掌握的信息比我们要多。

我们用Excel对这一情形做了5000次模拟。图49–1展示的是头几次迭代的结果。在这些迭代中，都是假设我们出价90美元。

- 第一次迭代中，我们的出价被竞争者赶超了。

- 第二次迭代中，我们的出价高过竞争者，竞拍到了价值为 94 美元的物品，挣了 4 美元。
- 第三次迭代中，我们的出价高过竞争者，竞拍到了价值为 83 美元的物品，亏了 7 美元。

	A	B	C	D	E	F	G	H
1	我们的出价	$90.00						平均利润
2								$1.53
3			迭代	实际价值	竞争者的出价	我的利润		
4			1	$101.00	$125.24	$0.00		
5			2	$94.00	$75.20	$4.00		
6			3	$83.00	$89.64	-$7.00		
7			4	$80.00	$77.60	-$10.00		
8			5	$91.00	$65.52	$1.00		
9			6	$110.00	$123.20	$0.00		
10			7	$102.00	$76.50	$12.00		
11			8	$118.00	$113.28	$0.00		
12			9	$109.00	$118.81	$0.00		
13			10	$80.00	$74.40	-$10.00		

图 49-1　规避赢家诅咒

图 49-2 中展示的是 10 000 次迭代中，平均利润随我们的出价变化的函数。我们可以看到，82 美元的出价挣到的预期利润是最大的（2.13 美元）。另外值得注意的是，平均来看，95 美元或更高的出价会产生负的平均利润。

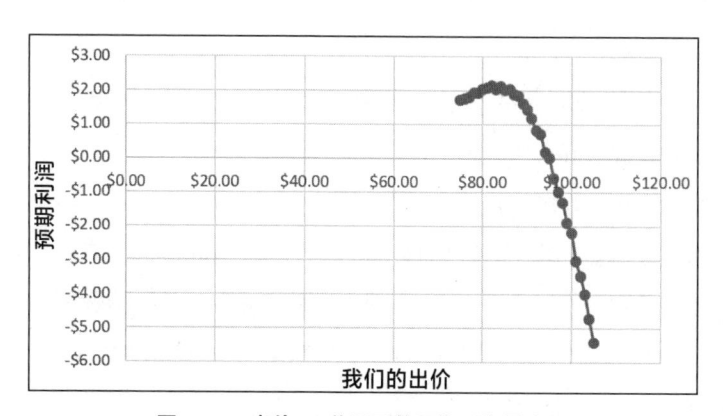

图 49-2　出价 82 美元可使预期利润最大化

因此，在这个简单的例子中，出价低于目标预估价（100 美元）就可以大概率规避赢家诅咒。

293

第 50 章　靠分析学能识别、预测或写出一首热门歌曲吗

我很爱玩冷知识问答。现在就有一条有趣的音乐冷知识考考你：在美国 2000—2009 年间录制的所有唱片中，哪个歌手的唱片卖得最好？答案就是诺拉·琼斯（Norah Jones）的首张专辑《远走高飞》（Come Away With Me），这张专辑卖出了1102 万张。录制这张专辑的时候，琼斯在音乐界还籍籍无名，不过一个名叫"畅销歌科学"（Hit Song Science）的电脑程序利用人工智能准确地预测到这首歌将会大受欢迎。

要用电脑来识别、预测或写出一首热门歌曲，关键要创建一首歌的"声学指纹"（acoustic fingerprint）。从本质上来说，歌曲是由声波组成的。一首歌（或者说任何声音）的声学指纹，会把一首歌在某些（或是全部）时间点上的许多特征标记下来。

- 每分钟的节拍（节奏）；
- 频率。比如，一把吉他的最高音是每秒振动 1000 次，而一般成年女性歌手的嗓音大约为每秒振动 165~255 次；
- 一首歌的任何部分都是由不同频率（例如一把吉他加一名歌手）组合而成的，因此你得知道歌曲在不同时间点不同频率段内的振幅。频谱平坦度是用来测量一首歌的声音在某个时间点上是更接近纯音还是更接近白噪音（不同频率上的振幅完全相同）。频谱平坦度的值介于 0~1 之间，0 意味着声音由单一频率组成，而 1 则意味着是白噪音。

要解析出一首歌的声学指纹需要大量数据。因此，为了将一首歌数字化，玩音乐的书呆子们往往会按照每秒 44 000 次的标准来对音乐进行取样。如果想进一步了解音乐数字化的数学原理，可以读一读克里斯托夫（Christophe）在"音乐神搜"

（Shazam）上写的精彩文章。很快你就会明白，"音乐神搜"的秘诀就是对一首歌按照每秒 100 次来采样。

在本章中，我们将会讨论跟音乐程序和分析学有关的三个有趣话题：

- "音乐神搜"是怎么知道你在听哪首歌的？
- "畅销歌科学"是怎么知道诺拉·琼斯的歌会大受欢迎的？
- 人工智能能写出好歌来吗？

"音乐神搜"是怎么知道你在听哪首歌的

我估计很多读者都试过听到一首没听过的歌以后，点开手机里的"音乐神搜"，把手机凑近那首歌，15 秒以后，"音乐神搜"就能神奇地告诉你那首歌叫什么。菲奥娜·哈维（Fiona Harvey）写过一篇简短而通俗的文章来解释"音乐神搜"背后的原理。

到目前为止，"音乐神搜"的曲库中共有 800 万首歌，因此当你在听一首歌的时候［比如唐·麦克林（Don McLean）的杰作《美国派》（*American Pie*）］，"音乐神搜"就得从它的曲库中找出跟《美国派》最像的一首。一首三分钟的歌（《美国派》还要长很多），可能的选择有 30 万亿。如果"音乐神搜"想在自己的曲库中找到跟《美国派》完全匹配的旋律，速度会非常慢。"音乐神搜"背后的天才埃弗里·王（Avery Wang）发现，想要准确识别一首歌，你只需要每秒取样 100 次，并在每个频率的最高水平和最低水平处取 15 秒，那么"音乐神搜"就从你的手机上获得了 1500 个（15×100）数据点。这 1500 个数据点就像人的指纹一样，可以精准识别每一首歌。利用复杂的电脑程序，"音乐神搜"能从 800 万首歌中迅速找出跟《美国派》中那 1500 个数据点相匹配的那一首歌！

《美国派》中关键的几句歌词与下列歌手有关：

- "国王低头之际"（While the King Was Looking Down）（"猫王"）；
- "弄臣偷走了他的荆棘王冠"（The Jester Stole His Thorny Crown）［鲍勃·迪伦（Bob

- Dylan）］；
- "军士们演奏起了进行曲"（While Sergeants Played a Marching Tune）［披头士乐队（Beatles）的《佩柏军士的孤独之心俱乐部乐队》（*Sgt. Pepper's Lonely Hearts Club Band*）唱片，这是史上第一张附有歌词的唱片］；
- "跌宕起伏的八英里"（Eight Miles High and Falling Fast）［鸟乐队（Birds）的专辑］；
- "地狱降生的天使怎能破除撒旦的诅咒"（No Angel Born in Hell Could Break That Satan's Spell）［1969年12月6日，滚石乐队在阿尔塔蒙特的一场摇滚音乐会上，乐队眼睁睁地目睹地狱天使帮会（Hell's Angel）捅死了梅雷迪思·亨特（Meredith Hunter）也没有中断表演］；
- "我们都在一起"（There We Were All in One Place）［1969年的伍德斯托克（woodstock）音乐会］；
- "我遇见了一个爱唱布鲁斯的女孩"（I Met a Girl Who Sang the Blues）［贾尼丝·乔普林（Janice Joplin）］；
- "音乐死去之日"（The Day the Music Died）［1959年2月3日，巴迪·霍利（Buddy Holly）、里奇·瓦林斯（Richie Valens）和"比波普音乐家"（The Big Bopper）在一场空难中去世］

"畅销歌科学"是怎么知道诺拉·琼斯的歌会大受欢迎的

"畅销歌科学"用的是聚类分析（cluster analysis），所以在讲"畅销歌科学"的细节之前，需要先简单介绍一下聚类分析。

聚类分析会把大量的对象进行分类，最终把不同的对象分入不同的类别，保证类别内的对象足够相似，而不同类别间的对象差别足够大。聚类分析所用的数学原理不属于本书的讨论范畴，不过感兴趣的读者可以看我的另一本书《营销分析》（*Marketing Analytics*），里面有例子说明如何利用聚类分析来帮助你理解一批复杂的数据。

对于美国最大的城市，我找到了如下六种关于每座城市的人口学数据：

- 黑人人口比例；
- 西班牙裔人口比例；
- 亚裔人口比例；
- 年龄中位数；
- 失业率；
- 个人收入中位数。

我发现有四个聚类能够很好地表征 49 座城市。每个聚类都有一个"锚"，能够对类别内的城市形成最佳表征。

- 旧金山聚类。表征是年龄较大、收入较好、亚洲人较多的城市，例如西雅图和檀香山。
- 孟菲斯聚类。表征是黑人比例较高、失业率较高的城市。本类别内的其他城市还有亚特兰大和巴尔的摩；
- 洛杉矶聚类。年纪较轻、西班牙裔较多、失业率较高。本类别内的其他城市还包括休斯敦和达拉斯；
- 奥马哈聚类。中等收入、少数族裔较少的城市。本类别内还包括印第安纳波利斯和杰克逊维尔。

超级畅销书作家马尔科姆·格拉德韦尔（Malcom Gladwell）在《纽约客》杂志中对"畅销歌科学"展开了探讨。"畅销歌科学"下载了数以千计的歌曲的声学指纹。接下来他们集中分析了所有进过 Billboard 排行榜上排名前 30 的畅销曲，并从中发现了 60 个类别。"畅销歌科学"很确定，声学指纹与这些类别不接近的就不会畅销。而《远走高飞》唱片中的 14 首歌里，有 9 首都具备畅销的潜质——后来的事就不用赘述了。

"畅销歌科学"将格纳尔斯·巴克利（Gnarls Barkley）的《神魂颠倒》（*Crazy*）归进了畅销歌的类别。"畅销歌科学"的主席迈克尔·麦克里迪（Michael McCready）将《神魂颠倒》归为与亚香缇（Ashanti）的《宝贝》（*Baby*）和玛利亚·凯莉（Mariah Carey）超级畅销的《甜蜜的一天》（*One Sweet Day*）（凯莉的榜首曲目比任何人都多！）放在了同一个类别。《神魂颠倒》在美国排名第二，在英国则高居榜首长达九周。《滚石》(*Rolling Stone*)杂志将《神魂颠倒》列为 2000—2009 年度最佳金曲。截至本书写作之时，其官方 YouTube 视频已有超过 3200 万次观看。

如果没有被麦克里迪预测为畅销歌，事情也不会就毫无希望了。"畅销歌科学"能给作曲家提供修改建议，帮助他们使曲子靠近"畅销"类别。比如，他们可能会建议更改曲子的基调（曲子的低音），或是调整曲子的响度（正常对话的响度为 60 分贝，割草机是 90 分贝）。"畅销歌科学"隶属于 Platinum Blue Music Intelligence 公司，这家公司声称自己预测畅销歌的准确性达到了 80%。当然，我们真正想知道的，还是这家公司预测的敏感性（预测畅销，结果确实畅销的概率）和特异性（预测不畅销，结果确实不畅销的概率）。

人工智能能写出好歌来吗

罗伯塔·弗拉克（Roberta Flack）的榜首歌曲《一曲销魂》(*Killing Me Softly with His Song*)中，弗拉克提到了唐·麦克林的《美国派》，并说"我听他唱了首好歌"。我们知道电脑已经在象棋和围棋领域都打败了人类，那么，冷冰冰的电脑会不会害得作曲家失业呢？如果你想知道人工智能写出来的歌是什么样的，可以去听听《爸爸的车》(*Daddy's Car*)，这首歌模仿了披头士的风格，出自索尼公司的流机研究实验室（Flow Machine Research Laboratory）。

有一个很好用的人工智能音乐网站叫"安培音乐"（Amper Music）。在"安培音乐"上创建好免费账户以后，你可以告诉网站你想要的音乐长度以及音乐类型（比如浪漫风、现代风或是民族风），网站就会给出若干个人工智能合成的音乐片段。《美国偶像》(*American Idol*)参赛者塔林·萨瑟恩（Taryn Southern）就曾使用安培音乐来为她的 2017 年单曲《放飞自我》(*Break Free*)创作开头。2020 年 3 月 13 日，该曲的 YouTube 链接浏览量超过了两百万。

用电脑来写出一首好歌背后的数学原理相当深奥。目前，对此介绍最全面的是琼–皮埃尔·布里特（Jean-Pierre Briot）、盖腾·哈杰里斯（Gaëtan Hadjeres）和弗朗索瓦·戴维·帕谢（François-David Pachet）写的《音乐创作、计算机合成及创作系统的深度学习技巧》(*Deep Learning Techniques for Music Generation, Computational Synthesis and Creative Systems*)。帕谢曾在流机研究实验室工作过,目前在提供流媒体服务的 Spotify 公司担任创意科技总监。接下来我们介绍两种相对简单的作曲算法：

- 马尔科夫链（Markov Chain）算法；
- 进化算法。

至于要介绍真正前沿的电脑音乐创作技术，则超出了本书的范畴。

马尔科夫链算法

马尔科夫链用来表达一连串可能发生的事件，比如某只股票的每日收盘价或是一首歌的和弦顺序。马尔科夫链在任意时间点上都存在某种"状态"（state）。例如，某日的收盘价可能是 50 美元。如果存在一系列事件，事件中下一个时间点的状态只取决于最临近的时间点的状态，而跟前面存在过的那些状态无关，这样的系列事件就称为一个马尔科夫链。因此，在股票的例子中，收盘价为 50 美元那天的第二天的收盘价，跟之前的价格波动无关。之前是连续涨了 10 天还是跌了 10 天都没关系。如亚历山大·奥西盘科（Alexander Osipenko）所描述的那样，马尔科夫链也可以简单地用来作曲。首先，你需要一个曲库，即某类音乐的集合。假设你的曲库是巴赫、贝多芬、莫扎特和肖邦音乐的全集，你可以把每一首乐曲都看成一连串的和弦，接着就很容易在曲库中计算某个和弦下一个和弦的概率质量函数。例如，奥西盘科就发现，F 和弦下一个和弦的概率质量函数如表 50-1 所示。

表 50-1　　　　F 和弦之后下一个和弦的概率质量函数

下一个和弦	概率
F 和弦	0.167
G7 和弦	0.056
Fsus4	0.111
A7sus4	0.222
C	0.222
Em7	0.222

因此，要想创作一首曲子，你只需要随便挑选一个和弦作为开头，再利用概率质量函数来计算下一个和弦，以此类推。当然，这种做法忽视了一个事实，那就是某个和弦好不好听，决定因素远不只它前面那一个和弦这么简单，因此，不用指望用马尔科夫链算法创作出来的音乐能有多好听。

进化算法

当然，一首音乐并不仅仅由和弦组成。许多研究者试图将一段音乐抽象为三个因素来进行量化：

- 持续时间——某个音符或音调的时长；
- 音高——与频率相似，同样是按照每秒的振动次数来衡量；不同之处在于，音高指的是你听到的乐声高低；
- 力度——音乐的音量。静态力度指的是某个时间点上的音量。力度也指音量的变化。

我们在第47章中提到过进化算法。你可以通过一套规则来定义某个"目标格"，选出某个最不违反该套规则的音乐系列作为最佳选择。卡尔文·佩尔蒂埃（Calvin Pelletier）就采用了进化算法来作曲。对一首乐曲，他执行了下列罚分操作：

- 连续两个音符间的半音（一个半音为十二音阶中任意两个连续音阶之间的音差）过大，罚分；
- 若某个音符不属于和弦内的音符，罚分；
- 若某个音符不属于该曲调子内的音符，罚分；
- 作为节奏的替代品，若某个音符的开端为强拍，罚分。

这些罚分标准贯穿整首歌的始终，因此你可以想象，这种方法创作出来的曲子比马尔科夫链要好一些。例如，马尔科夫链算法很容易创作出连续四五个和弦相同的一段曲子来，这可好听不到哪里去。

佩尔蒂埃邀请了15位评委，在他用进化算法创作的曲子和人类创作的曲子之间评分，最终发现按五级标准评分的话，进化算法作曲的平均分数为2.9，而人类创作的曲子的平均分为 3.9。人类创作的曲子比进化算法创作的曲子分数高出了三个标准差。

利用电脑来作曲是一个发展迅猛的领域。我们想向对技术细节感兴趣的读者再次推荐这本《音乐创作、计算机合成及创作系统的深度学习技巧》，并建议读者在自己常用的搜索引擎上搜索关键词"神经网络与作曲"。

第51章　2011年NBA总冠军有分析学的功劳吗

从2000—2001年到2010—2011年的各个赛季中，马克·库班（Mark Cuban）的达拉斯小牛队取得了平均每季56胜的好成绩，仅次于圣安东尼奥马刺队的58胜。那几年中，我跟我的朋友杰夫·塞格瑞恩（Jeff Sagarin）［他是发布在Sagarin.com上广受认可的《今日美国》赛事排名的创始人］有幸受邀为小牛队提供分析学支持。马克大方地提出，我和杰夫是史上第一对为NBA球队提供帮助的数据科学家。当然，为小牛队赢得这10年辉煌和2011年的NBA总冠军头衔的功劳绝大部分还是要归功于球员和教练。不过在本章中，我希望能揭开幕布，让大家一览统计工作的幕后运作，看看我们是如何在小牛队这10年辉煌中也扮演了一个小小的角色的。同样地，我与杰夫为纽约尼克斯队的格伦·格伦沃尔德（Glen Grunwald）提供类似服务时也是如此，当时尼克斯队赢了54场赛事，这是他们自1997年以来最辉煌的成绩。

要如何为一个篮球队员做评估

NBA的计分总表中可以查到各个球员的大量数据，可一个球员的防守能力却不是从那里可以查到的。我们认为，篮球队员的表现，要通过队员在场上和场下，比赛得分的变化来判断。例如，富有传奇性的波士顿凯尔特人队教练雷德·奥尔巴克（Red Auerbach）就注意到，后卫K. C. 琼斯曾表示他"从来都不是来打球的，而是来赢球的"，而琼斯的官方数据却很烂。比如，他的命中率只有39%，而他的球员效率（这是一个很受重视的成绩指标）只有10.4，这在2019—2020赛季期间在70个控球后卫中排名61。琼斯在篮球名人堂中占有一席之地，必然有他的过人之处，这却是计分总表所遗漏的地方（漏的很可能就是他的防守指数）。

我们的方法是看篮球的 +/– 评分（现在也被 NBA 和大学采用了）。+/– 评分起源于 20 世纪 50 年代的冰球，衡量的只是球员在冰上时，球队领先对手的进球数（忽略强力进攻、空网进球或罚球）。在 NBA 比赛中，+/– 分通常是每 48 分钟测量一次。需要注意的是，球员的 +/– 评分同样受到进攻和防守的影响。每放弃一分对 +/– 评分的伤害，跟每得一分对 +/– 的影响一样大。在 2018—2019 赛季，密尔沃基雄鹿队的 MVP 扬尼斯·阿德托昆博获得了联盟最佳的 +/– 评分，每 48 分钟得到 12.8 分。这意味着当他在场上时，雄鹿队每 48 分钟比对手多得 12.8 分。使用原始 +/– 来衡量球员的能力，有一个问题在于，几乎每个拥有良好 +/– 得分的人都身处一支优秀的球队。例如，在 2018—2019 赛季，在原始 +/– 上排名前 50，却身处一支败北球队的球员只有唯一的一位，是新奥尔良鹈鹕队后卫朱·霍利迪（Jrue Holiday）（排名第 47，每 48 分钟的 +/– 评分为 4.6 分）。

意识到了原始 +/– 评分的缺陷后，杰夫编写了一个 Fortran 程序（是的，Fortran！），用来下载 NBA 赛季每一分钟在场上的球员以及比分的变动情况。数据的每一行（我们称之为"阵容段"）包含场上的 10 名球员，球员在场上的时间长度，比赛是主场还是客场，以及主队超过客队的得分情况。在一个典型的赛季中，有超过 30 000 个阵容段。杰夫和我又想出了一个调整后的 +/– 评分，具体描述见《纽约时报》专栏作家戴维·伦哈特（David Leonhardt）的文章。调整后的 +/– 评分用到了高等数学（而不是常规的多元回归），对每位球员的原始 +/– 进行调整，根据的是与他共同上场的其他九名球员，以及比赛是主场还是客场（主队通常每场会平均多得 3 分）。在这几年的使用过程中，我相信调整后的 +/– 评分，这些都比计分总表里的评分能更好地让你了解球员的能力（尤其是防守能力）。

为了测试调整后的 +/– 评分是否好用，请你写下（先别看表 51–1 和表 51–2）你心目中 2000—2009 年和 2010—2019 年的前五名球员。表 51–1 和表 51–2 中则是我们按照调整后的 +/– 评分所得的前五球员列表。要理解这些数字，让我们以经常被低估的凯文·加内特（Kevin Garnett）为例，他的评分为 11.0，这意味着如果加内特与其他四名普通 NBA 球员一起对抗一支由五名普通 NBA 球员组成的球队，他的球队能以每场 11 分的优势获胜。

表 51-1　　　　　　2000–2009 年间的 NBA 前五大球员

球员	调整后的 +/- 评分
勒布朗·詹姆斯（只打了 7 年）	11.5
凯文·加内特	11.0
蒂姆·邓肯（Tim Duncan）	10.7
德克·诺维茨基	10.5
科比·布莱恩特（Kobe Bryant）	9.1

表 51-2　　　　　　2010–2019 年间的 NBA 前五大球员

球员	调整后的 +/- 评分
勒布朗·詹姆斯（再次上榜！）	12.9
斯蒂芬·库里（Steph Curry）	11.2
克里斯·保罗（Chris Paul）	11.1
达米安·利拉德（Dame Lillard）（只打了 7 年）	10.5
凯文·杜兰特（Kevin Durant）	9.4

我问 NBA 球迷，他们对我的 2000—2009 名单有没有什么修改意见，他们有时会建议名单中应该加上德韦恩·韦德（他排在第六位）或史蒂夫·纳什（Steve Nash）。纳什那些年在菲尼克斯太阳队的表现，能让他排在第七位，但他在小牛队时糟糕的防守却拉低了他的评分。对于我的 2010—2019 年名单，许多球迷很生气里面没有詹姆斯·哈登（James Harden）。他在 2014—2019 年的表现足以让他排名第四，可你别忘了，他在加入火箭队之前加入的是俄克拉何马雷霆队，队友包括拉塞尔·韦斯特布鲁克（Russell Westbrook）和凯文·杜兰特，而球队却并没有取得什么精彩成绩（有一次闯入总决赛，被热火队击败）。而在短暂的 2019—2020 赛季中，克里斯·保罗表现出色，带领雷霆队在高难度的西部联赛中排名第五（哈登的火箭队排名第六）。

从球员评分到阵容评分

一旦球队确定了他们的赛季名单，教练工作的很大一部分就是要弄清楚哪些阵容最有效。通常要准确预测一个阵容的表现，简单将一个阵容中五名球员的能力相加是不行的。整体与部分之和往往是有出入的。我认为我们对小牛队阵容能力的准确评估，是我们做过的最重要的工作之一。NBA 球队平均一个赛季能打出 400 多个不同的阵容。你可以将教练的不同 NBA 阵容组合想象为对类固醇（好的那种哦）的 A/B 实验（参见第 43 章）。通过改变阵容并仔细查看数据，教练可以为关键的 NBA 季后赛做出更好的决策。

为勇士队的"死亡阵容"打分

为了说明我们如何为阵容打分，我们不妨以 2015—2016 赛季的金州勇士队为例，他们拥有历史上最好的常规赛战绩（73 胜 9 负），但在 NBA 总决赛中被勒布朗率领的克利夫兰骑士队击败。勇士队著名的"死亡阵容"克莱·汤普森（Klay Thompson）、史蒂芬·库里、哈里森·巴恩斯（Harrison Barnes）、安德鲁·伊戈达拉（Andrew Iguodala）和德雷蒙德·格林（Draymond Green）到底有多好？这个阵容打了 297 分钟，每 48 分钟比对手高出约 26 分。我们估算出，与"死亡阵容"交手的对手阵容，实力比平均水平高 8 分，因此，"死亡阵容"的最终评分为惊人的高出平均 NBA 阵容 26+8=34 分。这个阵容平均每场上场大约 3 分钟，我想不明白勇士队为什么没有多用这个阵容。

马刺队与小牛队的 2006 年西部半决赛

我们还计算了每个被对手击败的球员的调整后的 +/– 评分。为了让读者了解这有什么用，我们可以看看达拉斯小牛队在 2006 年季后赛期间意外闯入 NBA 总决赛的过程。小牛队这次面对的是卫冕冠军马刺队，很少有分析师看好他们。在这个系列赛中，教练做出了一个关键的决策，那就是将后卫德文·哈里斯（Devin Harris）排入了首发阵容，代替了阿德里安·格里芬（Adrian Griffin）。这一出人意料的决定让小牛队在圣安东尼奥的第二场比赛中"抢断"，并随后通过在圣安东尼奥的第七场惊险胜出，从而赢得了系列赛。我们按每个球队算出的调整后的 +/– 评分，正是这一教练决策的重要根据。德文·哈里斯 2005—2006 年的总体评分为 –2.1 分，而对阵马刺队时，他的评分为 +9.4 分。对阵马刺队时，格里芬的评分却是 –5 分。更重要的是，格里芬的进攻评分为 –18 分。这说明在对阵马刺队的比赛中，格里芬将小牛队的场均得分能力降低了 18 分。有了这些数据，显然我们应该在开场让哈里斯代替格里芬。那么，哈里斯做得怎么样？在季后赛期间，我们做了一个双向阵容计算器，来计算小牛队在场上或场下的任意球员组合与对手任意组合之间的表现。在 2005—2006 赛季常规赛中，我们的数据表明哈里斯能击败未来的名人堂成员托尼·帕克（Tony Parker）。那么，在马刺队与小牛队系列赛的前六场比赛中又怎么样了？当哈里斯上场对阵帕克时，小牛队以平均每 48 分钟 102∶100 的比分击败马刺队（不包括第二场，这场小牛队让哈里斯开场，打了马刺队一个措手不及）。而当帕克在场哈里斯缺阵时，小牛队则以平均每 48 分钟 81∶96 的差距落后！

随着系列赛的进行，我们还发现了更多有趣的现象。当马奎斯·丹尼尔斯（Marquis Daniels）在场上对阵马努·吉诺比利时，小牛队以平均每 48 分钟 81∶132 的比分落后！当吉诺比利在场而丹尼尔斯下场时，小牛队则以平均每 48 分钟 94∶91 的分数领先。顺便说一句，丹尼尔斯没有参加系列赛的第七场比赛。

接下来，小牛队在 2006 年西部决赛中对阵太阳队。这里我们知道德文·哈里斯发挥不会那么好了，因为他与史蒂夫·纳什不对付。在这个系列赛中，当哈里斯·杰森·特里（Harris Jason Terry）的后场对阵纳什时，小牛以每 48 分钟 90∶113 的比分落后。特里和杰里·斯塔克豪斯（Jerry Stackhouse）的后场（哈里斯出局）在纳什上场的情况下以每 48 分钟 116∶96 的比分领先。小牛队利用了这些信息来调整它们的轮换阵容，以便能打出更多更有效的组合。

分析技术助力小牛队成为 2011 年联盟冠军

2011 年 NBA 季后赛开始时，拉斯维加斯赔率给迈阿密热火队［它们的"三巨头"分别是勒布朗·詹姆斯、德韦恩·韦德和克里斯·波什（Chris Bosh）］评估的系列赛胜率为 60%。而达拉斯小牛队最终击败了热火队，阵容分析发挥了巨大的作用。常规赛期间，小牛队的最佳阵容是杰森·特里、费森·基德（Jason Kidd）、德克·诺维茨基、肖恩·马里昂（Shawn Marison）和泰森·钱德勒（Tyson Chandler）。

常规赛期间，这个阵容平均每场只打了2分钟，却打出了场均高出平均水平28分的好成绩。意识到了这个阵容的强大后，小牛队在季后赛期间将这个阵容的上场时间增加到了每场8分钟，结果这个阵容打出了场均高出平均水平46分这样令人难以置信的成绩！

在教练要做的重要决策中，其中之一就是当他们的明星球员（在本例中为德克·诺维茨基）下场时，决定最佳上场阵容怎么安排。在西部季后赛的三个系列赛中，小牛队通过佩贾·斯托贾科维奇（Peja Stojaković）来让诺维茨基休息。在斯托贾科维奇换下诺维茨基的126分钟里，小牛队的成绩是场均高于平均水平3分。能在你的明星球员休息的同时还高于平均水平，这已经做得很好了！

在NBA总决赛前三场赛事中，小牛队对阵热火队，继续让斯托贾科维奇替补诺维茨基。可惜在这几场比赛中，小牛队在18分钟内输掉了24分。这些比赛的分数都咬得很紧，所以得想想办法了。到了第四场，小牛队换下了斯托贾科维奇，这次让布赖恩·卡迪纳尔（Brian Cardinal）来替补诺维茨基。靠着这样的阵容，在总决赛第4~6场比赛中，小牛队在24分钟里仅丢了3分。此次阵容变动将小牛队的场均表现提高了7分。

在系列赛的前三场比赛中，小牛队的首发阵容［基德、诺维茨基、钱德勒、马里昂和德肖恩·史蒂文森（DeShawn Stevenson）］在28分钟内得分为-7，而JJ巴里亚（JJ Barea）上场担任后卫后，小牛队在51分钟内得分-14。前三场比赛中巴里亚替补出场，通常与马里奥·查默斯（Mario Chalmers）对阵。这场比赛对小牛队来说并不顺利，三场比赛中查默斯都把巴里亚吃得死死的（两人均在场的情况下，小牛队21分钟内得分-31）。另一方面，在前三场比赛中，巴里亚也把热火队的首发球员迈克·毕比（Mike Bibby）吃得死死的（双方在场时，小牛队在33分钟内得分+17分）。根据这些信息，里克·卡莱尔（Rick Carlisle）将巴里亚排入了首发阵容，替换了史蒂文森。这个新阵容在第四场和第五场比赛中28分钟内获得了+8分。让巴里亚首发，使得巴里亚更多时候是对阵毕比，而不是对阵查默斯。热火队终于发现让巴里亚首发对他们不利，于是在第六场比赛中，热火队首发了查默斯。这打破了小牛队的新首发阵容，但伤害已经造成，小牛队最终成了联盟总冠军！

2012—2013 赛季的纽约尼克斯队

上文说了,在 2012—2013 赛季中,杰夫和我担任了纽约尼克斯队的顾问。2017 年 3 月 17 日,尼克斯队连续第四场失利。整个赛季,我们的阵容数据表明,当 35 岁的阿根廷新秀巴勃罗·普里吉奥尼(Pablo Prigioni)和老将雷蒙德·费尔顿(Raymond Felton)在后场时,尼克斯队的场均得分高于平均水平 10 分以上。在 3 月 17 日输球后,尼克斯首发普里吉奥尼和费尔顿,结果迎来了 13 场连胜(这是巧合吗?)。接下来尼克斯队再接再厉,赢得了自 2000 年以来的第一个季后赛系列赛胜利,并且差一点点就能进东部决赛了,(在我看来)差的就只是罗伊·希伯特(Roy Hibbert)的一个干扰球而已。

体育界的分析学也需要冠军

大多数教练都没有数学或统计学背景。想要让统计数据真正能帮到一家球队,我认为需要有人帮忙解读书呆子们算出来的数据,而这个人得具备过硬的篮球专业知识。在小牛队的时候,是出色的德尔·哈里斯(Del Harris,科比的第一位 NBA 教练)为主教练埃弗里·约翰逊(Avery Johnson)为我们的数据做的解读。在尼克斯队的时候,则是他们的分析总监迈克·史密斯(Mike Smith)想出了一个很好的形式,来为主教练迈克·伍德森(Mike Woodson)提取阵容信息。每场比赛结束后,我们都会通过电子邮件向迈克·史密斯发送一份关于每个前场和后场组合表现的最新摘要。从我们在小牛队和尼克斯队身上所取得的成功来看,我认为我们学到了一点,就是想要用数据来改善一个组织的决策,必须要将最关键的信息呈现得直截了当、清楚明白。

第 52 章　谁得到了汉普顿的房子

很不幸，纽约一对有钱夫妇丹尼和艾琳要离婚了。如图 52-1 和工作簿 DivorceNYCStyle.xlsx 中的 50_50 工作表所示，这一对夫妇有如下资产需要分割（为方便起见，我们把抚养权也算作了一种资产）。

	A	B	C	D	E	F
1						最差情形
2				50	50	50
3	丹尼	艾琳		丹尼	艾琳	
4	0.5	0.5	汉普顿的房子	16	9	
5	0.5	0.5	纽约市的房子	16	14	
6	0.5	0.5	法拉利汽车	9	5	
7	0.5	0.5	银行存款	28	25	
8	0.5	0.5	珠宝	6	10	
9	0.5	0.5	女儿的抚养权	25	37	

图 52-1　丹尼和艾琳的财产

- 汉普顿的房子；
- 纽约市的房子；
- 法拉利汽车；
- 银行存款；
- 珠宝；
- 女儿的抚养权。

在这种情况下，分析学能给出一套公平的分割方案吗？政治科学家史蒂文·布拉姆斯（Steven Brams）和艾伦·泰勒（Alan Taylor）为这一问题想出了一个优雅的解决方案。他们的这套方案，可以应用于许多类似的两方纠纷中（例如，人事管理纠纷、巴勒斯坦和以色列纠纷，等等）。

基本原理

首先，我们让丹尼和艾琳按照 100 点的总分对他们的资产进行打分。从图 52-1 中可以看出，丹尼最看重银行存款，而艾琳则最看重孩子的抚养权。我们暂时假设所有的资产都是可拆分的，那么我们就需要计算每种资产应分配给各方的比例。一个简单的方案是，每种资产对半分，丹尼和艾琳各得 50 点。不过很显然，如果将大部分抚养权分给艾琳，再将大部分银行存款分给丹尼，能让双方都满意（见图 52-2 和工作表 First Try）。我们会看到，将 70% 的银行存款分给丹尼，70% 的抚养权分给艾琳，会使丹尼的分数增加至 50.6，而艾琳则增加至 52.4。我们需要的是一种系统性的方法，找出所有可能的分配方案，并选择最佳的那一种。

	A	B	C	D	E	F
1						最差情形
2				50.6	52.4	50.6
3	丹尼	艾琳		丹尼	艾琳	
4	0.5	0.5	汉普顿的房子	16	9	
5	0.5	0.5	纽约市的房子	16	14	
6	0.5	0.5	法拉利汽车	9	5	
7	0.7	0.3	银行存款	28	25	
8	0.5	0.5	珠宝	6	10	
9	0.3	0.7	女儿的抚养权	25	37	

图 52-2　更好的分配

哪种资产分配方案最好

我们最早在第 38 章中介绍过意大利经济学家维尔弗雷多·帕累托的帕累托法则。

帕累托意识到，人们在生活中常常涉及权衡，例如离婚时的资产分割。帕累托想出了适用于这类情形的"帕累托最优方案"。在我们的离婚案例中，帕累托最优方案对资产的分割，不会在一方受益的同时让另一方受损。图 52-2 中展示的方案，就能让双方都受益，这就说明，"对半分"的方案就不符合"帕累托最优"。

要找出一个帕累托最优的财产分割方案，我们可以利用 Excel 求解器来改变分配给丹尼的每种资产的比例，而剩下的自然是分给艾琳的了。因此，如果丹尼分到 70% 的银行存款，艾琳分到的则是 1–0.7=0.3，即 30%。我们的目标是：

最大化［最小化（丹尼的点数和艾琳的点数）］

图 52-3 展示了帕累托最优的资产分割方案（见工作表 Basic）。丹尼和艾琳各得了 57.34 的点数（比"对半分"的方案多了 14%）。

	A	B	C	D	E	F
1						最差情形
2				57.3416	57.3416	57.3416
3	丹尼	艾琳		丹尼	艾琳	
4	1	0	汉普顿的房子	16	9	
5	0.7631	0.237	纽约市的房子	16	14	
6	1	0	法拉利汽车	9	5	
7	0.719	0.281	银行存款	28	25	
8	0	1	珠宝	6	10	
9	1E-07	1	女儿的抚养权	25	37	

图 52-3　可分割财产的帕累托最优解

有些资产是无法分割的。在我们的例子中，我们假设两座房子还有一辆法拉利汽车和珠宝，都是不可分割的。图 52-4 中是对这种资产的最佳分配方案（见工作表 Binary）。资产的不可分割性使得两人的点数略有减少（从 57.34 减少到 56.98）。

	A	B	C	D	E	F
1						最差情形
2				56.9772	56.9772	56.97719
3	丹尼	艾琳		丹尼	艾琳	
4	1	0	汉普顿的房子	16	9	
5	1	0	纽约市的房子	16	14	
6	1	0	法拉利汽车	9	5	
7	0.5245	0.4755	银行存款	28	25	
8	0	1	珠宝	6	10	
9	0.0516	0.9484	女儿的抚养权	25	37	

图 52-4 不可分割财产的帕累托最优解

Analytics Stories: Using Data to Make Good Things Happen (9781119646037 /1119646030) by Wayne L. Winston.

ISBN:9781119646037

Copyright ©2021 by John Wiley & Sons Inc.,Indianapolis, Indiana.

Simplified Chinese Version© 2025 by China Renmin University Press Co.,Ltd.

Authorised translation from the English language edition published by John Wiley & Sons Inc.

Responsibility for the accuracy of the translation rests solely with China Renmin University Press Co., Ltd. and is not the responsibility of John Wiley & Sons Inc.

No part of this book may be reproduced in any form without the written permission of the original copyright holder, John Wiley & Sons Inc.

All Rights Reserved. This translation published under license, any another copyright, trademark or other notice instructed by John Wiley & Sons Inc.

本书中文简体字版由约翰·威立父子公司授权中国人民大学出版社在全球范围内独家出版发行。未经出版者书面许可，不得以任何方式抄袭、复制或节录本书中的任何部分。

本书封底贴有Wiley激光防伪标签，无标签者不得销售。

版权所有，侵权必究。

北京阅想时代文化发展有限责任公司为中国人民大学出版社有限公司下属的商业新知事业部，致力于经管类优秀出版物（外版书为主）的策划及出版，主要涉及经济管理、金融、投资理财、心理学、成功励志、生活等出版领域，下设"阅想·商业""阅想·财富""阅想·新知""阅想·心理""阅想·生活"以及"阅想·人文"等多条产品线，致力于为国内商业人士提供涵盖先进、前沿的管理理念和思想的专业类图书和趋势类图书，同时也为满足商业人士的内心诉求，打造一系列提倡心理和生活健康的心理学图书和生活管理类图书。

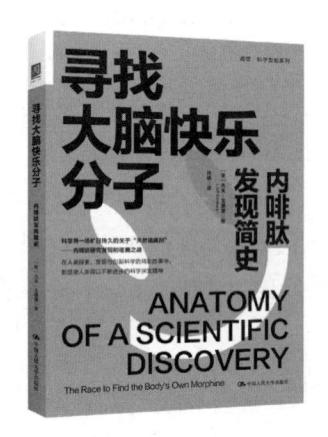

《寻找大脑快乐分子：内啡肽发现简史》

- 科学界一场旷日持久的关于"天然镇痛剂"——内啡肽研究发现的逐鹿之战。
- 在人类探索、发现与创新科学的精彩故事中，彰显使人类得以不断进步的科学探索精神。

《审美大脑：人类美学发现简史》

- 人类发现美、追求美的历程，不仅是一场科学与艺术的深度对话，更是对人类审美体验的一次全面剖析。
- 阅读本书不仅是一次知识的探险，更是一场心灵的旅行。无论你是对神经科学充满好奇的学者，还是对艺术有着浓厚兴趣的爱好者，都能在这本书中找到属于自己的那份感动与启迪。